LETTRES D'HIVER, LETTRES D'ÉTÉ

MAAÏ YOUSSEF ET LUCILLE DUPRÉ

LETTRES D'HIVER, LETTRES D'ÉTÉ

Écrire la maternité

belfond

Pour la préparation de cet ouvrage, l'autrice Maaï Youssef a bénéficié d'une bourse de La Marelle, assortie d'une période de résidence de création en 2022 à la villa Deroze (La Ciotat).

Éditions Belfond,
92, avenue de France, 75013 Paris.
Pour le Canada,
Interforum Canada, Inc.,
1055, bd René-Lévesque-Est,
Bureau 1100,
Montréal, Québec, H2L 4S5.

ISBN : 978-2-7144-9928-8
Dépôt légal : février 2023

Belfond | un département **place des éditeurs**

place
des
éditeurs

« L'écriture d'une femme pense à travers ses mères. »

Virginia Woolf, *Un lieu à soi*, 1928

Lettre des autrices aux lectrices et aux lecteurs

Nous nous sommes rencontrées il y a onze ans. Lucille travaillait à Paris pour un magazine web et Maaï écrivait pour celui-ci des « Chroniques du Caire », depuis l'Égypte en pleine révolution. C'est comme ça que les lettres ont commencé : Maaï envoyait sa chronique, Lucille la corrigeait, la publiait, mais surtout, lui répondait. Un dialogue se formait. Dès le début, nous mêlions l'intime et le politique, le récit de la vie quotidienne et la grande aventure du monde. De là est née une amitié profonde.

Dix ans après notre rencontre, dans nos trentaines bien installées, nous nous retrouvons pour parler de maternité. Nous cherchions depuis des années une occasion de retravailler ensemble et l'opportunité se présente enfin. Nos vies, surtout, semblent cet hiver-là s'être placées en miroir.

Début janvier 2022, Maaï commence une résidence d'écriture à La Ciotat, avec l'association La Marelle. Elle y est pour développer un texte, *Léguer nos fleuves*, une fiction qui raconte entre autres l'expérience récente de ses grossesses arrêtées, de son deuil périnatal, avec tout ce que cela vient bouleverser. Elle a l'espace et le temps nécessaires pour écrire, mais pas d'enfants.

Lucille est installée avec sa famille non loin de là, sur l'île de Porquerolles. Elle a deux enfants, dont le dernier n'a alors que neuf mois. Plongée dans un post-partum qu'elle vit avec grande difficulté, elle a des enfants, mais ni le temps ni l'espace pour écrire et terminer son roman en cours, *Les Cistes.*

Toutes deux, face à la maternité, nous avons perdu notre équilibre.

Nous décidons alors de commencer une correspondance qui serait au fur et à mesure publiée sur le site de La Marelle. Deux fois par semaine, les mardis et les vendredis, nous commençons à nous écrire. Chacune d'un côté de la mer, nous nous racontons et décortiquons les liens entre maternité et création. Ensemble, nous créons un journal de bord écrit sur le vif, la photographie d'un moment particulier de nos trajectoires, une trace de ce qui traverse nos vies sociales et intimes.

Écrire la maternité, c'est notre façon d'« écrire la vie », pour citer ces mots célèbres d'Annie Ernaux, « non pas ma vie, ni sa vie, ni une vie. La vie, avec ses contenus qui sont les mêmes pour tous mais que l'on éprouve de façon individuelle ».

Pour répondre à nos questions, nous avons toutes deux le même réflexe : chercher dans des textes, des romans, des poèmes, des essais. Nous allons interviewer d'autres femmes, d'autres autrices, sur ce que c'est qu'être mère – ou pas – et de vouloir écrire. Julia Kerninon, Coline Pierré, Fiona Schmidt, Camille Sfez, Émilie Guillaumin, Amandine Dhée, Elvire Duvelle-Charles, Marcella, Laurie Lassalle, Laetitia Barth, Armelle Verrips… Nous voulons savoir ce qu'elles ont aussi à dire du lien entre (non-)maternité et écriture, nous voulons connaître leurs trucs, ce qui fonctionne pour elles. Nous voulons comprendre ce qui se joue à cet endroit où, si vite, un déséquilibre peut s'installer, comment elles résolvent chacune cette équation. Nous voulons élargir nos horizons, sortir de nos deux seules expériences, pousser plus loin les chemins de la sororité.

Nous voulons faire entendre les mères, mais aussi les pas-encore-mères, les presque-mères aux grossesses arrêtées, celles qui désirent être autre chose qu'une mère, celles et ceux qui hésitent, doutent et expérimentent de nouvelles familles.

Nous ne prétendons pas à l'exhaustivité : il manque à ce récit de multiples expériences cruciales (celle des parents trans, des mères en parcours PMA seule, des belles-mères, pour n'en citer que quelques-unes). Nous écrivons depuis l'endroit où nous sommes, chacune, avec ce que cela englobe de privilèges et de particularités, mais nous voulions que cet endroit fasse chez vous écho quelque part. Nous avions le désir de trouver un coin dans la maison des femmes – mères ou pas –, pour paraphraser Virginie Despentes qui parle de « maison du féminisme », un coin où « l'on désire apprendre à écouter jusqu'à ce que la parole de l'autre renverse et fissure et bouscule les superstitions ».

Le livre que vous vous apprêtez à lire est donc un texte écrit à quatre mains, un texte hybride, où l'essai emprunte la voix de la correspondance. Avec cette correspondance-essai, nous avons tenté d'inventer une forme qui permette de réconcilier différentes paroles sur les maternités. Dans la vie ordinaire, ces paroles peinent à se rencontrer, à s'entendre. Il y a d'un côté les mères, de l'autre celles qui ne le sont pas, parce qu'elles ne le souhaitent pas, parce qu'elles ne le peuvent pas. Chacune se débat avec ses propres contraintes et injonctions, parfois avec ses propres chagrins, souvent aussi avec des ressources qui ne sont pas les mêmes. On loue les mères d'enfants en vie, pas celles d'enfants qui n'arrivent pas ou qui meurent trop tôt. On caricature les femmes qui veulent vivre leur vie sans procréer. Dans chacune de ces « catégories », il y a de la solitude, de la résistance et beaucoup de peine à se dire. Lorsque ces groupes se croisent, il y a souvent des difficultés à entendre ce que l'autre exprime. Quand on est accaparées par les stratégies de défense et de survie qu'on doit mettre en place, on est moins disponibles à la rencontre, à l'échange et à la convergence des expériences et des luttes. Dans le débat médiatique et politique actuel, dans les légendes populaires, on aime à décrire les femmes comme d'éternelles rivales, comme d'éternelles traîtresses à elles-mêmes.

C'est que nos maternités plurielles manquent encore cruellement de représentations. Nos histoires vraies sont violentes, déplaisantes, triviales, joyeuses, vivantes. Elles appartiennent aux récits majeurs de l'humanité et il est grand temps qu'elles soient racontées.

Dans cette correspondance que vous allez lire, nous voulons inventer un territoire qui ressemble à un archipel, pour reprendre cette si belle image du poète et philosophe Édouard Glissant. Ce territoire est multiple, tissé de nos réflexions et récits intimes, mais aussi de morceaux de romans, de poèmes, d'essais politiques. Il est à l'image de nos expériences diverses, parce que nous voulions qu'il puisse nous mettre en relation les un·e·s aux autres. Nous vous écrivons ces lettres avec l'espoir que vous trouviez dans ce paysage un lieu qui soit aussi à vous.

Cet archipel a été notre refuge le temps d'un hiver et d'un été. Écrire ensemble nous a littéralement, prosaïquement, sauvées et transformées, chacune à sa façon : lettre après lettre, des deux côtés de la mer, nous nous sommes élancées toutes deux vers un nouveau rivage.

LETTRES D'HIVER

Correspondance du 7 janvier 2022
Arrivée

Vendredi 7 janvier 2022, aube.

Ma Lucille, ma précieuse amie,

Je suis arrivée à La Ciotat pour ces deux mois de résidence d'écriture qui débutent. J'ai rencontré ma « chambre à moi ». Elle se trouve sur les hauteurs de la ville, au bout d'un chemin qui semble perdu dans la végétation. Quand tu prends ce chemin, tu croises des cactus et des amandiers, il y a aussi ces grands pins qui m'évoquent toujours l'approche des calanques. Tu sais que tu es en Méditerranée. Ensuite, apparaît la « chambre à soi ». C'est une villa qui me semble gigantesque, à moi l'enfant des villes et des appartements exigus. La première nuit, je l'ai passée seule dans la maison. J'entendais le mistral courir dans les cheminées et je pensais à Madeleine, ma grand-mère, qui répétait : « Moi j'aime quand ça souffle, le vent me tient compagnie. »

Je pensais à toi, de l'autre côté de la rive, sur ton île, et je me disais : « Nous voilà bien. Lucille, sur son île, dans la chaleur du foyer et dans le vacarme de la vie tonitruante, terrifiée par le manque d'espace à soi pour créer. Et moi, dans ma villa vide et encore glacée, ma maternité titubante en bandoulière, terrifiée par le silence. »

Il y avait cette voix en moi qui me susurrait que j'aurais vraiment dû prendre ces cours de self-défense, pour me préparer à une éventuelle attaque par des assaillants inconnus. Et puis l'autre voix, qui rétorquait à la première : « Avec ou sans cours, je les anéantis, moi, tes assaillants. » Et enfin la troisième voix, qui répondait aux deux premières : « Mais taisez-vous donc, bande de branquignols, laissez-moi dormir ! » La troisième voix ne gagne jamais ce genre de combat, tu t'en doutes. J'aurais pu me rouler dans la joie d'être lauréate de cette bourse de La Marelle, de pouvoir passer deux mois ici, j'aurais pu danser et crier nue dans l'immense baraque. Non, j'avais les jetons.

Au petit matin, le ciel était rouge feu, le soleil se levait derrière les crêtes, et mes nouvelles amies, les statues de Gilbert Deroze, veillaient toujours partout autour de moi. Gilbert Deroze est un sculpteur, pharmacien de formation et originaire de l'est de la France, tombé amoureux de la région. Il a décidé de s'y installer avec sa famille dans l'après-guerre, a acheté une parcelle de ce qui était alors une forêt et a fait construire sa maison. Dans cette maison, il s'est adonné à sa passion pour l'art et partout on croise les visages qu'il a sculptés dans la pierre, comme des présences à la fois hypnotiques, étranges et réconfortantes. À son décès, sa fille, Danielle Deroze, a récupéré la villa et a créé, avec l'aide de La Marelle, une résidence d'artistes. C'est grâce à elle que je peux séjourner ici. Elle a confié à l'association La Marelle le soin de faire de cette maison un lieu de résidences artistiques. Je vais la rencontrer aujourd'hui.

Le souvenir de ce ciel rouge du premier matin me renvoie au titre magnifique du livre de Wendy Delorme que je lis en ce moment : *Viendra le temps du feu*. C'est peut-être ça, cette maternité partie en vacances sans me prévenir, cette maternité-abandon de poste, qui m'a poussée à écrire et à présenter ma candidature ici, à chercher un refuge pour créer, c'est peut-être le temps du feu. Pas le feu qui nous grignote la chair, celui-là, on a assez donné. Je veux que vienne dans ma vie le temps du feu de joie.

Il y a quelque chose de transgressif dans le geste d'écrire et de se dire, quand on est une femme ; je suis heureuse de le faire avec toi. Depuis le continent, je chéris la perspective de te lire chaque mardi et chaque vendredi de ce voyage.

Ta sœur en écriture,

Maaï

Vendredi 7 janvier 2022, 10 h 13.

Ma belle Maaï,

T'imaginer à La Ciotat me fait remonter plein de souvenirs, alors j'ai été fouiller dans mes archives et j'ai retrouvé des photos de 2012, pile dix ans. C'est à cette période qu'on s'est rencontrées, toi et moi. À cette époque, avec mon père, on avait une maison à Ceyreste, sur les hauteurs de La Ciotat. Il y avait là une piscine qui en dehors de l'été était toujours verte et on adorait la vue dégagée, un peu semblable à la tienne depuis la villa Deroze, l'impression d'être dans le ciel, le soleil direct l'après-midi qui chauffait le salon l'hiver. En 2012, j'étais déjà amoureuse de celui qui allait devenir mon mari, Fabien, on commençait juste notre histoire. J'ai envie de te dire que je savais qu'on aurait des enfants ensemble. Je le savais.

Dans cette maison aussi, j'avais peur d'être seule parfois et j'ai même été attaquée pour de vrai une nuit : par une femelle sanglier accompagnée de ses marcassins et qui en me voyant a voulu charger, pour protéger ses petits. J'aurais bien aimé lui parler du concept de sororité.

Mais donc je t'imagine dans ta « chambre à toi », ma sœur écrivante. Depuis que je suis mère, la solitude est sûrement ce qui me manque le plus. En tant qu'autrice et en tant qu'individu partiellement introverti, être seule a toujours été au centre de mon existence, un besoin comme de l'eau. Ce matin, quelque chose se bloque dans ma gorge à cette idée. Pour transgresser, je crois qu'il faut d'abord être honnête : en ce moment, la maternité m'étouffe et me rend jalouse et tempête et larmes. Le feu qui vient pour moi est encore un feu de colère.

Dix ans plus tard, je suis installée à quelques dizaines de kilomètres de mer de La Ciotat : à Porquerolles, île des merveilles, avec Fabien et nos deux enfants. Diane a 4 ans, Ulysse a 9 mois et j'ai sans le moindre doute un amour infini pour eux, mais j'ai aussi clairement au passage perdu le chemin de la joie. La seule lueur qui m'apparaît, ces derniers temps, vient de l'idée d'écrire avec toi ces prochaines semaines sur nos maternités plurielles.

Depuis le temps qu'on rêvait d'écrire ensemble, mon amie triomphante.

À mardi.

Lucille

Correspondance du 11 janvier 2022
Traversées

Mardi 11 janvier 2022, 11 h 53.

Maaï chérie,

Aujourd'hui, je traverse.

Quand on vit sur une île, on ne prend pas le métro, pas le train, pas la voiture, on traverse la mer. On rejoint le continent par la navette maritime. Aujourd'hui je suis sans enfant, j'ai un rendez-vous médical « en face ». Sur le bateau qui trace un large bord pour ne pas se prendre le mistral de front, la petite communauté porquerollaise s'agite, s'interpelle, on propose de m'emmener en voiture. Je pensais profiter de ce temps pour écrire, raté.

Encore raté.

J'écris du coup dans le couloir néon d'un centre de radiologie.

Je crois que depuis que je suis mère, j'ai arrêté de sacraliser les rituels d'écriture, les espaces propices à la création… Je fais quand je peux et où je peux, j'essaie en tout cas. Ma chambre à moi est intérieure, j'apprends à construire des petits murs de silence autour de moi. Si parfois je n'écoute pas quand on me parle, c'est pour ça. La belle excuse.

Enfant, je rêvais souvent que j'avais un superpouvoir : une bulle invisible et impénétrable, protectrice.

On m'appelle pour mon échographie abdominale. J'ai mal au ventre depuis des semaines et on ne sait pas d'où ça vient.
Je dois te laisser.

Je t'embrasse *fortissimo*,

Lucille

P.-S. : J'allais oublier, j'arrive vendredi à La Ciotat. Ce seront les grandes retrouvailles familiales avec ma sœur et ma nièce, qui font le voyage depuis la Nouvelle-Calédonie et que je n'ai pas vues – Covid oblige – depuis quatre ans.
On essaie de se croiser samedi ?
Tu as trouvé une voiture, finalement ?

Mardi 11 janvier 2022, 16 h 43.

Ma Lucille,

Hier soir, avant de m'endormir, je me demandais ce que j'allais te raconter demain pour notre rendez-vous. J'ai passé la nuit à t'écrire en dormant, des choses qui me semblent impossibles à réagencer au réveil. Je te parlais du rapport à l'intensité dans la vie, du tarot, de mes rêves botaniques, de solstices et de narcisses. Je me suis réveillée dans le creux de la nuit en pensant : « Chut, ça suffit, Maaï, on verra ça demain. » Comme d'habitude, ça n'a pas marché.

Alors je m'accroche à ta lettre, plutôt qu'à ces obscures évidences nocturnes, et je me dis qu'à mon tour je vais te parler d'une traversée.

Avant d'arriver ici, tu le sais, j'ai traversé un long, long, long territoire d'écriture académique. Depuis 2013, je fais des recherches en sociologie politique, sur les mouvements révolutionnaires égyptien et syrien, initiés en 2011. Ils font partie de ce qu'on a communément appelé le « Printemps arabe ». Je cherche à comprendre comment l'engagement révolutionnaire d'individus ordinaires peut subsister dans des contextes politiques particulièrement répressifs et violents. Je travaille sur les lendemains qui déchantent, certains diraient sur la défaite. Pour ma part, je ne me résous pas à parler de défaite, je pense que la réalité est plus complexe, que les victoires ne sont pas toujours là où on les espérait.

Je me suis engagée dans ce parcours entre autres pour nourrir un besoin dévorant de comprendre mon autre pays, l'Égypte. Mais je dois reconnaître que je me suis lancée dans le doctorat sans savoir ce qu'on allait exiger de moi : que je me plie à une certaine manière d'écrire, et donc de penser, le monde qui nous entoure. Cette écriture m'a vite étouffée, j'ai fait l'école buissonnière autant que j'ai pu, et par phases j'ai composé avec les règles et j'ai écrit ma thèse. Je suis passée par différents tunnels d'écriture en quelques mois et je suis sortie du dernier en date le 31 décembre 2021 à 18 h 45, heureuse d'avoir traversé le plus dur de cette épopée académique, mais exténuée.

Je suis venue ici sans trêve ni transition, avec mon teint blafard et mes cernes, à la rencontre d'une autre écriture, cette fois sensible et poétique, celle de ce roman dont tu es la seule à avoir lu les premières ébauches. Il s'intitule *Léguer nos fleuves* et il traite de deuil périnatal, de grossesses arrêtées, de la manière dont on raconte l'amputation de sa maternité. Avant d'entrer en résidence, je me suis demandé où j'allais trouver la force de passer, sans transition aucune, d'une écriture sur le deuil des idéaux révolutionnaires à une autre sur le deuil d'enfants non arrivés. C'est d'ailleurs cette inquiétude qui m'a poussée à t'écrire. J'ai compris que je n'y parviendrais pas sans avoir créé un espace, plus dynamique et plus collectif, qui me mette en mouvement malgré la fatigue.

Depuis mon arrivée, je travaille en suivant la course du soleil sur la villa, dans l'espoir que cette lumière blanche et audacieuse recharge les batteries qui continuent à se vider plus vite qu'elles ne se remplissent. Et je pense à ma vie de ces dernières années, à cette manière de passer d'une intensité à une autre, sans prendre le temps d'une pause entre les deux. Je m'interroge sur cette façon d'habiter l'« extra-ordinaire », comme si l'ordinaire était une insulte à l'existence si courte. Ne pas s'enterrer, ne pas s'encroûter, ne pas se laisser ternir par les années, voilà mes obsessions.

Je me suis souvenue ce matin que j'avais commencé à vivre comme ça peu de temps après mon avortement. J'avais vingt ans, je renonçais à contrecœur à être mère car le garçon avec qui j'étais n'était pas prêt à être père. Je ne sais pas si j'étais « prête » pour ma part, je ne crois pas tellement à cette idée, mais j'en avais le désir et renoncer à ce désir a été un crève-cœur. L'intensité dans laquelle j'ai vécu depuis lors me fait l'effet d'un étau plus que d'une libération, l'effet d'une cavalcade que je ne parviens pas à arrêter. Comme si faire ce choix à contrecœur avait marqué le début d'une course effrénée pour ne plus se sentir coupable d'avoir des regrets, pour oublier que certains sacrifices sont irrémédiables.

J'ai toujours été du genre à tout envisager sous l'angle de : « Je regretterai ci ou ça sur mon lit de mort ou pas ? » Aujourd'hui, j'en ai ras le bol de cette injonction de moi à moi, de cette confusion entre être hors d'un ordinaire, hors d'un quotidien, et être libre. Je repense à ce que tu dis dans ta lettre sur le fait de désacraliser l'écriture, ses espaces, ses temps. Dans ma vie de pas-vraiment-mère des derniers mois, il y a ça : désacraliser mes illusions de liberté pour comprendre de quoi j'ai envie, de quoi j'ai besoin. Depuis que je suis une thésarde, je n'ai pas d'horaires, je n'ai pas d'obligation de me rendre au bureau, je peux être où je veux, quand je veux, je n'ai pas vraiment de patron non plus. En apparence, j'ai coché toutes les cases qui me semblent importantes depuis l'enfance. Je parais farouchement libre. Et pourtant, j'étouffe dans la solitude de ce travail, je ne supporte plus de travailler de chez moi, je me sens à l'étroit dans cette pratique d'écriture, je suffoque face à la maigreur de mes revenus. Où est la liberté dans tout cela ? Je vois surtout de l'usure.

Quand je suis arrivée à La Ciotat, je me suis fait tirer les cartes. C'était le premier réveil. Je voulais que ça commence comme ça, dans la magie. Pour moi-même, j'ai tiré la carte de l'Hermite. Celui-là doit s'y connaître aussi en bulle, en petits murs de silence impénétrables, peut-être qu'il a une méthode contre le vacarme qu'on se crée en soi-même. On s'en rendra vite compte.

J'ai trouvé une voiture ! Je vais pouvoir rider sur la Côte d'Azur en tergiversant sur ma liberté et ses mirages.

Je t'embrasse très fort,

Maaï

Correspondance du 14 janvier 2022
Covid et transformation

Vendredi 14 janvier 2022, 15 h 30.

Maaï,

Je sens que ça ne va pas être long aujourd'hui. J'ai le Covid. Courbatures-mal de tête-fièvre, mais surtout isolement en famille pendant sept jours. La Ciotat est annulé, le séjour de ma sœur chez nous aussi. Je suis tristesse et épuisement.

Je t'embrasse fort virtuellement,

Lucille

Vendredi 14 janvier 2022, 18 h 14.

Ma Lucille,

Je suis si triste de vous savoir isolés, souffrants et privés de cette virée à La Ciotat que tu attendais tant, et moi avec.

De mon côté de la rive, je suis en gueule de bois émotionnelle. Depuis les grossesses arrêtées que j'ai vécues en 2020 et tout ce qu'elles ont charrié, il y a eu l'effondrement, longtemps. Je n'avais jamais ressenti cela, mon propre effondrement, celui de toutes mes fondations, la perte de mes assises, de ce que je pensais solide. Est apparue aussi la sensation que de mon effondrement naîtrait une transformation. C'est arrivé très vite, l'intuition qu'avait lieu un troc mystérieux aux règles impénétrables : morts contre renaissance.

Mais la transformation, c'est long, pour ne pas dire interminable. Alors tu attends, dans un entre-deux inconfortable où espoir et désespoir se claquent régulièrement la bise. Je comprenais abasourdie que je ne serais plus jamais la même, que je ne serais plus jamais la Maaï d'avant, qui accueillait la grossesse dans une innocence gaie, et que je ne siégeais pas pour autant au syndicat des mères d'enfants ayant vécu. Un gouffre, un trou béant, noir, le vide laissé par une identité qui n'existe pas, on ne nomme pas ces expériences-là. On est avant la maternité ou on est après la maternité. Dans les représentations dominantes, on n'est pas à côté, au milieu, en galère, pas concerné·e·s. Les endroits multiples qui constituent cette (non-)expérience ne se disent pas, ne se montrent pas.

Quand j'ai perdu mes embryons en 2020, j'ai eu peur qu'ils n'aient pas trouvé en moi une terre qui puisse les accueillir. J'avais passé un temps infini à recueillir pour ma thèse des histoires terribles d'exil, de torture, de violence, de vies brisées. J'avais la sensation d'être imprégnée de mort. Peut-être que je devrais écrire « imprégnée de morts », au pluriel, car dans ma région d'origine les rêves de justice se paient au prix de trop nombreux disparus, que nos mémoires érigent en martyrs. Ces morts, ils ne m'avaient rien demandé et pourtant j'avais la sensation qu'il était de mon devoir de leur être loyale. Je voulais tellement leur faire honneur, dire que leurs combats et leurs rêves étaient nobles et justes, que je ne sais pas s'il restait beaucoup d'espace en moi pour porter des vies.

Depuis des années, mes « enquêtes de terrain », comme on dit dans le jargon des sciences sociales, se devaient d'être des expériences scientifiques, neutres, cliniques, méthodiques. Il me fallait cacher que ces voyages étaient aussi, et surtout, des séjours dans mon autre pays, l'Égypte, pays dont je comptais les plaies. J'hérite de l'Égypte par mon père. C'est le pays où il est né, où il a grandi et vécu jusqu'à migrer en France à l'âge adulte. L'Égypte n'était pas mon « terrain », l'Égypte était mon sang, et cette différence s'exprime mal en concepts théoriques. Ce n'est pas une donnée qui se tord aisément pour entrer dans des grands schémas de pensée, c'est presque trop brut pour être scientificisé. Dans mes carnets, il y avait de la chair, il y avait mon âme et d'autres âmes, des partis pris, de l'engagement, du cœur, des tripes. Dans le monde universitaire, je n'avais pas de langue pour exprimer ce que je vivais.

L'univers académique, avec ses exigences et ses attentes, son langage alambiqué et ardu, la violence de sa mécanique si élitiste, de son racisme, notamment de classe, de ce sexisme éhonté si propre aux milieux intellectuels, qui ligature la production des savoirs des femmes, s'est petit à petit transformé en un désert aride. Je m'y vidais de ma substance, je me desséchais et je me perdais. Comment faire naître un enfant dans un territoire où il n'y a rien à manger ? J'ai compris que j'allais devoir soigner ma vie professionnelle si je voulais soigner ma vie de mère, que j'allais devoir retrouver une langue qui m'appartienne, une écriture à moi. J'ai compris qu'il fallait que je sois arrivée ailleurs, dans un autre territoire, pour être mère. C'est ce que j'essaie de construire, c'est le moment de transition dans lequel je suis engagée.

Et mercredi soir, lors de ma première lecture publique en tant qu'écrivaine, à Montévidéo, à la fois lieu de création, d'écriture et scène contemporaine à Marseille, j'ai eu la sensation d'avoir enfin touché la terre ferme, d'être arrivée quelque part. J'ai épousé cette nouvelle identité que je me suis choisie et qui était inscrite sur les petits bons qu'on m'a attribués pour que je puisse boire et manger : « artiste ». J'ai lu des extraits de mon roman sur scène, j'ai parlé ma langue, à un public qui la comprenait, peu importe qu'il l'apprécie ou pas. Cette nouvelle vie, ces premiers pas sur scène, ce trac, cette joie, c'était incroyable. Et tout qui va si vite, la sensation grisante d'avoir tout à apprendre dans ce monde : quoi faire de sa voix, quoi faire de ce corps sur scène, de ces mains qui cherchent une place dans cette chorégraphie du partage. Ce moment m'a donné la sensation de la vitesse, celle qui serre le ventre quand le corps se penche dans le virage, dans un défi à la gravité. Ce moment avait le goût d'un cri d'enfance qui t'échappe. Dans la nuit qui a suivi, mon texte, *Léguer nos fleuves*, est revenu frapper à la porte de mon inspiration. Je vois d'où il part et où il va. Dans ma voix retrouvée, il s'est frayé un chemin.

Je te serre fort fort fort contre mon cœur. Vous allez me manquer ce week-end.

Maaï

Correspondance du 18 janvier 2022
Vider son sac

Mardi 18 janvier 2022, 00 h 30.

Ma Lucille,

J'ai constaté quelque chose. Quand l'enfant ne vient pas, c'est comme quand l'enfant vient. Tout le monde a un avis. Je crois que c'est une des expériences qui m'a le plus foudroyée dans mes grossesses arrêtées.

Cet avis, il faut préciser qu'on te le donne à toi, la mère ratée, à toi, la femme qui n'a pas enfanté comme une société patriarcale attend qu'elle le fasse. C'est à toi qu'on parle et, surtout, c'est DE toi qu'on parle. En un an et demi, dans les discussions ordinaires, on n'a quasiment jamais parlé de ce qui « nous » arrivait à mon compagnon et à moi, de ce qui lui arrivait à lui, en tant qu'homme qui traverse cette expérience d'infertilité. Il ne s'est jamais entendu dire : « Alors, les médecins ont trouvé pourquoi tu fais faire des fausses couches à ta femme ? » On commentait ce qui m'arrivait à moi, on me demandait ce qui ne fonctionnait pas chez moi, ce qui avait été trouvé qui expliquerait ce qui venait forcément de moi. « Allez, tu vas en faire un autre et celui-ci tu nous le gardes, hein », voilà ce qu'on me disait. Oui, oui, ne vous inquiétez pas, je vais arrêter de faire du tri dans les placards de mon utérus, je vais être sage et je vais renoncer à ma passion pour le jeté d'embryons au fond de la cuvette des chiottes.

Visiblement, quelque chose avait raté dans « ma préparation ». On me disait : « Tu n'es pas "prête". » D'après l'assemblée de commentateurs et commentatrices, puisque j'avais fabriqué, moi-même, des fausses couches et pas des nouveau-nés, quelque chose avait échoué dans ma stratégie procréative. Logique : les femmes qui rencontrent des problèmes de fertilité sont, comme celles qui ne veulent pas d'enfants d'ailleurs, des immatures, des irresponsables, des tordues. Mais j'aurais dû être prête à quoi, au juste ? Depuis quand les gens sont prêts à assumer la responsabilité que constitue un premier enfant ? Qui peut prétendre être prêt à un tel bouleversement avant de l'avoir vécu ? Je ne compte plus les récits de jeunes parents qui découvrent sur le tas, parfois sur le tard aussi, comment traverser cette aventure, qui expliquent qu'ils étaient préparés à tout sauf à vivre ça. Si les gens faisaient des enfants parce qu'ils sont prêts, les cabinets des psys ne verraient pas affluer tant de jeunes parents chahutés par tout ce que la parentalité fait resurgir d'insoupçonné en eux.

Ce qui était le plus souvent incriminé pour décréter que je n'étais pas prête, c'était mon style de vie : une vie intense, avec beaucoup de déplacements, régulièrement à l'étranger, une vie de femme qui se bat pour un projet qui lui tient à cœur (mener à bien ses recherches), en vue de décrocher un diplôme prestigieux (le doctorat). On me disait sans cesse : « C'est parce que tu n'as pas fini ton doctorat », mais pas pour évoquer la dureté de mon travail et ses conséquences sur ma vie ; parce qu'on projetait que le doctorat terminé, cette vie s'arrêterait. On voudrait qu'une femme prête à être mère soit un être disponible et corvéable à merci, et pas quelqu'un d'occupé par une vaste entreprise. À quel homme a-t-on déjà dit « Tu as fait faire des fausses couches à ta femme parce que tu n'as pas quitté la direction de ton entreprise pour te rendre disponible à ton enfant » ? J'entendais quelque chose d'infantilisant et de l'ordre de la sanction dans ces phrases – « Tu n'as pas bien fait tes devoirs, tu seras punie, mauvaise fille ! ».

Le doctorat, la recherche sont souvent des activités qu'on ne comprend pas, dont on a peur et, par conséquent, dont on évite de parler afin de ne pas paraître idiot. Au fil des années, je me suis habituée à ce qu'on ne m'interroge pas sur ma vie professionnelle. Je suis devenue experte en monologue de nouvelles professionnelles non sollicitées. Je ne voulais pas qu'un gouffre s'installe entre moi et mon entourage, qu'on pense que j'avais changé, renié mes origines pour un ethos d'intellectuelle snob. Je restais convaincue qu'on peut rendre accessible à tous le savoir le plus difficile si l'on se donne la peine de l'expliquer sans fioritures. Je m'étais habituée à évoluer entourée d'un silence gêné. Pourtant, après les grossesses arrêtées, du jour au lendemain, des gens qui ne s'étaient jamais intéressés à ma manière de mener ma vie et mes passions se sont mis, volubiles et soudain concernés, à m'expliquer pourquoi ils n'étaient pas étonnés de ce qui m'arrivait.

« Tu réfléchis trop, tu en sais trop~~de choses~~, ça t'empêche de te détendre » – une femme qui pense est forcément coupable de quelque chose de louche. « Tu voyages trop, tu n'es pas stable » – une femme qui n'est pas vouée corps et âme à son foyer ne peut pas être une bonne mère. « Tu es trop en colère, tu as trop de combats dans ta vie », comprendre : tu déterres trop de cadavres, tu te rebiffes trop, pour être mère il faut savoir, quand même, disons-le, encaisser sans broncher, se faire à l'injustice. Ma difficulté à enfanter venait donc du fait que je n'en faisais qu'à ma tête, que je n'avais pas de règles de vie préétablies, que je ne culpabilisais pas de partir en voyage et de laisser mon pauvre compagnon seul pendant des semaines. Trop de transgressions, trop d'insubordination, trop de liberté, une mère ce n'est pas ça, une mère c'est docile, une mère ça se conforme aux attentes et aux injonctions sociales.

Progressivement, j'ai compris qu'en filigrane on me disait : « Si tu veux être mère, il est temps que tu rentres dans le rang. » Parce qu'au fond, c'est un peu ce que le patriarcat a fait de la maternité, non ? Un moyen d'obtenir que les femmes soient muselées, rangées bien en ordre, dévouées à leurs enfants, et l'occasion faisant le larron, dévouées aux pères de leurs enfants et à la société tout entière. J'ai constaté que les discussions autour des fausses-couches n'avaient pas toujours pour vocation de nous témoigner du soutien, à mon amoureux et à moi-même. Il ne s'agissait pas de nous comprendre, il s'agissait de rendre service à mon conjoint et de me mater, de me faire avouer que, oui, oui, j'avais été irresponsable, inconséquente et égoïste de croire que je pourrais être mère en étant aussi cette femme qui voyage, qui travaille avec passion. J'ai senti qu'on calmait mes ardeurs, il n'y a pas d'autres mots, qu'on voulait me faire culpabiliser, pour que je me plie au modèle de la parfaite mère de famille, sacrifiée sur l'autel de feu ses espoirs puérils d'exister pour elle-même. Il fallait « redescendre sur terre ». Je n'étais pas encore mère véritablement que déjà j'étais pressée comme un citron.

C'est là que j'ai pris la mesure du gouffre qui se crée entre un homme et une femme au moment de la procréation. On a jusque-là eu l'illusion, souvent, d'être à peu près égaux, que les inégalités de genre ne concernent pas vraiment notre génération si avancée. La maternité est le moment où on est rattrapées, en tant que femmes et personnes minorisées, par tout un système, une organisation sociale, des croyances, qui nous sont absolument défavorables. On ne peut plus oublier, ou nier, qu'on est une femme.

Mais revenons-en à la liste de ces petites phrases assassines qui jonchent le chemin des femmes ayant des difficultés à avoir un enfant.

Il y a autre chose qu'on nous assène, une autre théorie du genre : « Ça vient quand c'est le bon moment. » Amen. On te dit ça sans cesse : « Ce n'était pas le bon moment, voilà tout. » Il y a donc un tableau Excel dédié à la gestion de projet de la procréation humaine ? Un rétroplanning globalisé avec des petites cases qui s'allument quand c'est bon, on peut y aller, on a bien fait nos devoirs ? Il y a un genre de supermanager de la reproduction ? « Sylvie, vous penserez à m'envoyer votre *to-do list* à jour. Qu'on voie si vous êtes digne de procréer ce mois-ci. Merci. » Il n'y a ni bon ni mauvais moment, il y a une loterie. Parfois on gagne, parfois on perd.

On te dit aussi, à tire-larigot, « C'est parce que tu y penses trop ». Oui, globalement, quand une chose te déchire les tripes et le cœur, tu y penses et tu ne peux pas faire autrement. Pitié : dites aux gens qui disent aux autres qu'ils pensent trop de penser plus.

Et puis, il y a les petites phrases délicieuses desdit·e·s « allié·e·s », ah quel régal. Eux, ils donnent gratuitement des avis percutants du style : « Non mais le monde va mal, avoir des gosses c'est dépassé, on le sait, le mieux pour la planète c'est qu'on arrête de faire des mômes. Ne pas avoir d'enfants, ça, c'est l'avenir. » Alors qu'ils en sont à leur deuxième. SOS : accélérez le réchauffement climatique, il y a des choses qu'on ne regrettera pas. Les allié·e·s sont aussi très fort·e·s pour délivrer des avis « bienveillants et empathiques ». C'est leur mot d'ordre, l'empathie et la bienveillance. Alors, avec beaucoup de considération pour ta peine, ils te prêchent : « L'injonction à la maternité, c'est le fardeau planétaire, millénaire des femmes, c'est le berceau de l'oppression. C'est tellement plus féministe et radical de ne pas avoir d'enfants, de questionner cette norme. Tu sais quoi, Maaï ? *F**** le patriarcaca. Allez, à la tienne ! Toi, au moins, tu es libre ! » Mais du coup, qu'attendent-ils pour la faire, la révolution ? Ils comptent vendre leurs gosses sur un marché aux chameaux pour mieux défendre la cause ? Ils en demandent combien ? Ça m'intéresse. L'adoption, c'est super écolo et il paraît que je suis plus concernée qu'une autre par l'avenir de la planète.

On te dit aussi, beaucoup, beaucoup, beaucoup, que c'est psychologique, mais on te dit aussi, beaucoup mais moins, que ce sont sûrement les perturbateurs endocriniens qui carbonisent tes ovocytes. Donc… c'est la faute à qui ? Le plastique dans le tissu de ma culotte ou mon incapacité chronique à gérer mes émotions ? Il faut savoir. Les deux ? Bien sûr, j'aurais dû m'en douter. On s'en roule un petit pour fêter ça ? Non, ça altérerait encore la qualité de ma production.

Une des choses que j'ai le plus entendues – et je jure sur la tête de mes enfants qui ne sont pas nés (ils ne m'en voudront pas, c'est pratique) que c'est vrai : « C'est arrivé à ma copine Judy. Ça a flingué sa relation, hein, ils se sont séparés. Et puis, elle a trouvé un autre mec et deux mois après elle était enceinte. C'est fou, hein ? » Mange tes morts. Va te jeter dans les Goudes. Je n'ai rien d'autre à répondre à ça.

Les couples qui sont confrontés au deuil périnatal, on le sait, sont des couples fragilisés. Leur assener, quand ils sont au fond du gouffre, que le mieux pour faire un enfant, c'est d'aller tester un autre géniteur ou une autre génitrice, c'est juste ne rien avoir compris ni à l'amour, ni à la gentillesse, ni à la douceur.

Je me demande sans cesse : pourquoi personne n'a l'intelligence de faire circuler l'information qui compte ? Dans la majorité des cas, il n'y a pas d'explication au fait que l'enfant ne vient pas ou se fait la malle trop vite. C'est du hasard, ça n'a rien à voir avec toi – être humain qui galère à te reproduire –, avec les causes plus ou moins plausibles que les gens autour de toi brandissent, ce sont les mystères impénétrables du vivant, on n'y comprend rien, on ne sait pas quoi faire. Ça arrive aux maigrichons, aux gros, aux crétins, aux génies, aux gentils, aux méchants, aux têtes en l'air, aux détendus du gland, aux obsédés du contrôle, aux pervers, aux gueules d'ange, aux riches, aux pauvres, aux moyens, aux stars de cinéma, aux anonymes, aux grands, aux petits, aux sains d'esprit, aux fadas, aux Occidentaux, aux Orientaux, aux Noirs, aux Blancs, aux vegans, aux carnivores, aux gens qui votent à droite, aux gens qui votent à gauche, aux gens qui dorment avec leurs chaussettes, aux gens qui portent des lunettes.

La vraie donnée qui compte est là : on te propose des milliards d'examens, des prises de sang, des flacons divers et variés où recueillir ton urine, une petite séance d'onanisme pour ton mec, des injections d'hormones à en devenir (encore plus) timbrée, des sondes à foison pour ton vagin. Parfois même, quand tu as de la chance, on te gonfle l'utérus avec une pompe à eau pour ensuite aller regarder ce qui s'y passe avec une petite caméra. Quand tu abordes la question de l'anesthésie, on te propose un Doli une heure avant. J'ai passé mon tour, flemme : merci, docteur, j'ai piscine, je vous rappelle. On compte tes œufs régulièrement aussi, on évalue ton stade de péremption et on te dit :

- dans 70 % des cas, on ne trouvera rien ;
- dans 28 % des cas, on trouvera quelque chose qu'on ne cherchait pas et dont on sera incapable de dire si ça explique quoi que ce soit ;
- dans 2 % des cas, on trouvera quelque chose, mais bon, c'est vraiment très très rare.

OK. Nous voilà bien.

Je terminerai cette lettre en m'adressant à tous les commentateurs et commentatrices, aux inspecteurs des travaux finis de la procréation, aux expertes autodidactes en médecine reproductive, à tous ceux qui brûlent d'envie d'expliquer à un couple dont les enfants ne sont pas arrivés ce qu'il vit. À vous, je dis, sans bienveillance et avec rancune (à bas la dictature de l'apaisement) : taisez-vous. Aucun parent ne peut savoir ce que vit un autre parent. Aucun être humain ne peut savoir ce que vit un autre être humain. Taisez-vous et optez pour la tendresse. C'est tout ce dont on a besoin.

Je ne sais pas pourquoi j'ai écrit tout ça, ma Lucille. C'est sorti tout seul. Je n'étais même pas en colère, rien, je mangeais des Pim's à l'orange en pensant que la vie est belle villa Deroze, et puis paf, il m'est venu l'idée de tailler un short à toutes ces phrases tordues que j'ai entendues. Je ne veux pas qu'elles polluent mon texte en cours, je veux le préserver de la bêtise crasse qui caractérise notre espèce. Et ça fait du bien. On devrait écrire des vacheries plus souvent.

C'est la pleine lune, peut-être ?
Elle est comment, chez toi, cette pleine lune ?

Je t'embrasse immensément fort et j'espère qu'au moins je t'aurai fait un peu rire dans cette période pénible d'isolement covidien.

Ton amie,

Maaï

Mardi 18 janvier 2022, 14 h 24.

Merci, Maaï, pour le rire matinal, pour le rire et pour la furie surtout. Moi, je pense que ta colère est salutaire. Entre mon état larvaire de fin de Covid et un bébé fiévreux, c'était en tout cas souverain pour me faire sortir enfin de mon lit.

Ta lettre me fait penser à notre bien-aimée théorie du « sac de merde ». J'explicite pour ceux qui nous liront : quand un drame survient, alors non, on n'est pas obligé d'en faire quelque chose de positif, on n'est même pas obligé d'y voir quoi que ce soit de positif. Parfois, longtemps après, l'univers peut nous faire en échange un cadeau (comme tu le disais dans ta lettre précédente à propos de cette renaissance que tu attends en retour, ce « troc mystérieux »), mais en premier lieu, en vrai, un drame ce n'est qu'un sac de merde qu'il va bien falloir se fader.

La plupart du temps, ça n'a pas de sens.

Je conchie la résilience obligatoire.

Quand on est prêts, alors oui, faisons un triomphe de cette poche pleine de vomi puant, mais avant, qu'on nous laisse en paix.

Pour prolonger cette analyse de nos biles respectives, de mon côté, je réfléchis beaucoup ces jours-ci à nos émotions négatives, celles qu'on évite, qu'on ne veut pas voir, dont on n'est pas très fier.

Moi, ces derniers temps, c'est la jalousie. Je suis horriblement jalouse de mes ami·e·s sans enfants, sentiment encore accru par le Covid. Cette semaine, j'ai passé de longues heures à me lamenter sur mon sort de pauvre mère fatiguée et malade qui n'a jamais un moment de répit même quand elle a quarante de fièvre et des courbatures partout. Être assaillie en permanence par des petits enfants, même aussi drôles et beaux que les miens, qui viennent me réclamer en plein délire fiévreux un livre, une paire de ciseaux à bouts ronds (pour Diane), une tétée, un mordillage de joue (pour Ulysse) est une torture lente et subtile. N'importe qui me semble mieux loti que moi à partir du moment où il a le luxe inouï de pouvoir être seul, ne serait-ce qu'en garde alternée un week-end sur deux.

Voilà, c'est écrit. Habituellement, j'aurais fourré ça sous le tapis en me disant : « Lucille, tu as choisi chaque élément de ta vie, tu aimes tes enfants, arrête de geindre, tu as TELLEMENT de chance. »

Mais j'ai décidé de changer le refrain et d'aller regarder cette grosse crotte de nez de jalousie de plus près.

D'abord, étrangement, tu es celle dont j'ai été le moins jalouse ces derniers jours, alors que tu es exactement là où je voudrais être (seule en résidence, non covidée, en écriture). J'avais plutôt envie, folle que je suis, d'être à la place d'une de mes meilleures amies, super malade du Covid aussi et qui se plaignait au téléphone d'être séparée de son fils testé négatif et parti chez son père.

Tu me disais au téléphone avoir acheté *Nos espérances*, d'Anna Hope. Dans ce livre (pardon de te le divulguer un peu), il y a ce passage qui m'a fait l'effet d'une douche froide. Ce roman raconte l'histoire de trois amies trentenaires dont les vies ont pris des trajectoires différentes. Chacune envie alors chez l'autre ce qu'elle n'a pas réussi à accomplir. Il y a par exemple Hannah, à la carrière remarquable, mais qui essaie en vain depuis des années d'avoir un enfant. Elle ne comprend pas les plaintes de son amie Cate, qui vient juste d'avoir un bébé avec la plus grande facilité. Sauf que Cate est en plein baby blues, mais Hannah ne le voit pas, ne peut pas l'entendre, elle ne peut que dire d'elle, avec désarroi et surtout agacement : « Et pourtant elle est malheureuse. » Ce point de vue m'a prise de court : moi-même en plein post-partum et qui lutte avec le désespoir ces derniers temps, moi aussi dans le fond je pourrais faire l'objet de cette fichue jalousie.

Entre nos sacs de merde et nos convoitises, il y a surtout beaucoup d'incompréhension. Quand un drame nous frappe, quand le chagrin, l'angoisse nous happent, on a souvent beaucoup de mal à voir l'autre, à sortir de sa bulle égocentrique. Et peut-être que c'est acceptable. Est-ce qu'on a le droit d'y rester le temps qu'il faut ? D'attendre que l'espace se fasse enfin en nous pour, alors, écouter l'autre ? Comme on le fait toutes les deux dans ces lettres ? Nous deux, aux vécus si différents et qui pourtant nous rejoignons dans ce creux de nos vies, ce temps à attendre de sortir de l'effondrement…

Je ne sais pas encore bien où ces questionnements mènent, à quelles réponses. La pleine lune d'hier soir, c'était une pleine lune en Cancer. Elle était là pour nous consoler, pour qu'on y dépose nos colères et nos doutes. Pas pour répondre à nos questions.

C'est le moment de dire qu'on est des sorcières ?

Je t'embrasse fort,

À vendredi.

Lucille

Correspondance du 21 janvier 2022
Le noyau de pêche

Vendredi 21 janvier 2022, 10 h 03.

Ma belle Maï,

Depuis ce matin, 5 h 45, réveil d'Ulysse, j'ai cette phrase qui me tourne dans la tête : parfois, les mères se brisent. C'est une phrase issue de mon projet de roman en cours, elle parle du personnage d'Esther, mère seule et isolée et qui finit – spoiler – par abandonner momentanément sa petite fille.

Parfois les mères se brisent, je voulais raconter ça, pousser ce sentiment de rupture interne à son maximum. Qu'est-ce que je ferais, moi, si je me brisais vraiment ? Je partirais ?

Ulysse s'est réveillé à 5 h 45 donc et ne s'est pas rendormi. En l'entendant m'appeler depuis la chambre des enfants, une vague de rage m'a submergée. C'était au-delà de l'épuisement, au-delà de l'abattement, c'était de la colère pure. J'ai pensé très fort : « Je n'en peux plus de cette vie de merde. » Je l'ai pensé si fort que je l'ai dit tout haut. Que je l'ai crié dans le noir de la chambre.

Depuis le mois de novembre, je m'accroche par les dents à ma vie et chaque fois que je pense être arrivée au bout, au fond – de la fatigue, des maux de ventre (inexpliqués par l'échographie de l'autre jour), de l'impatience, du désespoir –, cela se creuse encore un peu en moi.

Je ne sais pas si je vais y arriver.

Je m'accroche encore parce que je vois une petite lumière qui flageole et qui me dit qu'il va y avoir un après. Non, ce n'est pas exactement une lumière, c'est comme se réveiller dans une pièce totalement obscure mais qu'on connaît assez pour savoir qu'elle a toujours ses contours. Je tâtonne.

J'arrive encore un peu à donner le change, dans la rue, dans les échanges sociaux primaires. Je suis très forte pour me cacher derrière mon sourire doux et calme. Mais la vérité, Maaï, c'est que je ne sais pas si je vais y arriver. Vraiment pas. C'est trop dur. Je sens mon corps qui se déchire de l'intérieur et ça m'effraie. Je ne peux le dire que comme ça, pour l'instant : quelque chose se casse en moi, dans mes chairs, dans mon ventre, dans ma tête.

J'ai très envie de finir cette lettre par une blague, un coup de coude plutôt : t'inquiète, je viens de dégobiller mon mal-être mais ça va, hein, je suis hyper forte, j'ai survécu à bien pire (c'est vrai), demain après une meilleure nuit ça ira mieux (c'est vrai aussi) et je culpabiliserai d'avoir écrit tout ça (j'ai déjà honte). Sauf que ça ne serait pas juste, j'aurais l'impression de trahir le moi d'aujourd'hui qui a seulement besoin d'écrire encore et encore et encore ce matin que parfois, les mères se brisent et que ces fissures-là laissent des traces indélébiles.

Et puis ça fait dix ans qu'on s'écrit, Maaï, je ne vais pas te mentir à toi. Je voulais te parler de Porquerolles ce matin, te décrire mon île, te montrer comme elle est belle, en particulier au creux de l'hiver quand elle semble si loin du continent, une centaine d'habitants seulement dont nous, pourquoi c'est mon refuge depuis toujours. Ça sera pour une prochaine fois.

Je te serre dans mes bras.

Lucille

Vendredi 21 janvier 2022, 15 h 03.

C'est troublant, Lucille, les résonances entre les pensées, les mots. Je t'ai écrit le texte qui suit ce matin, en me réveillant. Et puis, j'ai été prise de court par une visite plus matinale que prévu, je n'ai pas eu le temps de te l'envoyer. Et sans l'avoir lu, quelque part tu as répondu. Et sans savoir ce que tu me dirais, quelque part, je t'avais répondu moi aussi.

Vendredi 21 janvier 2022 donc, vers 8 heures.

Lucille, mon amie,

Depuis quelques nuits, je fais des rêves tous plus détonants les uns que les autres. Ils pourraient ressembler à des cauchemars, mais ils me laissent au réveil sans la moindre trace d'inquiétude ou d'angoisse. Quand j'étais enfant, j'avais inventé une technique pour garder mes rêves et qu'ils ne s'évaporent pas en un battement de cils au réveil. Ça me donnait la sensation d'avoir un pouvoir magique, de sortir de la nuit moins exsangue aussi. Avec les rêves des dernières nuits, je n'ai pas besoin de mon pouvoir magique. Ils restent d'eux-mêmes. Je les appelle des « rêves de résolution ». Je sais que ces rêves sont là à certains moments de la vie pour que finisse de se résoudre, dans l'inconscient, ce que tu as eu à travailler de difficile les mois précédents.

J'ai par exemple rêvé qu'une nuit, place de la République à Paris, je rendais à un pharmacien, aux cheveux bouclés et au visage très doux (une sorte de double masculin de moi-même), un enfant mort-né qui était arrivé dans ma vie sans que je comprenne comment. Il me proposait de prendre soin du corps, le temps que je m'organise. J'aurais pu me réveiller dévastée par un événement si triste, mais je savais intimement que c'était l'enfant d'une de mes grands-mères que je remettais entre de bonnes mains et qu'à travers ce rêve, pourtant pas très gai, quelque chose s'apaisait. Ce qui me fascine, c'est que chaque rêve traite d'une thématique que j'aimerais intégrer au roman que j'écris et sur laquelle je redoutais de me pencher. J'ai la sensation que quelqu'un me chuchote : « Plonge, tu n'as plus rien à craindre. »

Et j'ai pu observer cette semaine que c'était vrai, car je suis allée me promener dans les premiers textes que j'avais écrits pour mon roman, *Léguer nos fleuves*. J'avais la houle au ventre à l'idée de le faire. Mais l'exercice m'a montré que j'étais assez consolidée et apaisée pour nager, à mon rythme, dans les eaux de ce texte. Il y avait les commentaires de la première lecture de ce brouillon que tu avais faite, retranscrits dans un beau bleu dans les marges.

Je crois que ça me terrifiait, de relire ces textes écrits avant les fausses couches et de prendre le risque de découvrir que la personne qui avait écrit ces lignes m'était devenue étrangère. Mais je n'ai pas trouvé une étrangère. Ce que je trouvais important à écrire l'est toujours aujourd'hui. Les morceaux de moi-même semblent recollés, je ne suis plus au même endroit. Avec les grossesses arrêtées, j'ai vécu une expérience importante de ma vie mais je suis aussi toujours moi-même. Ça peut sembler banal ou évident, mais ça ne l'était pas pour moi il y a encore peu de temps. Ce que cette relecture m'a montré, c'est que j'ai vécu une expérience marquante. Mais que ce n'est qu'une « expérience ». Plus je lis des femmes qui parlent de leur maternité, de leur lignée de femmes, plus je sens à la lumière de ces récits que la maternité, c'est ça : une expérience parmi d'autres. Même si elle peut faire l'effet d'un tremblement de terre, même si elle fait bouger des lignes fondamentales en soi, c'est une expérience, et au fond de toi tu restes qui tu es, augmentée, densifiée, chahutée, transcendée peut-être, mais toi.

J'ai dévoré le dernier livre de Julia Kerninon, *Toucher la terre ferme*. Il m'a beaucoup fait penser à ce qu'on raconte ici. Il s'agit d'un récit autobiographique dans lequel elle relate son expérience de mère et d'autrice. Elle écrit :

> « […] Toutes les mères étaient encore, quelque part dans le secret de leur tête, la personne qu'elles avaient été auparavant, parce qu'on ne change pas vraiment, au fond. On devient plus intensément soi-même. »

Et beaucoup plus loin dans le livre, au sujet de sa nouvelle vie avec deux enfants :

« Il n'y a pas de mots pour dire combien j'ai changé, mais il n'y en a pas non plus pour décrire la solidité de l'ancienne moi cachée dans la nouvelle, dure comme un noyau de pêche. »

Toi, mon amie, comment va ton noyau de pêche ?

Je reprends ici mon texte après t'avoir lu.

Dans ce que tu décris, je reconnais trait pour trait, mot pour mot, l'état dans lequel j'ai traversé l'année 2021 ; ça me fait frissonner et je voudrais tellement être avec toi en ce moment. On est ensemble, dans cette correspondance et dans la vraie vie.

Je t'appelle dans la vraie vie.

Je te serre très fort dans mes bras.

Maaï

Correspondance du 25 janvier 2022
Notre matrimoine

Mardi 25 janvier 2022, vers 12 heures.

Ma Lucille,

Ce matin, pour un travail que je mène en parallèle en ce moment pour un podcast, mon attention se portait tout entière sur le témoignage d'un cristallier qui évoquait ses quêtes de cailloux précieux dans des pics et des glaciers du massif du Mont-Blanc. Il parlait de l'ami et collègue avec lequel il part en expédition. Un mot revenait souvent : « encordé », « s'encorder ». Je pensais à ces liens entre eux qui s'incarnent de manière si évidente, concrète et visible dans la matière. Je me disais que ça devait être beau, de sentir son corps encordé, attaché à la solidarité envers la vie d'un autre que soi. J'ai pensé à mon amie autrice, Laetitia Barth, qui m'avait fait découvrir cette expression que j'aime tant : « avoir l'intelligence de la cordée ». Elle l'avait utilisée à propos d'une amie, au sujet de laquelle je racontais combien on se soutenait face à la violence sexiste du monde académique.

Dans cette histoire de cordée se glisse une chose dont je voulais te parler, une sensation plutôt. Depuis mon arrivée à La Ciotat, je dévore les livres que j'ai apportés. Ce sont des livres écrits par des femmes inscrites dans une démarche de réappropriation de leur histoire, maternelle entre autres choses, puisque la maternité est vraisemblablement un sujet qui appelle tous les autres grands sujets d'une vie en cavalcade.

Hier, alors que j'avais fini le magnifique *Deux ou trois choses dont je suis sûre*, de Dorothy Allison, je décidai de me plonger dans *Lettre à ma fille*, de Maya Angelou. Maya Angelou écrit :

« J'ai donné naissance à un seul enfant, un garçon, mais j'ai des milliers de filles. Des Noires, Blanches, juives, musulmanes, Asiatiques, latinas, Indiennes d'Amérique, Aléoutes. Qu'elles soient obèses, maigres, jolies, ordinaires, homos, hétéros, éduquées, illettrées, je m'adresse à elles toutes. Ceci est mon legs. »

J'ai frémi en lisant ces lignes, je me sentais enveloppée, cajolée, appartenir à une lignée qu'on se choisit. Je venais par ailleurs de lire cette phrase de Dorothy Allison :

> « Deux ou trois choses que je sais, deux ou trois choses dont je suis sûre, et l'une d'entre elles est que si nous ne sommes pas belles les unes pour les autres, alors nous ne pouvons connaître aucune beauté, sous quelque forme que ce soit. »

Ça m'a rappelé cette newsletter d'Eva Kirilof, *La Superbe*, du 29 septembre 2021. Dans cette lettre, elle réfléchit au fait que nous ayons été privées de nos généalogies, de nos héritages, de nos lignées de femmes. Puisqu'on parle sans cesse de la « paternité » d'une idée ou d'un mouvement, elle demande : « Qui sont nos mères ? »

Je te cite quelques extraits qui ont particulièrement résonné en moi :

« Dans l'Eurostar qui me ramenait à Londres depuis Paris, j'ai [Eva Kirilof] fait une rencontre imprévue et pleine de joie avec les mots d'Émilie Notéris qui, dans son essai Alma Matériau, écrit ceci : "Il s'agira ici de réparer les liens entre les femmes, qui ont été brisés ou invisibilisés par le récit hétéronormatif et patriarcal blanc de l'histoire de l'art telle qu'elle a été écrite, en creux, sous forme d'exclusions, à force de silences. »

Elle parle de liens et je repense à cette histoire de cordes entre alpinistes sur une paroi dangereuse, de cordes qui se sentent, qui se voient, qui se touchent, sensations identifiables. Plus loin dans le texte, Eva Kirilof remarque aussi :

« On essentialise les femmes, on les réduit encore et toujours à leur maternité biologique, mais qu'en est-il de nos mères électives ? Celles qu'on se choisit ? Toujours dans Alma Matériau, Notéris cite l'Américaine Helen Molesworth, critique d'art féministe, qui dit ceci : "Être artiste et femme, c'est parfois faire l'expérience de se retrouver orpheline de mère(s) et découvrir qu'il faut partir à leur recherche – afin de ne pas céder sous le joug de l'imposante paternité artistique – pour finalement développer une pléiade d'affinités sororales. »

En lisant des Joan Didion, des Dorothy Allison, des Julia Kerninon, des Maya Angelou, des Wendy Delorme et tant d'autres, en cultivant les liens artistiques avec les femmes de mon entourage direct, comme avec toi, c'est exactement ce que j'ai la sensation de faire : me construire une pléiade d'affinités sororales, rencontrer des mères électives, m'inscrire dans une cordée. J'ai l'impression en puisant dans leurs textes, en y admirant le courage qu'elles déploient pour écrire, qu'elles me tendent la main et qu'elles me donnent de la force, du souffle, de la confiance.

Et je me remémore aussi en t'écrivant ces lignes la joie que j'avais ressentie quand tu m'avais envoyé cet extrait de la série *Sex Education*, où on assiste à une discussion entre des jeunes filles qui se proposent d'être des mères les unes pour les autres. J'avais trouvé cette perspective si gaie et si réconfortante.

Je conclurai en te confiant ce que tu sais déjà : nos mères sont formidables. Je compile ici quelques-unes de leurs pensées dans l'espoir qu'elles donnent à ton noyau de pêche amour et confiance.

Tendrement,

Maaï

Mardi 25 janvier 2022, 14 h 54.

Ma belle Maaï,

Je me relève de ces dernières semaines de maladie et d'épuisement, ahurie face au soleil. Je t'écris depuis la montagne, où ton histoire de cordes et d'alpinisme résonne particulièrement !

Je suis enfin sortie du Covid, j'ai retrouvé ma sœur et ma nièce et nous sommes à Serre-Chevalier. On skie en famille, les uns derrière les autres, filin invisible qui slalome sur la piste, et en glissant je réfléchis depuis vendredi à ton histoire de noyau de pêche.

Mon noyau de pêche.

La naissance de Diane, ma grande fille de 4 ans maintenant, inscrite cette semaine aux Piou Piou au ski, m'a enseigné une chose : nous sommes mouvants, notre identité est mouvante, on n'est que ce que nous sommes à un instant *t* et c'est ça, la beauté. Avec Diane, j'ai accepté la transformation, le *flow*. Sauf que je m'aperçois que quelque chose manquait.

Le noyau de pêche. J'avais perdu mon noyau de pêche. À m'engouffrer dans cette nouvelle identité de mère qui m'a tant apporté, tant de puissance, tant de rage, tant de féminisme, tant de paix, mais aussi tant de blessures et de peurs (réelles et symboliques) si douloureuses, j'avais oublié mon centre. Il est temps de le retrouver, peut-être Ulysse m'offre-t-il ça, cette opportunité-là. Mon bébé magique. Je ne sais pas encore le chemin, mais tu as allumé une lumière sous la porte, mon amie précieuse.

Et puis la montagne. Les gens sont habillés comme des poux fluo à la montagne, mais qu'est-ce que c'est beau, cet espace immense et le plaisir de mon corps en mouvement sur ma planche de snowboard. J'y retrouve ma sœur, ma nièce, ma famille réunie pour la première fois en quatre ans. Seraient-ils une partie du noyau de pêche, aussi ?

J'aurais vraiment juré que c'était de la solitude qu'il me fallait, de la sauvagerie, du voyage. Cela fait des semaines que je rêve de façon obsessionnelle d'une maison sur pilotis au bord d'un lac au Laos, de moi dedans en robe blanche. Seule.

Avec l'adrénaline du voyage, du mouvement, encore. Il y a une photographie d'Anisia Kuzmina qui illustre exactement cette idée, on y voit une femme, seins nus, à la proue d'un bateau dans la jungle. J'ai été cette femme-là, dans cette sauvagerie, cette liberté inouïe, j'aimerais encore parfois l'être de nouveau.

C'est quoi, ton noyau à toi ?

Ta famille, elle y est ou elle le grignote ?

Peut-être que c'est une lignée effectivement qu'il nous faut, de sang ou d'idées, tu as raison, une place ancrée avec une cordée qui nous tient, et que c'est la condition pour au final être dans le mouvement, parce qu'en chemin elle nous aura donné des réponses.

Joan Didion, dans *L'Année de la pensée magique*, où elle raconte l'histoire de son deuil vertigineux, explique ce que son mari lui aura au final enseigné : savoir nager dans le courant, sentir « les instants où la houle changeait » et s'adapter à ces changements. Son mari est mort, mais il lui est resté cet enseignement, il lui aura laissé cette corde mouvante avant de partir. « Nul regard ne veille sur moi – mais ça, il me l'a dit. »

Chaque fois que je relis ce passage, je pleure.

Pour finir, il faut quand même revenir sur cet incroyable chassé-croisé de samedi dernier : moi dans le train avec ma smala pour la montagne, toi dans l'autre sens, dans ta voiture en direction de « mon » île, pour m'y faire une surprise. C'est tout de même inouï que nous nous soyons ratées. La photo que tu m'as envoyée ce jour-là par téléphone, c'est au Langoustier ? Plage Noire ?

Je t'embrasse fort fort fort,

Lucille

Correspondance du 28 janvier 2022
Plonger

Vendredi 28 janvier 2022, 15 h 30.

Maaï adorée,

Je vais faire court aujourd'hui parce que c'est le dernier jour des vacances à la montagne et que je préfère être dans la vie que dans l'écriture.

J'avais juste envie de poser ce sentiment qui m'amuse beaucoup : je suis fière à outrance de mes enfants. J'estime qu'ils sont tous les deux des génies, les plus beaux, les plus drôles. Cette semaine, Diane, mon aînée, a fait du ski pour la première fois et la voir en si peu de temps glisser en chasse-neige sur la piste en combinaison rose intégrale m'a remplie d'un orgueil tonitruant et d'une joie infinie.

Ça répare beaucoup de choses, cette joie.

Et ma fille trouve déjà que j'en fais vraiment des caisses avec ma fierté, mais je m'en fiche. Je suis leur fan numéro 1 pour toujours.

Je t'embrasse très fort,

Bon week-end !

Lucille

Vendredi 28 janvier 2022, 23 heures.

Lucille adorée,

J'adore cette joie que tu me décris. Souvent ces jours-ci, je repense à ta question du noyau de pêche et il y a aussi de la joie dans ce qu'elle m'évoque. Quand je me demande de quoi est fait le mien, forcément, je pense à cette baignade, samedi 22 janvier, au Langoustier, plage Noire, tu as bien sûr deviné.

C'est le premier endroit de ton île que j'ai voulu retrouver. La roche ocre et violette, ce sable noir, ça m'avait beaucoup émue la première fois. Nous nous y sommes rendues avec une amie, par le chemin des crêtes. C'était éblouissant, je ne sais pas le dire autrement, de manière plus sophistiquée, je n'ai pas la sensation de pouvoir décrire dignement des paysages aussi beaux.

Arrivée à la plage, je me suis assise au bord de l'eau, elle était calme et les vagues se déployaient avec une douceur infinie. L'eau était parfaitement transparente, c'était magique pour moi, ce spectacle qui semble anodin d'une vague qui se déroule. Il me manque tant depuis que j'ai quitté la Bretagne et que je vis à Lausanne. Les vagues et les eaux du lac Léman me semblent terriblement statiques. Je suis une fille de la mer, de la marée surtout, pas une fille des lacs.

Au Langoustier, j'étais comme enveloppée de calme et de sérénité. Rien qu'en te l'écrivant, je respire profondément et mon diaphragme se desserre. J'ai senti qu'il n'y avait plus d'ombres planant autour de moi, plus de fantômes gentiment installés sur mes épaules et dans ma matrice. J'ai pensé : « Ça y est, c'est sûr, j'aime à nouveau ma vie, avec ou sans enfants, j'aime ma vie, comme elle est. Je suis seule et je suis bien. »

Je ne ressentais plus le poids immense de l'absence des enfants dans mon cœur. Je ne regardais plus chaque chose en pensant qu'ils auraient dû être là. Je n'ai pas compté l'âge qu'ils auraient, les trois, mon soleil, cet embryon de mes vingt ans, mon sésame, embryon de l'été 2020, mon pigment flamboyant, embryon de l'automne 2020. Je ne les ai pas vus jouer sur la plage, manger du sable et courir dans les vagues.

J'étais seule et j'étais bien.

Alors ça m'a semblé évident, je me suis déshabillée et je suis allée me baigner. Je n'avais pas été cette fille-là depuis dix-huit mois. Et cette fille-là, c'est moi, c'est mon noyau de pêche. Cette fille qui se baigne par tous les temps, parce qu'elle aime par-dessus tout la mer, l'océan, se laisser porter, flotter, se sentir vivante au contact de l'eau, c'est moi. Cette fille qui ne va pas se priver d'un tel bonheur parce qu'elle n'a pas son maillot de bain ou qu'elle aura du sable dans les chaussettes tout le reste de la journée, c'est moi. Cette fille qui refuse jour après jour de se laisser piéger par le cynisme et le désenchantement, c'est encore moi. Cette fille qui va crier de joie comme une gamine, dire des grossièretés parce que ça brûle ce froid glacé, se faire piéger par un bateau de touristes qui débarque, alors qu'elle est entrée nue dans l'eau parce qu'il n'y avait personne sur la plage, tout ça, c'est ce que je suis.

Je suis de retour. C'est désormais une certitude. J'ai plongé dans l'écriture du roman et c'est si bon, si évident. Je sens que j'ai grandi. J'aime la sensation qui m'habite d'être en train de me dépouiller du superflu, de m'offrir l'audace des choix précis et décidés.

Tendresse,

Ton amie

Correspondance du 1er février 2022
Dire l'intime

Mardi 1er février 2022, 11 h 15.

Ma Maaï,

Je triche un peu, je commence cette lettre le lundi matin, demain ma sœur et ma nièce arrivent pour passer quelques jours chez nous sur l'île et je crains d'avoir peu de temps.

Tu as vu les commentaires sous nos posts Facebook et Instagram ? Je trouve ça incroyable, ces réactions à nos publications sur le site de La Marelle. Je crois que je ne m'y attendais pas tout à fait, à ce que mes cousines me lisent, à ce que des inconnus nous lisent, je n'y avais pas tellement pensé à l'avance. Je me questionne du coup sur l'intimité de nos échanges. On s'écrit « presque » comme en vrai ici, comme on le fait juste toutes les deux depuis si longtemps, je dis « presque » parce qu'inconsciemment je réalise que je retiens quand même parfois quelque chose : parce que ça va être lu quand même, par d'autres, alors je gomme, je protège, mes proches, moi surtout.

Mais ça reste du réel, ce que nous nous racontons.

Pendant longtemps, j'ai détesté l'écriture de l'intime, ce truc supposément cantonné au féminin : les femmes racontent leur quotidien, aux hommes les grands récits. J'ai encore aujourd'hui la sensation de me retrouver collée en cuisine lorsque je parle de moi, comme si l'intimité me renvoyait au foyer, à la maison, aux enfants, à un statut de dominée. J'ai du mal à m'affranchir de cette dichotomie, qui m'apparaît comme un piège, même si je sens que c'est de ce côté-là que je dis quelque chose d'important, que mon écriture peut tracer un sillon qui fait sens.

Je suis allée me racheter en numérique sur mon téléphone *Le Deuxième Sexe*, de Simone de Beauvoir, pour aller relire ses conclusions sur ce qui limite selon elle encore les femmes. Elle écrit :

> « Pour faire de grandes choses, ce qui manque essentiellement à la femme d'aujourd'hui, c'est l'oubli de soi : mais pour s'oublier il faut d'abord être solidement assuré qu'on s'est d'ores et déjà trouvé. »

S'ensuit une description assez cruelle je dois dire de ces femmes créatrices qui ne travaillent pas assez solidement leur œuvre, restent en surface et « s'épanchent en conversations, en lettres, en journaux intimes » (*sic*). Ça fait mal, non ?

Aux femmes l'intimité, aux hommes les grands récits, mais est-ce vraiment juste dans le fond ? N'avons-nous pas accès depuis des siècles à l'intériorité des hommes également, à leurs vécus, leurs états d'âme, leurs traumas de guerre et leurs chagrins amoureux, *via* leur littérature, leur peinture, leur « grand » art ? Se sont-ils « oubliés » eux ? Pas vraiment. Ils ne cessent de se « trouver » encore et encore. Mais alors pourquoi leur intimité serait-elle plus épique que la nôtre ?

Les femmes parlent de maternité. Et c'est un sujet mineur, hein, la maternité, sauf que pourquoi ? C'est vrai, ça ! Il faut n'avoir jamais vécu ou côtoyé de près le sang qui bat dans le ventre pour ne pas réaliser que c'est peut-être le sujet le plus essentiel, le plus grandiose, le plus puissant qui soit. C'est l'origine de tout : la naissance de l'humain. Nous priver de ce récit-là, raconté par son témoin le plus direct, est-ce que ce n'est pas un manquement grave ? Est-ce que ce sujet-là, précisément, n'est pas dans le fond un « grand » récit, justement ?

J'ai longtemps cru que raconter ma vie, cela ne pouvait pas être de la littérature. La fiction seule avait de la valeur à mes yeux. « Nos histoires vraies seront de la littérature », écrit l'autrice féministe queer Dorothy Allison, dans Peau. Cette phrase roule dans ma tête ces jours-ci. Je me demande si on n'écrit pas là où il y a des silences. Si on n'écrit pas les livres qu'on aurait eu besoin de lire, pour qu'ils apportent des réponses à ceux qui comme nous ne s'étaient trouvés nulle part. Fiction ou récit, peu importe en définitive ? Peut-être même que quelle que soit la forme finale, il est nécessaire qu'une part de nos « histoires vraies » y subsiste pour que d'autres personnes puissent s'y reconnaître ? « L'impact de notre réalité demeure ce qu'on peut demander de mieux à notre littérature », ajoute Dorothy Allison.

C'est la maternité qui a amené chez moi ce questionnement sur la littérature. Quand je suis tombée enceinte de Diane, j'avais beaucoup de mal à trouver des œuvres qui me convenaient sur le sujet. J'ai eu un besoin vital d'aller gonfler ma lignée d'artistes et d'autrices, mes mères à moi, comme tu le dis si bien, qui en parlent de façon satisfaisante à mes yeux.

J'ai cherché des peintures, des photographies d'abord. J'ai trouvé les peintures de Paula Modersohn-Becker, les photographies de Jessica Tremp, de Lisa Sorgini.

Et puis je me suis mise à écrire. J'ai été retrouver ce texte que je t'avais envoyé quand Diane était bébé et dont tu m'as reparlé hier et qui s'intitule : *Les Mères combattantes*. J'y raconte mes premiers pas en maternité.

Dans l'introduction, j'écris ça :

« À vous je dis : Je suis tombée enceinte.
D'une petite fille prévue comme un soleil pour le solstice d'été.
Pendant un temps, la fiction a perdu de son sens, je ne pouvais plus inventer d'histoires, le réel était bien trop fort, l'expérience organique totale. Tout coulait. Tout brûlait. »

Comment fait-on de la fiction avec une expérience pareille ? Comment construit-on une histoire avec ce matériel-là ? Comment raconte-t-on que faire naître un enfant, c'est un combat, c'est côtoyer la mort de très près ? Parfois il s'agit, comme toi, comme moi un an avant de tomber enceinte d'Ulysse, de la rencontrer vraiment lorsque la grossesse ne donne pas d'enfant vivant, et enfin parfois aussi de la croiser quand l'issue est favorable.

J'ai mis du temps, j'ai travaillé dur et fort, je ne suis pas restée en surface. Il a fallu dans une première étape que je revienne à mes carnets, que j'écrive à mes amies ET que je raconte ce que moi j'avais vécu : la césarienne de Diane, la douleur, la peur de la perdre, la terreur pure, la joie titubante ensuite.

Ce récit de cette nuit du 17 juin 2017, extrait d'un texte intitulé, donc, *Les Mères combattantes*, je l'adressais à ma fille, je voulais lui raconter à elle sa naissance. Le voilà.

« HISTOIRE DE TA NAISSANCE

Mon enfant miraculeux,

Une vague de chaleur recouvre Paris, je ralentis encore mes pas et roule à demi nue dans notre appartement. Tu es assise au fond de mon ventre, ton dos appuie sur le mien et me lance par moments des décharges, éclair du nerf sciatique que tu compresses de ta propre colonne de petit dinosaure. Mon corps est à toi autant qu'à moi pour encore quelques jours.

Il y a une fausse alerte une nuit, mon ventre se serre régulièrement, nous partons écouter ton cœur à la maternité, valise à la main, et rentrons sans toi, hébétés par l'excitation retombée.

Comment décrire une contraction ? Lors des cours de préparation à l'accouchement, la seule explication que l'on nous donne est peu ou prou cette phrase absconse : cela ne ressemble à rien d'autre, c'est impossible à décrire, mais quand cela arrivera, vous saurez.

Agacée, je me fais la promesse de décrire précisément mes sensations, le moment venu. C'est mon métier, après tout ?

Il est minuit, environ. Ton père travaille devant son ordinateur, je regarde la nuit, allongée sur le canapé. Mon ventre se serre, mais il se serre souvent ces derniers jours, une crispation non douloureuse et fugace. Les mains posées sur toi, je respire doucement, tandis que les crampes deviennent plus fortes. Elles partent du ventre pour irradier jusqu'au dos, au coccyx. Le seul moyen de les soulager est de me placer à quatre pattes sur le plancher, les mains de ton père posées sur la douleur.

Ensuite je ne sais plus, la douleur est là, mais c'est une vague qui va et vient, je respire à l'intérieur, l'attend de pied ferme. Les fameuses contractions augmentent en intensité, se rapprochent : effectivement, il n'y a plus de mots. Le travail a commencé, je ne réfléchis plus.

Avec ton père, on se regarde dans les yeux : il est temps. Arrivés à la maternité, on me fait couler un bain, dans lequel je me glisse. Je ne me souviens que du son de ma voix, entre le chant et le gémissement, qui t'appelle, des mains chaudes de ton père sur mon dos encore, je te parle, nous sommes tous les trois. Je ne me souviens que du sourire que j'ai dans le ventre et puis soudain de la lumière du jour.

Quand on me sort du bain pour m'amener dans la salle de travail, le soleil inonde la pièce, éblouissant.

Diane, je t'ai promis au début de ce texte de tout te raconter. Nous en sommes au moment de ta naissance et voilà que je ne sais plus comment raconter ce matin de ton arrivée. Il est encore coincé dans ma gorge, bloqué dans ma poitrine. Mon amour, j'ai eu si peur.

8 h 45 : Pose APD (anesthésie péridurale analgésique)

9 h 20 : Appel ARCF (anomalies du rythme cardiaque fœtal)

9 h 24 : Décision passage au bloc/Passage au bloc

9 h 31 : Césarienne en urgence code rouge pour procidence à 9 cm + ARCF

9 h 35 : Délivrance dirigée

Ce que cela ne dit pas, c'est, dans le désordre :

Après la péridurale – qui fait partie du protocole mis en place parce que tu es en siège, je ne l'ai pas choisie et je déteste immédiatement cet engourdissement soudain –, je te sens descendre en moi.

Secousse.

Tu entraînes avec ton pied le cordon, le bloques par intermittence, te privant d'oxygène.

La douleur tout à coup intense et terrifiante sur la table d'opération, la foutue péridurale n'agit que dans un périmètre limité, le reste est entièrement à vif.

Ton père est retenu derrière les larges portes battantes, il me raconte après coup sa peur, son impuissance.

Toi à qui je parle, sans m'arrêter, bavardage pour conjurer la peur, je t'explique ce qu'il se passe, pas à pas, ce qu'il va arriver : ne t'inquiète pas, mon amour, on ouvre mon ventre, pour t'en sortir, n'aie pas peur, tu seras bientôt dans les bras de papa et ensuite, peut-être, vite, dans les miens.

La séparation. Voilà que de force on nous sépare, je sens qu'on te sort de mon ventre – secousses encore – et je vois une infirmière qui court, sort de la pièce opératoire glacée, un paquet dans les bras. Tu es ce paquet qui n'a pas crié et qui sort de la pièce et les gens présents se tendent. La peur palpable.

La peur de ma vie. L'expression pour la première fois prend tout son sens. Jamais, de ma vie, je n'ai eu aussi peur. Le temps suspendu. Je ne sais pas si tu vis, je ne sais pas si tu vas bien et d'un coup mon calme éclate, je hurle de douleur : « Comment va ma fille, dites-moi comment va ma fille. » Pas de réponse. Je gémis. L'anesthésiste idiote rétorque qu'elle n'en sait pas plus que moi.

Tout cela dure quelques minutes, dix, tout au plus, où je suis harnachée à cette putain de table d'opération, le bide ouvert, une envie irrépressible et impossible pourtant de me lever pour te rejoindre. On me recoud, on referme mon ventre vide de toi.

La lumière soudain, enfin. On vient me dire que tu vas bien, qu'on va te donner de l'oxygène, mais que tout va bien, tu es avec ton père. Tu vas vivre, en bonne santé.

Soulagement, fatigue, épuisement nerveux et produits anesthésiques par-là-dessus : je m'endors.

Je me réveille, seule, dans une salle baignée de chaleur. Ton père vient me montrer des photos de toi, des tuyaux dans le nez. Tu es une abstraction.

De nouveau seule, le regard fixé sur l'horloge, les jambes paralysées par l'anesthésie. On m'a promis que dans moins d'une demi-heure, on allait t'amener à moi.

Te voilà, habillée de multiples couches, body, pyjama, gilet, bonnet, ton petit visage gonflé par la naissance au milieu de tout ce blanc et de tout ce rose layette. Mon cœur se renverse, mais ce n'est pas là que la rencontre s'opère.

On te met à mon sein, un liquide jaune bouton d'or s'écoule, que tu lapes bruyamment. Je te respire, petit animal. On se renifle. Tu es encore, malgré moi, une abstraction. Et j'imagine qu'il en va de même de moi pour toi.

J'appelle amis et famille, des agrafes plein le ventre, une perfusion accrochée au bras. Je suis euphorique, tout est oublié, ce qui vient d'avoir lieu n'est plus qu'une grande douceur, que je claironne autour de moi. Tout s'est TRÈS BIEN PASSÉ. Amnésie provisoire, qui mettra des mois à se dévoiler.

Notre véritable rencontre a lieu le matin suivant, à l'aube. Nous sommes toutes les deux seules dans la chambre, après une nuit blotties l'une contre l'autre dans le grand lit mécanique.

L'aube se lève de nouveau, la même lumière que la veille, éblouissante, inonde la chambre jusqu'au plafond. Tu ouvres tes grands yeux noirs et tu me regardes.

Te voilà arrivée. »

Ce texte est resté dans un dossier sur mon ordinateur, pour ma fille, pour plus tard. Je l'avais écrit à l'origine sans autre but. Je ne réalise qu'aujourd'hui que c'est nécessaire de passer par ce réel, de raconter en vrai ce qu'on a vécu et puis après, en faire un récit plus « solide » peut-être, une fiction pourquoi pas, mais garder quoi qu'il arrive des traces de cet intime, avec ses contradictions et ses transitions approximatives.

Il y a un autre sujet cantonné au féminin, à grands coups de romans à l'eau de rose, qui m'importe en ce moment, c'est l'amour. Il est toujours question de l'amour romantique, mais cet amour infini, celui-là même dont je te parlais au début, celui que j'ai ressenti pour la première fois ce deuxième matin devant les yeux noirs de Diane, celui qu'on a pour ses enfants, tous ses enfants, les vivants et les morts, ceux faits de chair et de sang et les lumières qui nous traversent comme des fusées, cet amour, c'est autre chose encore. Toujours dans ce texte, *Les Mères combattantes*, j'écris :

« J'ai grandi en me disant que j'étais le fruit d'un amour immense, issue de parents qui se sont aimés éperdument. Aujourd'hui je suis mère et j'ai l'impression que l'obstétricien, en ouvrant mon ventre pour t'en faire sortir, toi-qui-ne-veux-jamais-rien-faire-comme-tout-le-monde, en a en fait sorti le plus grand des amours.

» C'est toi l'amour immense, c'est toi le fruit, c'est toi dans le fond qui rends l'amour aussi grand. »

La maternité, ce n'est pas un petit sujet, c'est un sujet INTENSE, exacerbé, violent, ambivalent. Il faut se donner le droit de le raconter comme c'est, pour lui rendre toute sa force.

« […] Allez, venez donc vous battre, / Qu'est-ce que vous attendez ? / Allez-y, faites-le, frappez-nous ! / Ça nous fait bien rire, nous, les mères combattantes. / Le soleil du printemps vous rend fébrile, on dirait ! »

Ishii Eisuke,
tiré du film *Heta Village*, in *Provoke*

Ce n'est pas pour les mauviettes.
Je t'embrasse fort, ma compagne de bataille.

Lucille

Mardi 1er février 2022, 11 h 44.

Lucille jolie,

J'ai commencé le brouillon de cette lettre il y a un petit moment et je vois que tu m'as envoyé ton journal toi aussi ! Ça m'amuse quand on s'envoie nos textes en même temps, je me demande toujours s'ils vont se répondre malgré nous. Je vais résister à l'envie de te lire tout de suite et quand même cliquer d'abord sur « Envoyer » car je sais que si je te lis, je vais vouloir tout réécrire et il ne faut pas.

Ce week-end, j'ai fait une chose incroyable que je tenais absolument à te raconter dans cette lettre : je me suis choisie, j'ai arrêté un job que je faisais en ce moment pour gagner de l'argent. J'écrivais pour un podcast, je devais écrire pour d'autres, dans le cadre pensé par eux. Et j'ai choisi pour les mois à venir de n'écrire que pour moi-même. Je me suis fait une place, en renonçant à cette mission professionnelle qui m'entravait, si prestigieuse et riche soit-elle. Je me suis dit qu'il était temps de jouer dans la cour des grandes, d'assumer ses objectifs (être éditée). J'ai décidé de me donner les moyens de mes ambitions (je tremble d'écrire ça). Je vais être fauchée encore, mais j'ai envie d'y croire.

Alors aujourd'hui, j'ai tout mis sur la table : mes vieux carnets, mon carnet en cours, mes futurs carnets et cahiers de notes, le livre et la revue que je lis, mon agenda ouvert sur la liste de choses que j'ai à faire. J'ai coché certaines cases depuis mon réveil, gribouillé quelques trucs, mais je suis paralysée. J'ai dans le ventre une boule de feu, d'excitation, de joie et de peur mêlées. Je ne sais plus bien comment je m'appelle ce matin, ça tangue. Me choisir a été comme un tremblement de terre ces derniers jours et j'ai peur d'être devenue folle, histoire classique. En même temps, je sens l'urgence d'écrire pour mes projets personnels qui grandit et qui vrombit en moi comme le moteur d'une voiture de course.

Dans les choses inestimables qui se jouent lors d'une résidence qui arrive au début d'un projet d'écriture, au moment où une transition s'opère pour asseoir ces choix, il y a ça : la possibilité de faire de cette grande chambre à soi un tremplin et une promesse, celle de rester fidèle à soi-même et à ce qui compte. Dans ce cocon, où les gens sont incroyablement doux et bienveillants, je peux puiser la force de me choisir. J'espère qu'un jour moi aussi je saurai donner ça à d'autres.

J'attends ton journal de bord du jour et ça pétille dans mon cœur.

Je t'embrasse,

Maaï

Correspondance du 4 février 2022
Chambre à soi, île et archipels

Vendredi 4 février 2022, 15 h 53.

Ma belle Maaï,

Cette semaine, on a fêté la chandeleur avec les enfants du village, on s'est réunis avec nos crêpes, nos pots de confiture et de Nutella à l'Orangeraie, le restaurant de mon amie Lise. Dans la tradition païenne, on appelle aussi cette fête « Imbolc » : la fête du Lait, du Renouveau, de la Fécondité, de la Purification, pour se préparer au printemps.

Aujourd'hui j'avais envie d'enfin prendre le temps de te parler de l'île. L'air y est tiède ces jours-ci, la nature vert tendre. Il est grand temps que je le dise, entre deux plaintes : tu es en résidence à La Ciotat, dans la magnifique villa Deroze, mais je ne suis pas non plus dans un deux-pièces citadin sans lumière. Je suis clairement privilégiée par ma situation géographique, mais surtout par ce qu'elle implique : j'ai pu avoir les moyens financiers, parce que j'ai bénéficié d'un héritage, de m'installer ici, d'y faire des enfants et d'écrire. C'est énorme. Il aurait peut-être fallu commencer par dire ça, parce que je voudrais être claire : sur le chemin maternel, j'ai ces atouts-là. Sauf qu'ils n'ont pas suffi à enrayer ma détresse, et malgré ces privilèges, ce post-partum fait tanguer ma santé mentale. Il faut que je comprenne pourquoi. Plus encore, j'ai besoin de m'en sortir.

Et la première piste qui me vient pour regagner un peu d'équilibre, c'est justement l'endroit où je me trouve. C'est le dehors, tous ces paysages extérieurs, c'est Porquerolles. Je vis sur une île qui en cette saison est sauvage, déserte, une bulle de douceur où l'hiver semble ne durer que deux mois. J'y vais depuis que je suis enfant, elle a toujours été mon refuge, l'endroit où je viens panser mes plaies, où j'emmène mes amoureux pour les « tester », et où j'écris. J'ai dans le fond emménagé dans ma propre résidence d'écriture, avec un mari et deux enfants, mais quand même. Ma chambre à moi par excellence, c'est ici, sur les sentiers, dans les criques, dans les champs d'oliviers. J'ai Porquerolles dans le ventre.

James Carson, un ami pianiste, qui s'est construit une *cabin* inouïe en plein milieu du Canada pour lui et son piano à queue, m'avait demandé quelle était ma cabane. Il m'avait dit dans un café parisien : « Trouve ta cabane et va t'y installer. » Il y a dix ans, je lui avais répondu que ma cabane, c'était une île dans le sud de la France.

Parfois, notre cabane, on sait où elle se situe, mais on met des années à la rejoindre. Et c'est très bien comme ça.

Il faut qu'on trouve un moyen de se voir, ma belle, qu'on traverse la mer.

J'espère que tu vas bien, que tu continues de te choisir à chaque minute.

Lucille

Vendredi 4 février 2022, 22 h 55.

Ma Lucille,

Quand tu me parles de ton île, ça résonne toujours tellement fort en moi. Je suis profondément heureuse que tu aies pris ce chemin, je le vis à travers toi et ça me porte. Tout tient dans cette phrase : « J'ai Porquerolles dans le ventre. » Je connais bien cette sensation. Elle me fait penser, autant que la question fondamentale de la cabane, à ce coin de Bretagne qui est également mon refuge de toujours. C'est drôle qu'on en parle, parce que cette semaine, j'ai beaucoup pensé à la cabane de mes rêves en Bretagne. L'histoire du lieu où je l'imagine m'est très chère, c'est une histoire de femmes qui n'attendent personne pour se défendre. Quand je l'ai découverte, j'ai senti dans mon ventre une voix qui disait fermement : « C'est là. »

En face de ce lieu-cabane, il y a l'archipel de mon enfance. Un archipel rose et puissant, où poussent des fleurs et des plantes des quatre coins du monde. J'ai grandi en regardant ce lieu et en me disant qu'un jour j'habiterais près de lui. Ce lieu m'a façonnée, m'a bercée, m'a aimantée. Si je te parle d'archipel, c'est parce que cette notion de géologie a recroisé ma route par un autre côté il y a quelques jours. Je suis allée en virée à Arles, où j'ai visité le musée du Luma. Il s'est passé une chose fabuleuse. Je déambulais dans une salle dédiée à l'art contemporain qui, franchement, m'ennuyait. Dans un virage, sans crier gare, je les ai vues apparaître, je les aurais reconnues entre mille, les toiles d'Etel Adnan, cette poétesse et peintre libanaise, décédée il y a quelques mois. J'avais le souffle court à l'idée que ce soit un mirage, j'ai accéléré le pas, j'avançais en apnée. Je collectionne les livres sur

Adnan depuis des années mais je n'avais jamais eu la chance de rencontrer ses toiles en vrai. J'étais aux anges, je jubilais. Je devais avoir l'air siphonnée car je parlais à Etel dans mon masque : « Etel, enfin on se rencontre, j'ai tant attendu ce moment. Tu vas bien, là-haut ? On prend bien soin de toi ? » Je quitte cette salle, folle de joie, et là, cascade de plaisirs, je croise à nouveau des œuvres d'Etel Adnan ! Il s'agissait cette fois de tout un espace réservé au poète et philosophe Édouard Glissant, au sein duquel un leporello, qu'Adnan avait réalisé en son honneur, était exposé. Je parcours la salle, intriguée par le lien entre Adnan et Glissant, et je découvre tout un tas de choses sur la manière dont Glissant a théorisé l'archipel. Et c'est si beau.

Voici ce qu'on peut lire sur le paradigme de l'archipel (François Noudelmann, Françoise Simasotchi-Bronès et Yann Toma, *Le Paradigme de l'archipel*) :

> « L'archipel est plus qu'une réalité géographique, il dessine un paradigme. Selon Édouard Glissant, il offre une nouvelle mesure du monde fondée sur les relations. Dépassant la traditionnelle opposition entre îles et continents, il suppose une reconnaissance de chaque lieu, chaque langue, chaque culture, au sein d'une globalité relationnelle. L'archipel implique ainsi une conception dynamique de l'identité qui n'existe que par la mise en contact des différences, lesquelles ne cessent d'échanger et de se métamorphoser. »

Ces lignes-là, elles disent tout ce autour de quoi je tourne depuis des années, dans mes recherches scientifiques et dans les autres, elles disent une obsession, une quête, et elles disent aussi le paysage de mon enfance. Ces lieux qui nous inspirent, qui nous cajolent et qui nous chahutent, sont des chambres à soi, des cabanes d'écriture. Mais je crois qu'ils sont aussi plus que cela, ils sont probablement les racines de nos pensées et de nos identités d'écrivantes.

Tu dis : « Ma chambre à moi par excellence, c'est ici, sur les sentiers, dans les criques, dans les champs d'oliviers. » Et je me dis que ma chambre à moi, c'est cet archipel où mon esprit vagabonde chaque jour, près duquel les miens sont enterrés. Mes morts sont ma maison, leur terre est la cabane d'écriture qu'ils m'ont laissée en héritage. Depuis que j'ai quitté la Bretagne, car mon amoureux a trouvé un poste à Lausanne à l'automne 2020 et que nous avons décidé de vivre ensemble cette aventure, je m'interroge sans cesse sur la manière dont les paysages affectent nos pensées. Certains paysages oppressent, étouffent, éteignent. La montagne semble me faire cet effet-là, si grandiose soit-elle. M'enraciner à mon besoin d'écrire me renvoie sans cesse à mon besoin de me sentir vraiment chez moi quelque part, d'avoir un lieu à moi, d'où je peux partir et revenir. Dans *Ma vie sur la route*, la militante féministe et penseuse Gloria Steinem raconte sa découverte tardive, après une vie faite de voyages et de luttes, de ce besoin fondamental d'avoir un nid à soi, un endroit où rentrer chez soi et d'où repartir.

En ce moment, cette question du nid d'écrivaine s'intrique à mon besoin de me sentir capable de nidifier, au sens maternel et biologique du terme. J'ai besoin d'un lieu pour écrire et j'ai besoin que ce lieu puisse accueillir ma famille. Je n'ai pas besoin d'un lieu où vivre en sédentaire, mais d'un camp de base où me réfugier. J'ai besoin d'un lieu qui autorise ces deux devenirs possibles, celui d'autrice, celui de mère. Alors je dessine des bureaux, avec des portes bien fermées, des fenêtres d'où des enfants ne verraient pas que je suis terrée là à écrire. Je réfléchis à comment être invisible et seule dans l'espace du foyer. Je m'interdis de considérer que mon endroit préféré pour écrire, la table de la cuisine, serait le bon endroit si j'étais mère. Je veux un espace à moi, un sanctuaire impénétrable, avec un verrou et une clef.

Voilà mes pensées décousues du soir, j'ai les yeux qui piquent, il est beaucoup trop tard pour écrire.

L'île et le continent sont une globalité relationnelle, on va se voir. : –)

Je t'embrasse très fort,

M.

Correspondance du 8 février 2022
L'année de la pensée magique

Mardi 8 février 2022, 8 h 34.

Maaï chérie,

La nuit dernière, j'ai rêvé que je me tirais les cartes. C'était un de ces rêves très précis, très prosaïques, très réels. Il y avait mon jeu de tarot étalé devant moi et je voyais clairement la carte de la Tour retournée. Une autre carte était également retournée, mais elle était floue, je m'acharnais à la regarder de plus près, peine perdue, alors je me tournais de nouveau vers la carte de la Tour.

Ce matin, en y réfléchissant, c'est la carte du Pendu qui m'apparaît comme celle que je n'arrivais pas à voir, je le vois les pieds attachés à la Tour, la tête en bas.

Sympa.

En vrai, le Pendu signifie une transformation spirituelle, une opportunité qui peut passer par des moments douloureux, mais avant tout par l'acceptation du mouvement (encore et toujours). Assez drôlement, cette arcane me demande de ne pas « regarder » de trop près (comme j'essayais de le faire, littéralement, dans mon rêve, face à cette carte floue), de trop réfléchir. La Tour en revanche, c'est un sac de merde, on ne va pas se mentir. C'est une calamité, heureusement que mon Pendu m'apparaît pour me consoler, parce que la Tour, ça veut dire un effondrement : ce que j'ai construit patiemment s'écroule et je me retrouve le cul par terre. Il me reste les fondations, merci beaucoup quand même, mais me voilà au sol, avec un tas de briques. Cette carte signifie aussi qu'il faut que j'apprenne ma leçon et que je ne reconstruise pas ma tour à l'identique, sinon patatras de nouveau. Bref, un sac de merde.

Je crois que c'est assez limpide, clairement je suis dans un drôle de moment de vie. Ulysse a tout juste 10 mois et je suis encore loin d'être sortie du post-partum, ces limbes de fatigue et d'hormones en berne. Fabien et moi, nous avons aussi derrière nous des confinements à répétition avec notre aînée encore petite, des mois entiers sans aucune aide, et malgré l'école rouverte, malgré la présence de Nina, nounou magique qui vient tous les matins pour garder Ulysse depuis quelques semaines en attendant qu'il ait une place en crèche, nous manquons encore de temps. Cela se voit jusque dans mes lettres, je ronge souvent mon frein de ne pas pouvoir les développer, les travailler davantage (et j'enrage dans ces cas-là de donner raison à Simone de Beauvoir en restant à la surface de mes idées).

Surtout, j'ai vidé toutes mes réserves. Je n'avance plus. La maternité m'effondre. Elle dissout mon identité, elle met par terre mes fondations : je sens bien en écrivant cela que je reste floue, mais c'est bien le problème. Je ne trouve pas les mots, je n'y comprends pas grand-chose, sauf à dire que tout me semble infranchissable, parce que plus rien autour de moi ne tient droit, tout est éparpillé. J'ai le ventre noué depuis des semaines (ce fichu mal de ventre, encore et toujours) et ces cartes le dénouent un peu. Elles posent un état de fait. Il est temps de grandir, de ramasser les morceaux. Je ne vais pas plonger dans ce que j'ai à faire, à la façon dont toi tu plonges dans ton roman comme tu plonges dans la mer, plage du Langoustier, je vais faire de la maçonnerie, c'est un peu moins glamour, j'aurais préféré être à poil dans la mer, mais les habits de chantier, ça me va. Je vais aller reprendre les bouts de moi éparpillés au sol et je vais m'atteler à leur donner une forme nouvelle qui tienne, cette fois.

Les cartes de tarot, je me les autorise depuis quelques mois seulement, depuis l'automne, depuis que plus rien ne tient debout chez moi, et elles sont devenues de plus en plus précieuses. Je ne sais pas bien encore comment parler de ce rapport à la magie. Enfant, j'étais persuadée de venir d'une autre planète. Adolescente, je me tirais les runes, ces petits cailloux celtiques divinatoires, et ensuite plus rien, mais ça m'a toujours taraudée : dans mon écriture, dans mon imaginaire, l'invisible est toujours présent. Je parle aux fantômes, je regarde la Lune et depuis peu, je me tire les cartes. Leur poésie et leur sagesse m'accompagnent.

De peur qu'on ne se moque de moi, de peur du ridicule, de peur aussi de l'essentialisation qui touche parfois à ces questions de spiritualité et de féminin sacré, je sais que je ne m'autorise pas tout à fait à aller au bout de cette voie sorcière. Peu importe, je vais faire confiance aux cartes et ne pas trop essayer d'élucider. Je vais écarter les bras, me grandir et aller chercher du mortier. J'aurai une belle maison pour t'accueillir quand tu ressortiras de l'eau.

Je t'embrasse, la belle,

Lucille

Mardi 8 février 2022, 9 h 44.

Ma Lucille,

Que la vie est étrange, mais que la vie est étrange… et cette correspondance, comme notre lien, est si souvent imprégnée de magie.

Les jours entre nos lettres, je me demande toujours ce que je vais t'écrire, ce qui va venir. Je savais qu'aujourd'hui j'allais te parler de mort, de deuil, qu'il était temps. De dire la vérité sur cet endroit de vie que j'ai traversé et qui se transforme en écriture. Et voilà que tu me parles de cette carte, la Tour. Je la connais bien parce qu'en 2020, après les fausses couches, une amie très chère m'a tiré les cartes. Et c'est la Tour qui est venue.

C'est par cette carte que j'ai compris que ce qui m'arrivait ne se résumait pas à des événements mais que j'avais pénétré dans la mécanique du cycle, du processus. Je savais que ça allait prendre du temps, que ce n'était pas un ou des moments désagréables mais plutôt une phase où les lignes allaient bouger. Je te transmets les paroles de mon amie lors de ce tirage : « Tout le monde a peur de la carte de la Tour, mais moi je crois que c'est une chance. On dit que c'est la carte de l'effondrement, moi je l'appelle la “carte de l'effondrement salutaire”. » Ce cycle a duré dix-huit mois, et pendant ce temps, j'ai gardé serrés contre mon cœur ces mots : « effondrement salutaire ». Et je dois dire que malgré les vagues de désespoir, ça ne m'a jamais complètement quittée.

Je te souhaite de les garder au cœur, d'avoir confiance. Moi j'ai confiance, car dans ton tirage il y a l'effondrement salutaire et il y a le soleil, la solution : la solution, c'est la magie. Pour ma part, je ne crois pas que je me serais sortie de ce pétrin sans elle, sans les sorcières que j'ai rencontrées.

On fait ce que les poétesses mystiques ont toujours fait : on tisse de la vibration avec des mots, on communique avec l'invisible pour se sentir plus entières, on fait passer les âmes et on veille. Sans les rivières, sans les *covens*, sans les feux dans la nuit, la vie sonne creux. Je crois que les frontières entre le rationnel et l'irrationnel nous enferment. Je leur préfère le cosmos, parce que quand on se balade dans le cosmos on se croise, entre femmes qui ne se rencontrent pas par hasard, et on est ensemble.

Et puisque j'en viens à évoquer ces frontières entre le rationnel et l'irrationnel, je voudrais te parler d'une lecture qui me bouleverse en ce moment. Ces derniers jours, je commençais des livres que j'arrêtais systématiquement. C'était évident, j'avais rendez-vous avec le livre de la journaliste et romancière américaine Joan Didion, *L'Année de la pensée magique*. J'attendais, impatiente, que ma commande à la librairie arrive. Elle est arrivée et j'ai commencé à lire ce livre dont tu m'avais parlé.

J'avais lu, il y a quelques années, *Le Bleu de la nuit*, livre écrit après la mort de sa fille, Quintana. J'avais franchement, je crois, détesté. Ce livre m'avait mise en colère, je me souviens que j'avais écrit dessus un petit texte, publié sur Instagram, et que nous en avions discuté. Je l'avais trouvé truffé, pour ne pas dire miné, de références à des marques de luxe, à des lieux « chics », à des codes élitistes. Les souvenirs de l'enfance de Quintana, les réflexions *a posteriori* de Joan Didion sur la mère qu'elle avait été, ses doutes, sa manière d'investir ce rôle, sur la relation mère-fille qu'elle avait contribué à tisser, tout ça était, à mes yeux, enseveli sous les descriptions du cadre bourgeois qui était le leur. J'avais l'impression d'assister à une parade où était esthétisé en permanence un ordinaire prestigieux.

Joan Didion y expliquait qu'elle ne pouvait pas être considérée comme privilégiée au regard du drame qu'elle vivait. Je me rappelle m'être arraché les cheveux là-dessus. Dans ce récit, Joan Didion mentionne les soins médicaux de qualité dont bénéficie sa fille avant de malheureusement mourir. Je trouvais terrible d'omettre que cela était le reflet même des privilèges qui étaient les siens et ceux de sa fille, surtout dans un pays comme les États-Unis où l'accès à la santé est profondément inégalitaire. Je ne sais pas ce que je penserais de ce texte si je le relisais aujourd'hui, c'était avant tout le récit d'une mère dévastée par la perte de son enfant et rien ne m'est resté de cela. Pourtant, malgré cette première rencontre peu enthousiaste, je savais que je devais lire *L'Année de la pensée magique*.

Lire ce livre, c'est comme un coming-out de moi à moi. Je lis et ça réactive ma mémoire des mois passés, je lis et je note à côté les échos avec ma propre histoire. Il pleut des échos sur mon journal d'écriture. Joan Didion parle de la mort de son mari, mais une mort est une mort et les deuils, même s'ils sont tous différents, sont doués d'une sacrée intertextualité. Ce sont de véritables vases communicants. Même si les livres que j'ai lus jusqu'ici ont résonné très fort, aucun ne m'a fait écrire comme celui-ci. Parce que j'écris un livre sur le deuil et sur les traumatismes qu'il vient déterrer. C'est dit, je suis à cet endroit-là. *Léguer nos fleuves* était un texte sans histoire. Tu te rappelles ? C'était presque un abécédaire où s'égrenaient des thèmes qu'il me semblait crucial d'aborder. Les derniers mois, et particulièrement depuis mon arrivée à La Ciotat, mon travail a été d'accepter que désormais il en avait une : c'est une histoire de deuil que j'écris en plein soleil.

Je te serre fort dans mes bras.

Ton amie, Maaï

Correspondance du 11 février 2022
Il y a un deuil dans le deuil

Vendredi 11 février 2022, 9 h 08.

Ma Lucille,

Il y a un thème dans le thème.

Je parle de mon roman, de ce roman où il y a autant de fiction que d'intimité vécue, où ces frontières perdent totalement de leur sens, parce que j'ai la sensation que dans le faux je dis plus de vrai, que dans le vrai il y a parfois du faux, des choses dans lesquelles j'ai mis tant de temps à croire que leur réalité n'avait rien d'évident.

Dans le tricot du deuil, sous le tapis des grossesses arrêtées, dans les ronces de la peine, il y a un autre thème qui se cache. C'est comme si le deuil périnatal était à la fois l'exhausteur et la couverture de pudeur. Comme si j'étais une poupée russe, que sous les « fausses » couches de la meuf endeuillée, il y avait le vrai fond de la fille violée. C'est là que la traversée des derniers mois m'a ramenée.

Parce que le désir d'enfant chez moi, c'est là qu'il commence à exister comme une urgence. Avant le viol, je venais d'avoir quinze ans, j'étais une petite femme timide, réservée, mais avec un feu de rébellion en elle pas possible. Je crois me souvenir que je disais deux choses : je ne voulais pas d'enfants parce que je voulais être libre – pour moi ça n'était pas compatible, la liberté et la maternité –, ou alors je voulais une famille nombreuse, quatre enfants. Rien entre les deux. Après le viol, je me suis mise à espérer désespérément que de ma matrice naisse le beau, la vie. C'était évident, c'était vital, aujourd'hui je perçois comme c'était maladroit. Je m'étais trompée de guichet pour demander réparation, et l'expérience du deuil périnatal me l'a fait comprendre.

J'ai traversé les mois de deuil périnatal avec la conviction que quelque chose m'échappait, qu'à un moment j'allais comprendre. J'allais d'épiphanie en épiphanie, j'attendais la bonne, la vraie, je voulais que le rideau tombe. Je croyais qu'il y avait un message dans tout ça, j'avais besoin de comprendre lequel. Les grossesses arrêtées ne donnent souvent lieu à aucune explication médicale. On voudrait trouver des causes, savoir ce qui cloche chez soi ou chez l'autre. On se rue sur les raccourcis psychologisants, parce qu'ils ont le mérite d'exister et de marcher à tous les coups.

Un jour, cet automne, le résultat d'un examen a montré quelque chose, enfin. Mon corps se défendait trop. On ne savait pas dire depuis quand, rien ne prouvait que cela ait pu causer les arrêts naturels de grossesse. Peu importe. Je me suis emparée de ce que ce résultat racontait : hyperréaction immunitaire. Possibles conséquences sur le processus de nidification d'un embryon : la progestérone est supposée faire baisser l'immunité pour que le corps ne rejette pas le corps étranger qui grandit en lui et que la grossesse puisse évoluer. Entendre ça après des mois de chagrin – que mon corps a peut-être rejeté des embryons en pensant bien faire, en pensant me protéger d'une intrusion. La confusion, la terreur. Le coup de massue. Mon corps se défend trop. Je n'ai pas eu besoin de me demander pourquoi il faisait ça, j'ai immédiatement fait des liens, je me suis laissé percuter par la nouvelle.

Je crois que littéralement le sol s'est ouvert sous mes pieds à ce moment-là. J'ai glissé dans la crevasse et j'avoue avoir prié pour qu'elle se referme et que je reste là. J'ai perdu toutes mes forces. J'aurais préféré crever je crois que d'être encore ramenée là, à cet endroit de ma vie. Pour la première fois, j'ai pris la mesure d'un élément de ce viol que j'avais fui, enfoui : l'irrémédiable, le définitif, le sentiment d'être punie, maudite, le sentiment d'une sentence à laquelle tu n'échappes jamais, peu importe la vitesse à laquelle tu cours. Et Dieu seul sait comme j'ai couru vite.

L'irrémédiable, c'était une dimension trop insupportable à appréhender jusqu'à mes trente-trois ans. Tu parlais dans l'une de tes lettres de jalousie, moi, pendant ce deuil post-grossesses arrêtées, j'ai eu des poussées de haine envers certaines personnes de mon entourage, envers des femmes qui ne pouvaient pas s'empêcher de me parler de leur vie, de leur grossesse en cours ou de leurs problèmes de couple. J'ai senti un hurlement dans mes entrailles, j'avais la sensation de vivre encore avec un poison dont je ne parvenais pas à me débarrasser. Que ce viol m'ait peut-être coûté mes enfants, c'était trop. Je pensais avoir assez réparé, avoir assez parlé, décortiqué, bataillé. Depuis mes quinze ans, j'avais été comme je sais faire dans les moments de crise : protocolaire. Plans d'action, cases, on coche, on avance. Mais il y a deux cases que j'avais oubliées dans mon plan de bataille pour rester en vie.

La première, c'est que je n'ai jamais pleuré. Je n'ai jamais pleuré comme j'ai eu peur, comme j'ai eu mal et comme la douleur s'est incrustée dans mon corps. Je n'ai jamais pleuré comme je me suis sentie seule, comme j'étais vulnérable à ce moment-là de ma vie. Je n'ai jamais pleuré l'injustice. Je trouve l'injustice infecte à pleurer. Avec les fausses couches, pendant des mois, j'ai fait la même chose, je n'ai pas pleuré l'injustice. J'ai pleuré le manque, l'absence, la brutalité parfois, mais pas ça. Je m'étais habituée à cette phrase que nous répétait notre professeure de philosophie en terminale quand on râlait : « Mais la vie est injuste. » Je refusais de croire qu'il y ait de la chance ou de la malchance, j'avais grandi dans une famille où on disait sans cesse sa malchance, je voulais penser autrement. Alors les mots de ma professeure sonnaient juste pour moi, ils disaient : soldons ce débat stérile, consacrons-nous à d'autres choses. J'avais passé une partie de l'année à l'hôpital pour des problèmes de rein (encore une histoire d'héritage, mon corps est l'office notarial de cette lignée, je te jure), cette prof m'avait offert le *Manuel d'Épictète*. Le *Manuel* dit : « Agis sur ce sur quoi tu as une influence, n'essaie pas de changer ce qui ne dépend pas de toi. » Ça aide. Ça aide à ne pas sombrer dans les méandres de la pensée de l'injuste.

Mais je crois désormais que l'injustice, si on ne la pleure pas à un moment, si on ne laisse pas la place à la colère qu'elle charrie, alors tout ça s'ancre dans le corps, dans l'âme, et c'est comme s'ils se crispaient et se paralysaient petit à petit, d'une manière invisible et sournoise. On finit barricadé·e·s là-dedans. Alors depuis cet automne, parfois, comme ce matin, je pleure. Je crois que je n'avais jamais pleuré parce que j'avais peur de commencer à le faire et de ne plus pouvoir m'arrêter. Et si je plonge et que je n'en reviens pas ?

La deuxième case que je n'avais pas cochée, c'était le fait de mettre cette agression à sa juste place, c'est-à-dire hors de mon corps, de mon âme, de ma vie. Dans mon histoire de deuil périnatal, il y a donc aussi l'histoire d'une mère qui apprend à parler à voix haute et à exprimer un désir de justice. À l'automne dernier, j'ai choisi la méthode de la main courante au commissariat. J'ai réalisé que le viol remontait à dix-huit ans, comme si mon statut de victime était enfin arrivé à majorité et était assez adulte pour s'exprimer. Oser en parler a levé un doute énorme qui s'était incrusté dans mes cellules au fil des années : j'avais dit que je n'étais pas consentante, il n'y a jamais eu le moindre malentendu, c'était un viol et rien d'autre. Il y a plein de manières de se faire justice, de se défendre, de traverser la violence. Aujourd'hui, avec ce roman, j'ai envie de plonger là-dedans. C'est pour ça que j'écris.

Depuis que j'ai déposé cette main courante, mon corps me dit encore souvent qu'on a mal, mais je vois aussi qu'on va mieux lui et moi. On peut à nouveau manger des croissants et des yaourts à la grecque avec du miel sans s'embraser, grosse victoire.

De plus en plus souvent ces dernières semaines, j'ai la sensation d'avoir finalement vécu un post-partum « banal », un post-partum sans les enfants, mais avec tous les bouleversements émotionnels et psychiques, qui font pour beaucoup de femmes partie de ce processus qui consiste à devenir mère. Faire le deuil de la vie d'avant, doucement, lentement, parfois péniblement, entrer dans la vie d'aujourd'hui.

Merci d'avoir lu mes poupées russes intérieures. Il y a des silences dont je n'ai plus envie, même si je tremble à l'idée d'avoir les tripes à l'air comme ça.

Je t'aime très fort, mon amie.

Maaï

Vendredi 11 février 2022, 21 h 35.

Ma Maaï adorée,

Je voudrais venir m'asseoir à côté de toi.

En ce moment, Porquerolles est recouverte de jaune. Au sol, il y a les oxalis, les « vinaigrettes », comme ils disent ici, ces faux trèfles vert tendre qui font des fleurs jaunes donc. Et puis les mimosas, cette folie des mimosas : à certains endroits, cela fait des bosquets entiers recouverts de millions de ces boules dorées.

Le petit printemps.

On sort de l'hiver noir, de l'obscurité, les jours rallongent. Et l'île est jaune de façon absolument délirante et cela va encore s'accentuer dans les prochaines semaines.

Je t'envoie des fleurs et je te serre dans mes bras.

L.

Correspondance du 15 février 2022
Légèreté et échappées

Mardi 15 février 2022, 14 h 23.

Ma Maaï chérie,

Je suis pour quelques jours en vacances à Paris, avec toute la famille.

9 heures. Je vais improviser. Je voulais te parler de deuil aujourd'hui, des événements qui fondent l'écriture, ceux qui traumatisent et ceux qui font graines à fleurs, mais Diane est malade depuis hier, de la fièvre forte comme c'est rare qu'elle en ait, j'ai à peine dormi et je vais avoir trop peu de temps aujourd'hui.

11 heures. Je suis présentement dans la queue du musée de la Chasse, je tape ces mots sur mon téléphone entre deux sexagénaires habillées en violet, pour aller voir l'exposition d'Eva Jospin, avec Ulysse endormi contre moi dans son porte-bébé. J'ai finalement laissé Diane toujours malade à Fabien. J'ai fait une échappée. Il y a encore un an, je ne l'aurais pas fait.

Les mères sacrificielles, j'en suis, membre du club, culpabilité assumée. L'autre soir, une de mes plus chères amies, Alice (c'est un trésor, cette amie, pour de vrai), m'a dit : « Je me suis battue fort pour ne pas être dans le sacrifice. » Et sa phrase m'a sauté dessus, parce que moi, de ce côté-ci, j'ai rendu les armes.

Je vais avoir du mal à développer aujourd'hui, debout avec mon téléphone devant un musée, parce que je crois que cette culpabilité est assez directement liée à ma mère, au fait qu'elle soit morte quand j'avais 20 ans, à mes propres deuils infinis. Il va me falloir un peu de temps et de silence pour articuler ces idées-là, mais je voulais poser ça là quand même.

Aujourd'hui, je me suis échappée pour faire ce qui me fait le plus de bien dans la vie : aller voir quelque chose de beau et qui me touche. Je romps le cycle du sacrifice, je lance une promesse à l'univers.

11 h 30. Et puis évidemment, l'artiste de l'exposition, Eva Jospin, construit des… TOURS en carton. Des tours comme la carte de tarot que j'avais tirée l'autre jour. Au milieu d'une salle de musée, je me mets à pleurer dans mon masque. Des tours en carton parfaites, de conte de fées et surtout… légères. Et si la brique qui me manquait pour éviter l'effondrement à nouveau, c'était la légèreté ? Je pleure à grosses larmes dans mon masque, tout le monde me regarde et me sourit avec mon poupon parfait, Ulysse, en porte-bébé. Mon fils est vraiment un poupon parfait avec ses boucles blondes, ses sourires permanents, ses yeux ronds et ses grosses joues. Mais il est lourd et j'ai mal au dos. Tout est si lourd ces derniers temps.

OUI pour la légèreté.

Je pleure de plus en plus, alors je m'enfuis et me cache au plus vite et au hasard dans une maison de… plumes (pour de vrai ! Je te jure ! Vas-y, elle y est !) dans laquelle il y a… des livres multicolores. C'est une installation de Markus Hansen, qui a donc construit dans une pièce du musée une petite cabane-bibliothèque, légère comme des ailes. Cette exposition me fait vraiment de drôles de blagues.

Je veux une chambre à moi en plumes et en carton.

14 heures. Je suis rentrée à la maison. Ulysse dort dans sa chambre. Diane est à côté de moi, toujours fiévreuse, et j'écris ces dernières lignes avec en fond sonore un podcast d'histoires pour enfants de l'École des Loisirs. Il est temps d'être mère. Et de tenter une petite sieste en douce.

Je t'embrasse fort, la belle, et je te souhaite une belle journée à Marseille la belle.

Lucille

Mardi 15 février 2022, 18 h 12.

Ma Lucille chérie,

Ça me plaît tant, ce thème « légèreté et échappées ». J'imagine la scène du musée, ces blagues que te fait le dieu des rendez-vous avec le Beau, j'aurais voulu y être avec toi et qu'on rit de nous-mêmes.

Aujourd'hui, j'avais besoin d'une respiration, besoin de fuguer de notre correspondance, de fuir la maternité et tout ce qui a à voir avec elle. Ras le bol. J'étais un peu fébrile, apeurée à l'idée de finir asphyxiée par des textes difficiles à sortir.

Alors ce matin, j'ai roulé vers Marseille en écoutant Nostalgie et du mauvais rap. J'aime tellement cette sensation. Je suis une écrivaine beauf, il faut se faire une raison. Je ne rédige pas des vers avec de la musique classique en fond sonore. Je n'aime pas les livres qui s'écoutent réfléchir, je n'aime pas tous les jours l'intelligence, je suis pleine de connerie. J'aime beugler sur « I Will Survive » en repensant à la victoire des Bleus en 98, j'aime Céline Dion, Maître Gims et Soprano. Je rêve d'avoir une Porsche Cayenne ou une grosse Merco et de rider la nuit avant d'aller prendre un bain de minuit. Il est 17 h 24 et j'ai sifflé les trois quarts du verre de sauternes que je bois seule, en faisant semblant de lire, alors que j'écoute les conversations des serveurs qui savent que je les écoute et qui en font des caisses. Je n'ai pas envie d'être une personne austère et taciturne parce que ça donne de l'épaisseur. Je suis futile, j'aime la sape et les feuilletons bidon.

Souvent, en ce moment, je me dis que la solution à tout, à l'écriture, à l'amour, à la vie, au doute, c'est l'alternance. Dans mes carnets, j'ai écrit : « Aller du clinique au langoureux et recommencer. » S'autoriser à habiter des désirs contradictoires, à passer d'un extrême à un autre, du rire aux larmes comme disaient les gars de Sniper.

Tu sais que quand on prend l'apéro seule, on ne partage avec personne ses olives ? Je trouve ça absolument délicieux.

Il y a un monsieur à côté de moi qui porte une perruque affolante. Le genre de perruque qui se veut discrète mais qui éclipse tout. Gloire à nos espoirs d'être quelqu'un d'autre (il faut un « s » ?).

Deborah Levy, autrice britannique entre autres d'une trilogie qu'elle décrit comme une « autobiographie en mouvement », a écrit que l'écriture lui avait appris à parler haut et fort. Elle dit que ce qui compte dans la littérature selon elle, c'est l'hésitation entre satisfaire un désir ou le rejeter. Je pense forcément à mon désir fluctuant d'être mère. Cette hésitation traverse mes lettres, je m'en rends compte. Elle me traverse moi. Je vois le duel entre la part de moi qui ressent une curiosité animale pour cette expérience, et celle qui se dit qu'il serait préférable de laisser ça à d'autres, pour continuer à picoler tranquille, à faire la nouba à tour de bras, à écrire quand bon me semble. Tu sais, cette hésitation, c'est une chose à laquelle on n'a plus droit quand on a connu le deuil périnatal ou des problèmes d'infertilité. Les autres te regardent avec un peu de pitié, « Elle dit qu'elle n'en veut pas parce qu'elle n'a pas pu, c'est tout, elle se fait une raison ». C'est tellement vilain, ce refus d'envisager une vie sans enfants comme une vie réussie. Ne pas saisir que le désir, peu importe ce qu'on vit, ça varie, en fonction des moments, de la vie, de ce qu'elle fait de nous et de ce qu'on décide de faire d'elle. Bref. On a dit ras le bol la maternité aujourd'hui, j'arrête.

J'ai pensé à une chose, rien à voir : on peut être snob et beauf, à mon sens ça s'appelle le plaisir.

La dame qui accompagne le monsieur à la perruque a dessiné quelques pas d'une danse absolument ringarde et ravissante en disant : « C'est bien, ici, hein ? » Elle regarde tout attentivement et elle secoue la tête frénétiquement parce qu'elle aime le rock. Elle a bientôt 70 ans, je dirais, elle porte une doudoune technique grise, des créoles dorées et un carré très strict qui ne fait pas vraiment rebelle, et c'est ce qui la rend parfaite. La serveuse vient de vendre une bouteille d'un vin qui s'appelle « La Poule aux œufs d'or » à un mec qui voulait faire plaisir à sa copine. Dehors le vent souffle tellement fort que les enfants manquent de s'envoler. Tout à l'heure, il paraît qu'il y a une soirée spéciale célibataires et ils disent que « c'est rigolo »… Je vais devoir arrêter de t'écrire des bêtises et partir.

Je ne sais pas pourquoi je pense à Marguerite Duras, *Les Petits Chevaux de Tarquinia*. « Il n'y a pas de vacances à l'amour, l'amour il faut le vivre complètement avec son ennui et tout. » Ça marche pour les enfants aussi, non ? De t'écrire ça, ça me donne envie d'écouter Dalida, on en revient toujours au même point.

Je t'embrasse très fort, mon amie,

M.

Correspondance du 18 février 2022
L'Inquisiteur

Vendredi 18 février 2022, 10 h 04.

Maaï chérie,

J'ai triché, je t'ai écrit hier, jeudi donc. Ça urgeait trop. Ce matin, je ne fais que relire.

Jeudi 17 février donc, à 9 h 30. Je voulais continuer à être légère, te parler de mon amour pour les séries d'hôpitaux et en particulier *Grey's Anatomy*, mais depuis le réveil je rumine une rage gigantesque. Je rumine depuis 6 heures du matin une organisation acrobatique pour remédier à mes échappées des jours à venir : en une semaine je m'autorise un déjeuner sur le continent, un hammam et surtout la lecture de nos lettres vendredi prochain à Marseille avec toi. Vingt-quatre heures loin de ma famille, ce que je n'ai pas fait depuis plus d'un an. Je dis « je m'autorise », et c'est justement ce mot qui me met tant en colère.

La culpabilité.

Il est temps de prendre le taureau par les cornes.

Elle vient d'où, cette culpabilité ?

Le *Larousse* me dit : « Nom féminin (bah voyons), état de quelqu'un qui est coupable d'une faute. Sentiment de faute ressenti par un sujet, qu'elle soit imaginaire ou réelle. »

La faute imaginaire.

Je sais que tu as lu *Le Complexe de la sorcière*, cet ouvrage mi-essai, mi-récit, mi-enquête sur les grandes chasses aux sorcières et leurs répercussions dans nos psychés – on s'était dit qu'on devrait s'en parler. Moi, quand Isabelle Sorente y raconte ce trauma fondateur, cette cassure originelle, je pense à mon sentiment de culpabilité de mère.

Je m'explique.

Je vais chercher mon exemplaire du livre et voilà les mots de Sorente :

> « Chaque fois que je lis l'histoire d'une femme condamnée, j'ai l'impression d'entendre le craquement effroyable de sa conscience au moment où elle commence à croire que l'accusateur a raison. Au moment où elle accepte sa version de la vérité. »

Voilà le complexe de la sorcière : quand l'Inquisiteur, sous la torture, non seulement nous fait admettre notre supposée faute, mais nous y fait croire.

L'idée est que ce craquement de la conscience a perduré, qu'on a gardé en chacune de nous notre petit Inquisiteur personnel, portatif. Gé-nial.

Il va prendre cher, mon Inquisiteur, je peux te le dire, je m'en vais lui brûler les orteils et lui bouffer les couilles aux petits oignons, parce qu'il me pourrit la vie. Mais vraiment.

Et il a, aussi, pourri la vie de ma mère.

Née en 1950, ma mère fait pourtant partie de cette génération pionnière de féministes. Elle avait 18 ans en 1968, et je crois qu'elle s'est engouffrée dans ces mouvements libertaires comme par une porte de sortie. Ce n'est pas si commun, beaucoup de femmes de cette époque sont devenues malgré ces mouvements des mères entravées, aliénées à leur vie domestique. Néanmoins, la mienne, de mère, a tout fait je crois pour s'affranchir de beaucoup de contraintes : elle a fui en bateau (littéralement, en voilier, jusqu'à l'autre côté de l'Atlantique) un beau-père militaire, des attentes bourgeoises, a déconstruit une éducation punitive, patriarcale, violente. Malgré tout cela, j'ai connu une mère sacrificielle, toujours présente à ma sortie d'école, ne travaillant pas ou très peu et nous faisant systématiquement passer avant son art, avant sa peinture.

J'ai vu ma mère pleurer, ma mère craquer.

Le craquement de la conscience.

Je réalise que dans un coin de ma tête, ne pas reproduire ce schéma, c'est commettre une faute, c'est être une mauvaise mère, et voilà ma culpabilité bien ficelée. On grandit avec des modèles, des structures de genre dont il est toujours difficile de s'extraire totalement. Ma mère n'y est pas parvenue entièrement, et de mon côté il me reste du chemin à faire, je suis encore en partie entravée par ce lien filial. En développant l'idée de matrimoine, d'héritage – tu parlais de cordée –, je me demande si parfois ces liens hérités, ceux qui sont non choisis tout du moins, ne pourraient pas aussi devenir des garrots, serrés autour de nos cous.

On ne peut pas toujours faire le tri dans ce dont on hérite, c'est une pochette-surprise. J'aurais mille questions à poser à ma mère à ce sujet : se sentait-elle, elle aussi, ligotée dans son rôle de mère, parfois ? Comment se débrouillait-elle avec son Inquisiteur ? Je n'aurai pas de réponses parce que ma mère est donc morte quand j'avais 20 ans, après dix ans de maladie, à mourir à petit feu. Être une mère en ayant perdu sa mère, voilà un point autour duquel je tourne depuis quelque temps. C'est mon deuil dans le deuil je crois, si je reprends tes mots.

Ce deuil de ma mère est fondateur de mon écriture. J'ai commencé à vraiment écrire, des fictions, quand ma mère est tombée malade. Je racontais des histoires pour m'échapper, comme des réalités alternatives à cette mort qui pesait sur nous, en suspens. J'ai aussi noirci des carnets pour élucider ce que je ressentais, pour me soutenir. L'écriture m'a aidée à me battre contre l'Inquisiteur, à ne pas sombrer dans la folie, à continuer de croire en ma réalité.

Sauf que je pense que l'Inquisiteur m'a rattrapée quand je suis devenue mère moi-même. Le deuil dans le deuil : après avoir fait le deuil de ma mère, il faut que je fasse le deuil d'être une mère sans mère. Je suis dans l'incapacité de me référer à un modèle maternel vivant, avec qui je pourrais dialoguer, évoluer, je n'ai que cette image d'elle ligotée, arrêtée dans le temps. Ma mère réelle me manque ainsi de nouveau, et ce manque aussi me fait perdre pied : j'ai un mal fou à démêler le vrai du faux en ce moment, à faire confiance à mes émotions. Surtout, il y a une tentation immense à rendre les armes, à laisser tomber, à me fondre dans ce moule familier de mère sacrificielle et à me reposer enfin à l'intérieur.

Ce journal de bord que nous écrivons ensemble a bien plus d'importance que je ne l'imaginais quand on l'a commencé.

Je reprends depuis le début, comme quand j'avais 10 ans, je rouvre mes carnets pour sauver ma peau.

Je vais faire ce que ma mère n'a pas eu le temps de faire, je vais buter la gueule de l'Inquisiteur.

Jeudi à 11 h 30. Je pars chercher Ulysse à la garderie, il a fait sa toute première matinée là-bas, son « adaptation ». Tout s'est bien passé, il est trop cool, mon fils. L'une des puéricultrices, quand je lui dis que je compte l'y laisser toute la journée d'ici à une semaine, me dit qu'il est petit, quand même, que ça fait long, une journée entière.

Et d'un coup l'Inquisiteur est de nouveau devant moi, son bâton de métal brûlant à la main.

Culpabilité. Petite voix intérieure : c'est vrai, il est si petit.

Je ravale ma salive, j'attrape le bâton et *vlan*, entre les deux yeux.

Ulysse a 10 mois, presque 11, et il va aller à la garderie toute la journée d'ici à une semaine.

Non mais.

Est-ce que toi aussi, l'Inquisiteur vient te serrer le cou parfois, ou est-ce que tu lui as déjà fait son affaire ?

Il revient quand même ?

Je t'embrasse, mon amie jolie, j'ai hâte de te voir.

Lucille

Vendredi 18 février 2022, 12 h 39.

Lucille adorée,

Je te lis avec beaucoup d'émotions, merci.

Ce matin, avant de me rendre au café, je me suis arrêtée à la plage Lumière. Elle porte divinement son nom à ce moment de la journée, car le soleil scintille juste sur l'étendue de mer en face d'elle. Je me répétais comme cet instant de ma vie était merveilleux et précieux. Je pensais bien sûr à l'équipe de La Marelle, à Danielle et à Jean de la villa Deroze, à ma corésidente Aliona, au soleil et au vent, à mon amoureux qui comprend et soutient mes rêves d'écriture. Et je pensais à toi. Autour de moi, des jeunes mères m'écrivent et me disent comme tes mots sont importants pour elles. Elles les attendent avec impatience et les dévorent avec l'avidité de ceux qui ont faim, de celles dont les trajectoires ne sont que trop peu dites et écrites. Il y a celles qui disent « Je t'écris pour te dire mais je n'ai pas les mots, je suis bouleversée », il y a celles qui disent « J'ai eu envie de vous écrire, de m'immiscer dans votre correspondance, de participer moi aussi », il y a celles qui battent le rappel quand je tarde à mettre en ligne les textes : « Vous n'écrivez plus… ? »

Ce que tu dis sur l'écriture qui sauve la peau, sur les carnets refuge et échappatoire, ça me ramène à ce dont je voulais te parler aujourd'hui et qui rejoint tes réflexions sur l'Inquisiteur. Moi, mon Inquisiteur, ce fils du vice, bien sûr il pollue mon quotidien, mes élans, mes désirs. Il vient me murmurer des saloperies, des jugements, des crasses, bien sûr il essaie de me couper les jambes dès que j'ai décidé de l'ouvrir, mais il me réserve une autre perfidie : il m'efface de ma propre mémoire.

Pendant longtemps, le seul moyen que j'ai trouvé pour lui survivre, à lui, à la torture, c'est d'oublier. J'étais quelqu'un dont on louait la mémoire, de manière vraiment récurrente, à l'école, à la maison, dans les groupes d'amis, c'était visiblement un trait saillant de ma personne. Avec le viol, j'ai appris comment on s'extrait de sa peau pour se réfugier ailleurs, hors de son corps. C'est un mécanisme courant chez les personnes qui vivent des traumatismes. La psychiatre Muriel Salmona en parle très bien, j'ai avalé ses vidéos et interventions disponibles en ligne.

Avec le viol, j'ai commencé à oublier. J'ai oublié l'enfance, parce qu'elle m'avait été volée si brutalement que j'étais incapable d'y revenir. J'ai très peu de souvenirs de qui j'étais avant. Et j'ai commencé à pratiquer l'amnésie régulière, routinière. Un jour, un ami m'a dit dans une dispute que je fonctionnais par ruptures, je ne sais plus la formule exacte qu'il a employée, quelque chose comme : « Tu avances par ruptures. » J'avance plus exactement par amnésies, et parfois, oui, ça donne des ruptures. C'est facile pour moi d'être tranchante, parce que j'ai oublié… Un autre ami m'a fait cette même remarque il y a quelques mois, quasiment les mêmes mots. Aucune amie ne m'a jamais dit ça, mes amies voient mes continuités, voient mes permanences et mes obsessions, elles me voient tenir des caps, elles sont le fil rouge de l'adulte que je suis devenue. Je me demande dans quelle mesure ce n'est pas un point de vue d'hommes, cette idée de la rupture, une réapparition de l'Inquisiteur, qui attire leur attention sur ce qui refuse de se retourner, en l'occurrence sur eux.

Quand j'ai compris que mon sens de l'oubli était davantage une séquelle qu'une stratégie, j'ai eu envie de me « ressaisir ». Saisir que l'oubli avait une dimension traumatique m'a fait sentir le besoin de retrouver des traces de moi, de me souvenir qui j'avais été, qui j'étais encore. C'est ce qui a fait (re)naître mon obsession pour la question de l'autoarchivage. J'ai découvert que cette pratique que je construisais intuitivement avait un nom et une portée politique. Clémentine Labrosse, cofondatrice de la revue *Censored*, avait publié une newsletter à ce sujet (« Ce qu'il restera de nous », 13 février 2021). Elle y évoquait le travail de Sam Bourcier, qui est aussi présenté dans le numéro 5 de *Censored* (« Transmission »). Sam Bourcier prêche pour la création d'« archives vivantes débarrassées de ses experts, de sa police, de sa nécrophilie ».

C'est le nerf de ma guerre. Si l'Inquisiteur t'a mis la main dessus et t'a dépossédée de toi-même, tu fais quoi si tu n'as pas de traces de toi ?

Un jour, j'ai réalisé que j'avais gardé précieusement un sac à dos de l'époque collège/lycée rempli de souvenirs, comme si j'avais eu l'intuition que ça me serait précieux un jour. Il y avait dedans un carnet dans lequel je me suis écrit une lettre pour plus tard, un message drôle et tendre qui m'invite à ne pas oublier de rigoler et qui me dit façon *cheerleader* : « T'es la meilleure ! » Il y avait aussi toutes les photographies prises par mon grand-père et que ma famille a bien voulu me confier dans l'idée que je les numérise. C'est mon grand-père qui m'a transmis le souci de l'archive et de l'histoire. J'ai découvert qu'un cousin de mon grand-père avait aussi écrit sur notre lignée. Je crois que c'est un trait assez caractéristique des générations qui ont connu la guerre.

Pour ce qui est des souvenirs de ma vingtaine, j'ai une malle de bateau pleine de babioles et de carnets. Depuis le début de ma trentaine, j'ai recommencé à tenir un journal. En somme, j'ai des traces de moi, je me suis fait discrètement ce cadeau, tout en me laissant me raconter à moi-même que l'oubli, c'était ma came.

Et il y a un lieu de mémoire qui me fait penser à ce que tu dis sur le pouvoir de notre correspondance. C'est celui des choses qu'on se confie entre amies, c'est ce fil de confidences, de discussions entre femmes, qui est souvent raillé, moqué, discrédité, mais qui regorge de traces de nous. Hier, je voulais écrire le texte de mon roman qui parle du moment de la première fausse couche. Je me sentais prête à y aller. Je me suis retrouvée à faire exprimer à mon héroïne qu'elle ne se souvenait pas, de ci, de ça. Comme on dit dans la recherche, je « manquais de biscuit ». Je savais que dans mon journal je ne trouverais rien de très brut, de concret, de pratique, car je me souvenais de ne pas avoir écrit dedans à l'instant *t* mais bien plus tard.

L'instant *t*, je ne me le suis pas écrit à moi, je l'ai écrit à mes amies, à une amie en particulier, Marina Salomé, merveilleuse sage-femme et militante féministe. Nos lettres de la vingtaine sont une grande partie de mon archive vive. Nos messages WhatsApp ont depuis pris le relais. Je suis allée sur notre conversation et j'ai remonté jusqu'à l'été 2020. Tout était là, et plus encore que je n'aurais pu imaginer. Des audio à chaud, des photographies par lesquelles nous tentions de déterminer à quel degré mes saignements devaient nous inquiéter, des messages du matin, du soir, de la nuit, les engueulades avec mon amoureux que j'avais oubliées, les rendez-vous médicaux, les variations de mon état. Je suis remontée jusqu'aux premières semaines de ma grossesse, j'ai entendu ma voix dans les audios qui au fil des séquences n'est plus la même. Dans ma voix avant la fausse couche, il y a le pouls de la joie qui bat tellement fort. Dans ma voix juste après, il y a le rythme tendu de celle qui sent qu'il va falloir avoir du souffle mais qui préfère ne pas réaliser encore. Dans ma voix plus tard, il y a de la fatigue, du néant, quelque chose d'éthéré, on entend que je suis harassée, le *split* traumatique a commencé : « Le monde s'est dédoublé. »

Est-ce que tu connais cette chanson ? Avec mon amour, nous l'avons écoutée mille fois en hurlant dans la voiture. C'est une chanson où Clara Ysé parle du deuil de sa mère, la philosophe et psychanalyste Anne Dufourmantelle. Je me souviens que parfois on se disait qu'on ne savait pas pourquoi on l'aimait tant. On n'avait pas compris qu'on était endeuillés.

« Regarde derrière les nuages
Il y a toujours le ciel bleu azur
Qui lui vient toujours en ami

Te rappeler tout bas
Que la joie est toujours à deux pas
Il m'a dit prends patience
Mon amie, prends patience
Vers un nouveau rivage
Ton cœur est emporté
L'ancien territoire t'éclaire de ses phares
T'éclaire de ses phares. »

Je pensais que retraverser ces moments serait douloureux. Ça ne l'a pas été, parce que j'y ai retrouvé l'amie que j'ai été pour moi-même en écrivant, en parlant, en documentant, en gardant des traces de ce qui fait ma vie. Pendant longtemps, j'ai eu la sensation de le faire « contre », « contre » les silences imposés, hérités, j'étais en colère contre mon sang. Et puis à un moment, j'ai compris que ma lignée et moi on faisait front contre l'Inquisiteur ensemble, j'ai compris que si mes ancêtres avaient fait filtrer tant d'informations jusqu'à moi, c'était pour ça, pour laver notre mémoire. Je crois que c'est notre manière de ne pas nous laisser prendre au piège. Il y a dans tout ça quelque chose de programmatique, une tension et un engagement qui irrigueront je crois longtemps mon travail, et je suis contente que ça s'affirme, ici, avec toi.

Je te serre fort fort fort dans mes bras, on est ensemble, vaille que vaille ! Compte sur moi pour gagner cette guerre avec toi. Au fond, c'est déjà le cas, non ?

M.

P.-S. : Dans le café, au moment où je finis cette lettre (14 h 28), passe une chanson de Véronique Sanson qui s'appelle « Je me suis tellement manquée » *(sic)*. Ça ne s'invente pas.

Correspondance du 22 février 2022
Partir en quête

Mardi 22 février 2022, 8 h 05.

Ma Lucille,

Aujourd'hui, c'est moi qui triche.

Nous sommes lundi à l'heure où j'écris ces lignes. Cette lettre est l'avant-dernière de ce cycle méditerranéen de notre correspondance. Mon séjour à La Ciotat touche à sa fin. Ce vendredi 25 février, nous lirons ensemble nos textes à Marseille, dans la librairie de la rue Fontange, L'Histoire de l'œil, à 19 heures. Je trouve ça si beau, l'idée de ce rendez-vous en chair et en os pour livrer ces textes de vive voix et clore ensemble cette résidence. C'était un moment très fort de ma vie et notre correspondance y a grandement contribué.

Cette résidence a été une séquence privilégiée de rencontres entre femmes qui s'écrivent, qui disent leurs réalités. Ce midi, j'ai eu la visite de Sandra Lorenzo, ancienne journaliste au *HuffPost*, récemment installée à Aubagne et maman de deux jeunes garçons. Sandra vient de sortir un livre intitulé *Une fausse couche comme les autres*.

Avant sa fausse couche, Sandra était déjà maman d'un petit garçon, Jules. Après sa fausse couche, elle est tout de suite retombée enceinte et a donné naissance neuf mois plus tard à son deuxième garçon, Andrea. Je lui ai demandé comment elle avait écrit ce récit sourcé et documenté de son histoire, alors qu'elle était en plein post-partum, jeune maman de deux enfants en bas âge. Sandra m'a expliqué qu'elle avait écrit ce texte pendant que ses enfants dormaient. Lorsqu'ils faisaient la sieste, Sandra restait dans leur chambre, dans le noir, son ordinateur allumé, et elle écrivait, bercée par la respiration de ses garçons. L'écriture de ce texte a été un tour de force, qui lui a demandé à elle et à sa famille des sacrifices pendant plusieurs mois.

Quand je l'ai interrogée sur comment écrire un texte sur le deuil d'un enfant, alors qu'un autre vient d'arriver, Sandra m'a répondu qu'elle aimait que ce livre existe comme un pont entre ses garçons, l'enfant qu'elle a perdu, son histoire de femme et celle de son couple. Ça m'a beaucoup touchée, cette idée que la mort qu'on a portée n'a pas à être cachée, à exister cloisonnée. Elle peut cohabiter avec l'existence des autres enfants, parce que c'est aussi ça être une famille, avoir une histoire. Ce vécu n'est pas une tache sombre qu'on se trimballe sur le front, contrairement à la sensation qu'on a parfois quand on a osé parler de lui publiquement. Ce vécu est le souvenir d'une rencontre.

Je suis très reconnaissante à Sandra pour notre échange. Je ne sais pas où j'en suis quant au désir d'enfant, aujourd'hui il est encore en sommeil. Mais si je devais retomber enceinte et accueillir un enfant pendant l'écriture de ce roman, grâce à Sandra je serais moins dogmatique et apeurée à l'idée que les histoires de ces enfants se croisent et se côtoient *via* l'écriture.

En lisant le récit de Sandra, j'ai repensé à une newsletter de l'écrivaine Pauline Harmange, nommée « Se raconter » (6 février 2022). Elle y parlait de la difficulté qu'elle avait ressentie à écrire sur son avortement (qui fait l'objet d'un livre, *Avortée, une histoire intime de l'IVG*). Elle écrivait :

> « Hier, j'ai été submergée de gratitude pour les femmes qui disent leur vérité. Je sais combien ça peut paraître plus simple ou plus confortable de ne pas raconter son histoire mais de se taire – ou, pire à mes yeux, de raconter une histoire, derrière laquelle on se cache pour essayer de faire tapisserie. [...] Hier j'ai eu envie de dire merci aux femmes qui se racontent, qui font tomber les écrans, qui soulèvent les voiles. »

Voilà ce que je ressens quand je pense au travail de Sandra et à celui des autres femmes qui s'emparent du sujet du deuil périnatal, comme l'illustratrice Mathilde Lemiesle, autrice du compte Instagram « Mes presques rien », ou encore Sophie de Chivré, créatrice du podcast « Au revoir podcast ». Toutes trois travaillent sur le deuil périnatal. Je les ai découvertes grâce à mes amis Victor Point et Estelle Dautry, qui ont eux aussi documenté le chemin sinueux de leur parentalité (*Génération infertile ? De la détresse au business, enquête sur un tabou*, coécrit avec Pauline Pellissier). Victor et Estelle ont malheureusement été ceux qui ouvraient la voie pour moi : grâce à eux, à nos discussions, à leur courage, quand j'ai fait à mon tour l'expérience des grossesses arrêtées, j'arrivais sur un terrain qui avait été balisé pour moi. Dans tous ces travaux, je puise de la force mais aussi une grande liberté.

Cette sensation de liberté me fait penser à un autre passage du texte « Se raconter » de Pauline Harmange :

> « Il faut toujours du courage pour se dire, mais j'ai compris combien d'autant plus il en fallait pour se raconter contre vents et marées. Dans un monde violent qui veut couvrir nos voix dès qu'elles se font vraies. J'ai compris alors le courage des mères qui disent leur peine et leur détresse, des lesbiennes qui disent leur indifférence aux hommes, des victimes qui disent la réalité de leur traumatisme, des professionnelles qui disent leur expertise, des femmes au fond qui disent leur existence dès lors qu'elle sort de la minuscule place de parking qui leur a été octroyée. J'ai compris que les femmes qui ont pris la direction de la parole ont pris la route de la liberté – souvent au détriment de la sécurité. »

Je crois que cette route de la liberté, dans le cas de l'écriture sur le deuil périnatal, nous la prenons pour faire exister l'invisible. Dans son livre, Sandra raconte comment l'écriture s'est imposée à elle tout de suite après la fausse couche, via des textes diffusés d'abord sur Instagram :

> « Je voulais ne rien oublier. J'ai fait ce qui était le plus sûr, j'ai écrit, et tant qu'à faire, j'ai fait mon métier. J'ai publié. Voilà, j'avais un but. Je deviendrais mon propre reportage. Puisque cette grossesse m'avait échappé, j'allais documenter sa fin. Lui donner chair dans mes mots. »

Sandra explique qu'écrire, c'est faire exister une grossesse qui n'existe nulle part, et ça me parle tellement. Par l'écriture, on redonne de la chair, de la matérialité à cette ou ces grossesses qui sont souvent très vite effacées des récits familiaux et corporels des personnes concernées. Il est important pour elle de préciser : « J'ai deux enfants mais j'ai été enceinte trois fois. » Et je comprends tant ce besoin. Je n'ai pas d'enfant au sens traditionnel, mais j'ai été enceinte trois fois. Ça n'est pas rien, ça façonne forcément une âme humaine.

Voilà, je voulais terminer cette correspondance en te parlant de mes frères et sœurs d'armes. Leur travail mérite d'être salué et rendu accessible. Dans une lettre précédente, tu évoquais les liens, notamment filiaux, qui peuvent entraver. Je tenais à parler ici des liens qui libèrent, comme les liens d'amitié, ou les liens parfois solitaires et secrets qu'on noue avec des auteurs et des autrices.

Quelque part dans cette correspondance, j'ai documenté mes recherches, mon « état de l'art », comme on dirait en jargon scientifique. C'est un aspect fondamental de l'écriture selon moi, car il donne à voir une fois de plus l'intelligence de cordée, le matrimoine. Cet échange m'a enseigné combien il nous est vital de pouvoir nous raconter, nous lire, voyager dans les récits des unes et des autres. Le savoir est une telle liberté, plus on sait, plus on est libres de traverser l'expérience à notre manière, plus on peut s'entourer des connaissances que les autres ont accumulées. J'aime l'idée qu'ici, dans cette correspondance qui nous a tant apporté, les savoirs circulent et se transmettent.

Ma résidence s'achève, je vais bientôt rentrer à Lausanne. Je sens à la fois que je suis prête et enthousiaste à l'idée de reprendre mon chemin hors de la bulle ciotadenne, et en même temps une certaine fébrilité m'envahit. Ici le doute et l'appréhension de ne jamais parvenir à être écrivaine, au sens d'autrice éditée, tenant son livre dans ses mains, étaient en sourdine. Tant d'autres choses pouvaient se déployer et éclore. Les « premières fois » se sont enchaînées et c'était terriblement grisant et tendre. Je vais rentrer à Lausanne et retrouver pour quelques semaines mon autre manuscrit, celui presque terminé de ma thèse. Je sens encore malgré tout comme j'aime écrire sur l'Égypte et la Syrie. Je pourrais écrire l'Égypte ma vie entière. J'aime aussi la sensation de passer d'une immersion à une autre, d'un manuscrit à un autre, que les frontières se touchent.

À La Ciotat, la villa Deroze sent l'Égypte. La véranda a exactement la même odeur que celle de chez mes grands-parents bretons, mais le reste de la maison sent les appartements cairotes où j'ai vécu. Je ne sais pas comment expliquer ce phénomène, probablement une histoire de chaleur et de matériaux de construction. Mon esprit a sans cesse divagué vers Le Caire ici, et vers ce que j'écrirai de mon égyptianité quand ma thèse sera derrière moi. C'était doux, ces apparitions olfactives, ces sensations de terres mêlées et ces circonvolutions autour du magma métis qui constitue mon noyau de pêche.

Je t'embrasse fort,

Maaï

Mardi 22 février 2022, 14 h 31.

Maaï chérie,

Tu as raison de compiler ces témoignages si précieux, ça me fait me dire que notre correspondance est aussi un lieu d'accumulation, je la vois comme notre panier commun où on rassemblerait de quoi prendre des forces pour la route.

Et les livres et nos mères et nos lignées sont la première chose à réunir.

Dans le *New Yorker* cette semaine, il y avait une interview de la réalisatrice Céline Sciamma qui racontait la difficulté et en même temps la nécessité de créer de nouvelles représentations, de montrer les modèles qu'on n'a jamais vus, d'exprimer ce qui nous a manqué. Elle citait Annie Ernaux qui disait elle-même à l'époque où elle écrivait *L'Événement* (dans laquelle elle raconte son IVG clandestine) n'avoir jamais vu une scène d'avortement représentée.

Sciamma disait aussi l'angoisse qui accompagne ce geste, l'immense difficulté de montrer pour la première fois quelque chose qu'on n'a jamais vu, dit, raconté, représenté ailleurs.

On arrive presque à la fin de nos lettres d'hiver, oui. J'ai le cœur qui se serre un peu, de t'écrire aujourd'hui pour la dernière fois.

C'est inouï ce qu'on a fait ici.

Et il reste tant à dire.

Depuis quelques jours, je me demande comment on passe de cette écriture immédiate, ce récit, cette voix brute à la fiction ; cette question m'apparaît de plus en plus urgente. Alors je t'en parle parce que je bute je crois sur ce problème dans mon roman en cours, *Les Cistes*.

Dans ce livre, je raconte l'histoire d'Yda, qui vient de perdre sa mère, à 20 ans. Ce livre, je l'ai écrit pour ça : pour enfin mettre en fiction, de la façon le plus directe possible, la plus sincère, ce qui m'est arrivé quand moi aussi j'avais 20 ans. Je raconte le vertige du deuil, ce moment où le monde s'est dédoublé, comme dans la chanson de Clara Ysé que tu m'as envoyée et qui m'a fait tant pleurer vendredi dernier. Par des détours narratifs fantastiques, je raconte la folie du deuil, la douleur qui fait perdre pied, le réel qui bascule et aussi… l'oubli. La mémoire traumatique, celle dont tu parlais la semaine dernière. Dans mon texte fictionnel, Yda décide, tant la douleur est forte, d'oublier sa mère, d'effacer tous souvenirs d'elle. C'est quelque chose que j'ai fait aussi, dans la vraie vie, involontairement. Aujourd'hui encore, je peine à retrouver des images précises de ma mère lorsque j'étais enfant.

Ce deuil-là, mon année de la pensée magique à moi, je l'ai digéré depuis, j'en ai rempli des carnets et je savais qu'il était plus que temps de le sortir de moi.

La question qui continue de me poser problème jusque dans mon roman, c'est toujours mon deuil dans le deuil. Dans mon roman en cours, Yda décide de partir de chez son père et de prendre un boulot de nounou sur l'île de Porquerolles. Elle s'installe avec Esther, mère solo d'une petite fille d'un an. Et Esther se brise, parce qu'Yda est là et prend soin de l'enfant et lui laisse l'espace nécessaire pour le faire, pour lâcher. Ce personnage se brise et s'en va, elle abandonne son bébé à Yda.

Je sais que je n'ai pas été au bout de ce personnage et je ne sais pas encore exactement comment y aller. Par quel biais fictionnel la prendre.

Est-ce que c'est parce que c'est trop frais ? Parce que je suis encore moi-même dans l'œil du cyclone, encore brisée, pas encore relevée ?

J'ai encore bien du mal à nommer ce que je vis en ce moment, je commence à peine à bégayer les mots de « dépression post-partum », ils se mélangent tout de suite à « burn-out », « coup de mou passager », « déprime », « fatigue intense », « maladie » et autres atténuations. Contrairement à mon personnage, je n'ai pas la tentation d'abandonner mes enfants, cette idée ne m'a jamais traversé l'esprit, alors que je sais que c'est un topos non seulement en littérature mais aussi dans la vraie vie : ce fantasme absolu de tout lâcher, d'abandonner son carcan familial, de faire son sac et de partir à Acapulco. Il y a là bien sûr un tabou suprême, un summum de la mauvaise mère, on trimballe des mythes lourds de ce côté, Médée en tête, qui ne cesse de fuir mais tue au passage son frère puis ses enfants (entre autres). Ce n'est pas par peur de ce tabou que je suis retenue auprès des miens. Jamais, même plongée dans le plus noir des états psychiques, je n'ai pensé à partir, et cela pour une raison précise : imaginer mes enfants livrés à eux-mêmes, sans moi, me terrifie plus que tout, me donne envie de vomir de trouille et de mourir de chagrin.

Peut-être parce que j'ai été moi-même abandonnée. Parce qu'une mère qui meurt, c'est une mère qui abandonne ?

Voilà le nœud de douleur qui reste encore dans le fin fond de mon panier.

Sauf que dans mon roman, je voulais avant tout raconter une guérison, dire qu'on pouvait justement guérir des chagrins les plus terribles, des traumatismes les plus fous, qu'effectivement, un jour nos cœurs atteignaient enfin l'autre rive et qu'on retrouvait la joie et la paix et l'amour.

Pour de vrai.

Pour de vrai ou au moins pour un temps. Pas juste comme dans les films ou les chansons ou les romans, pour de vrai.

Je crois que dans ce que je traverse maintenant, une part de moi est en manque de foi ; j'ai beau savoir pour l'avoir vécu dans ma chair qu'on finit par arriver sur la terre ferme, le doute s'immisce encore. Comment alors raconter l'histoire d'une mère qui se relève si je n'y crois pas moi-même dur comme fer ? Si je ne me suis pas relevée ?

Bon sang, que la route est longue.

Est-ce que c'est lâche si je m'arrête un peu ? Peut-être que je peux m'autoriser à me reposer et à regarder en arrière. Peut-être que cette traversée que je viens de faire ici, dans ces lettres, me donnera déjà un peu de force pour continuer, et qui sait, qu'elle en donnera aussi un peu aux autres.

Parce que c'est pour ça qu'on transforme le vécu en fiction, en tout cas que moi je le fais : pour transmettre ce qu'on a élucidé. Non ? Pour passer les âmes, comme tu l'as dit si bien mon amie qui l'a si belle, et consoler un peu.

Alors je suis allée chercher mon *Art de la joie*, de Goliarda Sapienza, ce roman inouï qui raconte l'histoire d'une femme qui choisit la joie comme une bataille tout au long de sa vie. J'avais trouvé un passage parfait où son héroïne, Modesta, expliquait qu'il fallait laisser les enfants libres, libres surtout de ne pas avoir à vous aimer en retour. Quelqu'un lui prêche qu'elle devrait se lever, aller surveiller ses enfants, s'en occuper, et elle ne bouge pas d'un iota, elle rétorque quelque chose comme : « Pour un jouet et un bout de pain, les enfants doivent payer un prix de l'amour bien trop élevé et lourd et ce n'est pas juste. » Cela rejoint ce que je te disais sur la façon dont les liens deviennent parfois des garrots. Me voilà mère à présent et je crois qu'il faut que je veille à mon tour à ne pas transmettre ce dû à mes enfants. L'amour immense que je leur porte ne doit pas leur coûter.

Merci, Goliarda, pour le rappel. Un peu d'air et de liberté. Je crois que c'est sur ça que j'ai envie de finir ici.

Je n'ai pas envie de replonger, j'ai envie d'aller m'asseoir avec toi sur la rive. On pourrait se faire un apéro, on aurait chacune son bol de grosses olives vertes, des Bella di Cerignola, pour ne pas avoir à se les partager, et on jetterait les noyaux dans l'eau.

D'un coup on serait vieilles et on entendrait le murmure des rires de nos familles qui s'amuseraient un peu plus loin. On tendrait nos visages pleins de rides vers le soleil et on fermerait les yeux et puis on se dirait, comme à la fin de *L'Art de la joie* :

« — Tu dors, Modesta ?
— Non.
— Tu penses ?
— Oui.
— Raconte, Modesta, raconte. »

L.

Correspondance du 1er mars 2022
La fin de l'hiver

Mardi 1er mars 2022, 17 h 50.

Ma Lucille,

Hier matin, alors que je prenais le petit déjeuner à la gare Saint-Charles avec mon père, il m'a raconté que plus jeune, au Caire, il écrivait les lettres d'amour de ses amis. Il était l'expert du quartier en lettres à effet romantique garanti. Mon père, tombeur de l'ombre, poète adolescent, cette vision me fait rire et sourire. J'aime tellement mon père. Depuis que j'ai quitté le foyer familial, c'est-à-dire il y a longtemps, à la fin de nos rendez-vous, je le regarde s'éloigner quand chacun part dans une direction. À chaque fois mon cœur se fend.

Ce que je me disais en repensant à cette anecdote des lettres d'amour, c'est que moi aussi j'écrivais les lettres, les SMS (à l'époque millimétrés car non illimités) de mes amies à leurs amoureux. Écrire des lettres serait donc une histoire de famille. Cette perspective me plaît. Dans cette famille où on a tant de mal à vivre de manière apaisée l'amour filial, on sait au moins écrire l'amour tout court.

Je me suis dit que j'allais t'emmener à Lausanne, te raconter. Ce retour à Lausanne est un mélange de joie, de douceur et d'angoisse, et si je suis honnête, c'est cette dernière qui l'emporte, en ce moment, sur le reste. Ce sera sans doute différent à la fin de cette lettre, car écrire adoucit tout. Pour l'instant, revenir à Lausanne est difficile parce que je ne peux pas écrire « ce retour à Lausanne où je vis », « ce retour chez moi ». Je vis ici par intermittence, je vis ici en dilettante, en clandestine, je vis surtout ici dans l'ombre de ce que mon amoureux construit de très beau. Je vis ici par procuration, je ne vis pas officiellement ici.

Depuis que nous avons quitté la Bretagne, à l'été 2020, je ne vis plus nulle part vraiment. Je n'ai plus d'adresse véritable, j'erre, et souvent c'est toi qui as adouci mon errance en m'offrant l'hospitalité à la cabane-citron, dans cet appartement parisien que j'appelle ainsi parce qu'il y a dans le salon cette nature morte géante de citrons. Ce n'est pas un nomadisme choisi, plutôt un enchaînement de circonstances diverses, noué pendant la pandémie et qui a fait que les choses se sont mises en place comme ça. « Comme ça » signifie « d'une façon bancale », le fameux temporaire qui dure. Quand nous sommes arrivés ici, moi, je travaillais encore en France, j'y étais la plupart du temps. Être ici pour de vrai m'aurait davantage précarisée qu'avantagée, et je ne pouvais pas prendre ce risque.

Je suis arrivée hier à Lausanne, éblouie par la brume dorée sur le lac. J'avais oublié comme c'était beau. Une fois rentrée à l'appartement, j'ai pu admirer le coucher de soleil depuis notre salon. Le scintillement de ce soleil d'hiver sur le lac assure une continuité lumineuse entre la villa Deroze et notre immeuble ocre de Montelly.

J'ai tout de suite eu besoin de mettre en évidence les livres achetés et reçus en cadeau pendant mon séjour ciotaden. Comme une preuve, des témoins : je n'ai pas rêvé, j'ai trouvé un chemin et je vais le poursuivre. Quand j'arrive dans ce « chez-moi » qui n'est pas tout à fait chez moi, je sens s'abattre sur mes épaules l'usure, la lassitude, quelque chose se serre dans ma poitrine et m'empêche de respirer. J'ai l'impression d'être invitée à regarder un banquet sans avoir le droit de goûter le moindre plat et encore moins de manger à ma faim.

Cette métaphore n'est pas anodine, depuis le début de ma vingtaine je n'ai quasiment rien connu d'autre que des configurations précaires, où mes besoins fondamentaux (santé, nourriture, habitat) n'étaient pas remplis sereinement. J'ai été une étudiante fauchée, ballottée d'un logement à un autre, jamais sûre de pouvoir le payer, jamais sûre non plus de manger à sa faim. J'ai démarré ma carrière professionnelle avec un métier – enseignante-chercheuse – que les politiques étatiques piétinent depuis des années, nous laissant exsangues, vidés de nos forces et de nos espoirs de transmettre dignement. J'en garde des troubles et des peurs que j'ai parfois du mal à gérer.

Depuis quelques années, je vis grâce à l'amoureux une vie que je ne pourrais pas financer sans lui. Je lui dois le confort d'un logement, la garantie d'un frigo rempli, les plaisirs qu'il se saigne pour nous offrir, quitte à sans cesse se priver lui de la prospérité qui est la sienne. Moi, la féministe de service, je suis, à certains égards, une meuf entretenue. Ni plus ni moins. Certain·e·s écriraient ici la liste de leurs diplômes pour prouver combien cette situation est délirante, mais je ne crois pas que les diplômes soient une raison de revendiquer une vie décente, de revendiquer plus de dignité. J'ai des diplômes parce que j'ai eu les moyens de les obtenir. Mais dans ce pays aujourd'hui, on peut contribuer à satisfaire les besoins fondamentaux d'une population (je pense à l'éducation, à la santé, à la production de notre nourriture, au bon fonctionnement de nos infrastructures et institutions collectives) et ne pas pouvoir finir le mois sans être dans le rouge, sans avoir la boule au ventre, sans avoir dû puiser de manière outrancière dans ses propres ressources vitales pour le bien public. Ce que je vis est d'une banalité à mourir, peu importe mon parcours, peu importe l'« utilité » abjecte à laquelle je peux prétendre. Le fait est que personne ne devrait arpenter péniblement le quotidien.

Avec l'amoureux, ces dernières années, on avait bien conscience de ces déséquilibres mais on s'est serré les coudes, parce qu'on voulait que j'y arrive, que je devienne docteure. Lui et moi sommes ce qu'on appelle des « transfuges de classe », on n'était pas prédestinés à traverser les mondes qu'on a traversés. On est une équipe de déterminés, une équipe de sauvages de la réussite, on défie les lois de la gravité sociale.

Ce déséquilibre matériel entre nous, ça nous a sans cesse pesé. Je n'ai jamais pu m'y faire, vivre cette situation sereinement. J'ai passé mon temps à être en colère, à pester, à ronger mon frein, à lui rebattre les oreilles du scandale de la décrépitude des services publics, des inégalités hommes-femmes, du sexisme et du racisme structurels qui gangrènent les institutions universitaires, académiques, le marché du travail plus généralement. Je ne peux pas me conformer à cette vie-là, je ne peux pas m'y faire, « profiter » que l'amoureux assure financièrement et attendre que ça change. Je n'en peux plus, la colère, la culpabilité et la peur m'ont grignotée jusqu'à l'os. Depuis que mon compagnon travaille en Suisse, les écarts entre nous ont explosé et rentrer à Lausanne, c'est se prendre cette réalité « augmentée » au visage. Ici, j'ai encore moins qu'en France les moyens de contribuer à notre vie, qui n'est même pas vraiment ma vie.

La gifle brûle même quand on la connaît par cœur. J'exècre cette situation, je ne peux plus me regarder dans la glace, je ne vois que ça : « Je ne suis pas véritablement indépendante financièrement. » Et je pense que c'est le nerf de la guerre, ça aussi, et que quand on n'est pas indépendante financièrement, on peine à l'être à bien d'autres égards.

Pourquoi je te dis tout ça ? Pourquoi mettre sur la table des choses si désagréables et qu'on préférerait garder pour soi ? Parce qu'ici on parle d'écritures, de maternités, de ce qui se joue pour nous à cet endroit. Et si je vis cette vie-là, cette vie de chercheuse, de doctorante surprécarisée, c'est en grande partie parce que j'avais choisi ces dernières années un métier d'écriture. C'est ce que l'écriture me coûte, c'est ce que vouloir être libre de faire ce que j'aime me coûte et coûte à mon amour.

Si je deviens mère, l'étau pourrait se resserrer, je ne serais plus simplement une femme entretenue, je serais une mère entretenue, une mère qui ne serait pas en mesure de garantir à son enfant de subvenir à ses besoins sans son père. Et à cet endroit-là, il y a un risque encore plus grand de glissement, parce qu'on connaît la chanson, les désirs, les aspirations, les carrières, les plaisirs, la liberté des femmes mères passent à l'as très souvent car elles ne pèsent pas assez lourd financièrement pour que soit respectée l'intégrité de leur individualité.

Je ne cesse de me demander ces jours-ci : comment je veux et comment je peux (mieux) gagner ma vie tout en continuant d'écrire, et où est-ce que je veux le faire ? Répondre à ces questions, voilà mon programme des prochaines semaines. Je ne dis volontairement pas « des prochains mois » parce que j'ai envie que ce soit une affaire de semaines. Je ne veux plus avancer en courbant l'échine, j'ai besoin d'avoir la tête haute, j'ai fait assez de sacrifices.

Une vie de mère, une vie d'écriture, ce sont des choses qui nécessitent d'inventer, d'imaginer de nouvelles façons de faire, de lutter en permanence pour ne pas se laisser piéger. On pourrait remplacer « vie d'écriture » par n'importe quoi qui ne soit pas une vie de compromis féminins. Ce matin, alors que j'avais le cœur lourd comme une pastèque pleine d'eau, j'ai fini le deuxième volet de l'« autobiographie en mouvement » de Deborah Levy, *Le Coût de la vie*. À la fin, elle évoque l'histoire d'une femme mexicaine qui avait émigré dans sa jeunesse aux États-Unis. La femme disait « J'ai traversé la frontière seule, je suis venue en sentant l'obscurité noire et bleutée, le hurlement des coyotes, le bruit des plantes ». Et Deborah Levy raconte comment ces mots ont ouvert « un grand espace » en elle. Elle écrit :

> « Quand une femme doit trouver une nouvelle façon de vivre et s'émancipe du récit sociétal qui a effacé son nom, on s'attend à ce qu'elle se déteste par-dessus tout, que la souffrance la rende folle, qu'elle pleure de remords. Ce sont les bijoux qui lui sont réservés sur la couronne du patriarcat, qui ne demande qu'à être portée. Cela provoque beaucoup de larmes, mais mieux vaut marcher dans l'obscurité noire et bleutée que choisir ces bijoux de pacotille. »

Ma Lucille, n'est-ce-pas ce que nous avons tenté de faire dans ces lettres, « marcher dans l'obscurité noire et bleutée » plutôt qu'arborer des « bijoux de pacotille » ? Quand j'ai fait le bilan de ma résidence, je me suis dit : « Tiens, tu as écrit un autre livre que ton roman sans t'en apercevoir. » Un livre à deux voix qui montre ce que rendent possible l'amitié en actes, l'alliance de nos forces, l'audace de choisir de se raconter ensemble. Je crois fermement que c'est parce que les choses sont dites qu'on peut agir sur elles. On a exprimé des choses personnelles, complexes, exigeantes, tristes aussi, des choses dont la réalité dépasse largement nos expériences individuelles. On a tissé de l'intime pour faire de l'ensemble. On a mis en mots des choses crues, des choses alambiquées et hésitantes, on a tâtonné, on a été frontales. On a rassemblé nos trajectoires, nos expériences, dans un même dialogue, on a joué l'unité contre le discordant. On a parié sur l'effet d'entraînement, chacune autorisant l'autre à aller plus loin, à se sentir légitime. On a montré que la vie, la mort, la joie, la rage, la danse, la tétanie, le brûlant, le lancinant, que tous ces contraires pouvaient cohabiter dans nos existences ordinaires. Marguerite Duras dit « *L'écrit ça arrive comme le vent* », merci d'avoir partagé avec moi ton mistral.

Je t'aime très fort, mon amie grande. Et j'ai envie d'appeler la moi de treize ans pour qu'elle te dise le mot de la fin qu'elle m'écrivait déjà en 2001 dans ses lettres à l'avenir : « T'ES LA MEILLEURE ! »

M.

LETTRES D'ÉTÉ

Le soir de notre lecture à Marseille, nous avons rencontré Camille Dumat, éditrice chez Belfond. En une soirée, tout a basculé : ces lettres que nous nous écrivions jusqu'ici dans un élan d'exploration de nos quotidiens, de façon intime et surtout immédiate, puisqu'elles étaient publiées au fil de l'eau sur le site de La Marelle, allaient devenir un livre. Celui-là même que vous tenez entre vos mains.

Comment nous y prendre ?

Nous avions toutes les deux envie d'aller chercher d'autres paroles que les nôtres sur la maternité, pour lui donner un sens plus vaste encore : aller interviewer des autrices sur cette question qui nous semble toucher tout le monde, qu'on veuille être parent ou pas, qu'on le puisse ou pas.

Nous voulions aussi garder coûte que coûte la spontanéité et la franchise de ces premières correspondances. Nous avons donc recréé un « protocole » : nous allions recommencer à nous écrire toutes les deux. Le mardi, ce serait la lettre de Lucille, le vendredi (ou le dimanche), celle de Maaï.

Dans nos « lettres d'hiver », nous avions dressé ensemble un état des lieux de nos maternités et de la façon dont l'écriture y répondait, nous étions allées creuser nos vécus. Maintenant, avec toujours la même sincérité, nous voulions partir en quête : de réponses, d'échos, d'autres récits.

C'est ainsi que naquirent les « lettres d'été ».

Correspondances des 10 et 13 mai 2022
Sans compromis

Mardi 10 mai, 15 h 33.

« *It was spring and I was down on the eastern slope,*
picking early strawberries.
The sea-winds blew strongly there,
and the sweetness of the fruits was always
tinged with salt. »

Circé, Madeline MILLER

Ma belle Maaï,

J'ai le cœur qui bat fort de recommencer à t'écrire.

Je ne l'ai pas encore lu, mais il paraît que le nouveau livre d'Annie Ernaux commence par ces mots : « Si je ne les écris pas, les choses ne sont pas allées jusqu'à leur terme, elles ont été seulement vécues. »

Et il s'en est passé, des « choses », depuis nos dernières lettres d'hiver, il y a deux mois et demi. D'abord, il y a ce livre, notre livre, qui devient réel : l'image la plus vive qui me revient de cette aventure, c'est ce moment dans la voiture avec toi et ton amoureux, nous sommes en route pour notre lecture à la librairie L'Histoire de l'œil, à Marseille, et tu m'annonces par surprise le rendez-vous avec Camille Dumat, éditrice chez Belfond. En riant de nervosité et de joie, on se briefe entre nous à toute vitesse, on doit retrouver Camille quelques dizaines de minutes plus tard. On va lui dire quoi ?

Après ce rendez-vous, tout ira vite, la machine du livre réel se met en branle, les discussions, l'offre, les pourcentages des droits, ça ne s'arrête plus. Deux mois et demi plus tard, nous voilà qui reprenons nos lettres et cette fois, c'est pour savoir qu'elles deviendront papier, objet, rayonnages, librairies, rencontres, salons littéraires. Je suis terrifiée, moi, cette publication à venir charrie une tractopelle de peurs enfouies et de sentiments d'imposture, mais j'ai décidé de les transformer en board de surf et de prendre la vague.

Et puis, tout en surfant, j'ai aussi décidé de finir mon roman, *Les Cistes*, le mois dernier. Ulysse va maintenant à la crèche toute la journée, j'ai définitivement (ou presque) dit merde à l'Inquisiteur, à ma culpabilité, et j'ai tout corrigé d'une traite, marathon et plongeon dans ce livre pour qu'il soit enfin présentable au monde.

Me voilà donc avec deux livres, la dinguerie. Si ce n'est pas de la fertilité, ça. D'ailleurs, mes cheveux repoussent aussi. C'est assez connu qu'on les perd souvent en post-partum, on sait moins qu'ensuite ils repoussent dans tous les sens, petits cheveux hirsutes et drus dressés sur la tête comme des épis de blé. Ma coiffeuse chérie, Kaori, m'a dit « C'est le printemps » en les touchant et en rigolant.

C'est le printemps, un vrai printemps, enfin. Mes enfants vont bien, ils vibrent de vie, alors je m'autorise à aller bien moi aussi. Je respire.

Et hier soir, au fond de mon lit, j'ai ouvert le livre de Madeline Miller, *Circé*, et ça commençait comme ça (je traduis moi-même un peu librement) :

« C'était le printemps et je me trouvais en bas du versant est, à ramasser les premières fraises. Les vents marins y soufflaient fort, et la douceur des fruits était toujours teintée de sel. »

Ce livre me chavire depuis que je l'ai commencé, il est comme un plongeon dans un autre monde, un monde qui pour autant m'est étrangement familier. Cela faisait longtemps que je ne m'étais pas autant identifiée avec un personnage, et cela m'interroge beaucoup. Tu te souviens de qui est Circé ? Elle est connue pour être la sorcière de *L'Odyssée* d'Ulysse (oui, mon fils est un héros mythologique et ma fille Diane, une déesse). Je ne sais pas changer les hommes en cochons comme elle (quoique… quelle drôle de métaphore érotico-hétéro quand même !), mais je vis bien sur une île, elle sur Aiaia, moi à Porquerolles. Circé vit sur un îlot perdu, où nul ou presque ne vient jamais, elle y est parce qu'elle a été punie en raison de ses pouvoirs, qui effraient Zeus car elle pourrait le surpasser (évidemment). Sa punition, c'est l'exil, c'est la solitude. Circé est seule. Nous y voilà. C'est avec sa solitude que je m'identifie, moi qui ne suis JAMAIS seule ces derniers temps.

Néanmoins, je l'ai longtemps été. Je suis la petite dernière de la famille et j'ai grandi sans autres enfants à la maison, comme une fille unique qui apprend à s'inventer des jeux. Après les années de maladie de ma mère, à nous serrer les coudes mon père et moi, mais à me débrouiller aussi beaucoup sans lui, j'ai emménagé seule dans divers petits appartements. J'ai eu très peu d'histoires d'amour avant Fabien, je ne laissais en tout cas personne s'installer avec moi, partager mon quotidien (avec une exception catastrophique de colocation vite avortée). Je suis partie pendant un an en voyage en Asie, seule. J'adorais ça, la plupart du temps.

Et puis la solitude est aussi une condition de l'écriture. Circé ne développe réellement ses pouvoirs que dans son exil, avant ce ne sont que des hasards, des tâtonnements, elle ne se met vraiment au travail que lorsqu'elle est enfin seule sur Aiaia, à ramasser des plantes, à faire des expériences rigoureuses, à élaborer ses sorts. Pour elle, la sorcellerie n'est pas matière divine, elle doit être « travaillée, planifiée et recherchée, déterrée, séchée, ciselée et moulue, cuisinée, parlée et chantée ». L'écriture aussi, en tous points, non ?

Cette concentration et cet ancrage au monde que Circé expérimente, je les ai vécus pendant de nombreuses années, je les sens dans ma chair, littéralement, voilà pourquoi je m'identifie autant à elle. J'ai parfois l'impression qu'à un moment donné, je me suis dédoublée et qu'une partie de moi a continué de vivre cette vie-là, cette vie de sorcière seule, sans homme, sans enfants, le visage face aux vents marins, la bouche pleine de sel. Je porte cette vie à l'intérieur de moi, chaque jour, encore.

Je continue de croire que c'est mon destin. Comme si j'avais l'intuition que je retrouverais tôt ou tard cette vie-là, et qu'il fallait que je savoure, malgré l'immense frustration certains jours, ces temps d'amour et de compagnie.

Circé, avant de rencontrer Ulysse, a une brève histoire d'amour avec Dédale (mais à l'échelle de son immortalité, peu n'est pas éphémère). Alors qu'elle apprend la mort de son amant (qui, lui, est mortel), elle dit ces mots qui visent ma pensée en plein dans le mille :

« But in a solitary life, there are rare moments when another soul dips near you, as stars once a year brush the earth. Such a constellation was he to me. »

Ma famille, Fabien et mes enfants, est cela pour moi, je crois, une constellation, un alignement magique des étoiles. Même si la solitude me manque, je ressens leur arrivée dans ma vie comme une chance bizarrement hasardeuse. Ulysse est si drôle, Diane si intelligente, et Fabien a un esprit qui me porte haut chaque jour. Surtout, l'amour immense que je ressens pour eux est réflexif : leur façon de m'aimer m'apaise infiniment, guérit de vieilles blessures, me rend plus solide.

La solitude donne des pouvoirs considérables, mais elle a aussi parfois un coût, un goût salé qui persiste malgré toute la douceur qu'elle apporte. Soyons honnête, être seule n'a pas toujours été une situation pleinement heureuse ni surtout entièrement choisie.

Cette ambivalence raconte quelque chose de mon propre vécu, mais si je te la partage, c'est je crois parce qu'elle est au cœur de nos maternités. La solitude et ses contradictions ne concernent évidemment pas seulement celles et ceux qui ont des enfants à élever (ni même seulement celles et ceux qui écrivent). Je me demande néanmoins plus largement si être parent, ce n'est pas être toujours un peu tiraillé entre ce que nous apportent nos enfants (l'amour, la joie) et ce qu'ils nous coûtent (la solitude, la liberté). La maternité, c'est toujours une transaction, et même si je n'aime pas tout à fait ce terme, il faut la penser ainsi, il me semble, pour tenter un équilibre. Il ne faut pas que le prix de l'amour soit trop élevé pour qui que ce soit, pour reprendre une dernière fois les mots de Goliarda Sapienza dans son *Art de la joie*.

C'est le printemps : aujourd'hui, l'île sent les fleurs, la chaleur de l'été à venir, ET j'ai deux livres entre les mains, mon roman insulaire et le nôtre. Que de fertilité, je le répète.

J'ai l'impression d'être, comme Circé, une sorcière à qui on a autorisé l'amour, ce qui me gonfle d'espoir : un espoir un peu précaire, un peu salé, ambivalent, mais un espoir tout de même.

Je file remplir mon sac à dos de paréos, de seaux, de pelles et de crème solaire, je récupère mes enfants à l'école et à la garderie, je pars à la plage. Je vais aller voir à quoi ressemblent les vagues à la plage d'Argent.

J'ai hâte de te lire vendredi.

Je te souhaite une belle semaine au bord de ton lac.

Lucille

Vendredi 13 mai, 18 h 33.

Lucille, mon amie,

Depuis notre lecture à Marseille en février dernier, quand je te lis, j'entends ta voix, et ta voix devient aussi celle des mots magnifiques de la *Circé* de Madeline Miller.

Deux mois et demi qu'on ne s'est pas écrit, tu dis… Et autant de semaines à vadrouiller, pour fuir Lausanne, où je ne trouve toujours pas ma place, où je n'ai pas ma place. L'administration du canton ne reconnaît pas le Pacs et aucun rapprochement de conjoint n'est possible sans que je renonce à mes droits au chômage en France. C'est une chose que je refuse farouchement, car cela signifierait dépendre financièrement de mon compagnon. Ces droits sont ma sécurité pour les temps incertains à venir, où je cherche à me dessiner un autre avenir d'écriture. J'ai fièrement commencé à déclarer des revenus en tant qu'artiste-autrice, mais pas encore assez pour en vivre. Deux mois et demi qu'on ne s'est pas écrit, donc, et autant de semaines à faire, défaire, refaire mes valises, sauter dans des trains, louer des voitures, oublier de payer le car, attendre dans des gares, dans des aéroports, croiser des ruines romaines, de la *nebbia* qui signifie « brume », des chevaux blancs, des chevaux noirs, un cheval noir et blanc – on dit « pie » – aux yeux bleus.

Tu me parles de solitude, de ces doubles vies qu'on continue de vivre en soi. Forcément, ça résonne en moi, ça tambourine même. Je passe des heures en ce moment à me demander comment concilier mes vies, ma vie solitaire, ma vie nomade, ma vie d'écrivaine (on a le droit de le dire maintenant, non ?), ma vie amoureuse, ma vie de peut-être-mère. Ces dernières semaines, j'étais obsédée par l'idée de devoir choisir : où vivre, où trouver un travail, et derrière tout ça, le sous-texte dissimulé, où se laisser le choix de peut-être, un jour, devenir mère ?

À force d'entendre les conseils plus ou moins avisés des uns et des autres, je m'étais mis en tête qu'être mère, c'est être sédentaire, avec un emploi disons classique, des horaires à peu près fixes, un salaire qui revient tous les mois. Et plus je cultivais cette croyance, plus j'avais la sensation qu'il me faudrait renoncer à ma vie, telle qu'elle est, avec sa précarité, mais aussi avec sa part de liberté, de passion et d'aventure. Comment allais-je me conformer à cela sans (trop) souffrir, quelle combinaison me permettrait de souscrire au mieux à la règle, sans m'écarter complètement de moi-même et prendre le risque d'en vouloir un jour à mes enfants pour cela ?

Comme je te le confiais dans un élan d'agacement il y a quelques semaines, on m'a sans cesse répété, depuis des années, que ma vie – de femme qui voyage – n'était pas compatible avec une vie de famille. J'ai souvent entendu cette sentence : « À un moment, il va falloir se poser. » Comme si croire en d'autres modèles possibles était nécessairement naïf. Longtemps, j'ai répondu, avec mon effronterie habituelle, que j'étais convaincue qu'on pouvait faire famille autrement qu'en se « posant ». Je n'aime pas cette formule, « se poser ». Je ne suis pas posée et pourtant je n'ai pas la sensation d'être hors sol, hors du réel. Je ne plane pas, je ne vis pas une vie de caprices sous prétexte que je ne subis pas les normes ou les modèles qui ne me conviennent pas. J'arpente, c'est tout. Alors face à cette sentence, je rétorquais crânement que les gens qui tenaient ce genre de discours se servaient simplement de leurs enfants pour se justifier d'avoir renoncé à leurs rêves et à leurs ambitions. Autant te dire que ça clôt assez efficacement le débat…

Et puis, il y a eu les grossesses arrêtées, j'ai perdu de mon aplomb, de mon panache, de mes certitudes aussi, j'ai eu peur. Comme je me suis sentie punie de quelque chose, le doute s'est insinué en moi. J'ai fini par me dire que j'avais peut-être été effectivement naïve, inconséquente, qu'ils avaient raison, ces gens, que cette vie n'avait ni queue ni tête, que cette vie n'était pas celle d'une mère. On ne le fait pas nécessairement sciemment, mais on ne cesse de véhiculer, dans notre société, la croyance selon laquelle seuls les parents d'enfants à élever ont fait l'expérience du renoncement, de la responsabilité morale. Ces adultes seraient les seuls à avoir appréhendé le fait que pour intégrer une variable importante dans sa vie (l'enfant ou les enfants), il faille nécessairement en retirer d'autres de l'équation (au hasard, les grasses matinées et les sorties au cinéma improvisées).

C'est une vision tellement étroite et rabaissante de la vie sans enfant. En cultivant cette croyance, on fait des aspirations, des choix ou des expériences des adultes sans enfants des gestes puérils. On s'autorise à leur assener, quand ils ou elles affirment leurs pensées, leurs désirs ou leurs manières d'agir, qu'ils ou elles « planent ». On les infantilise. Ainsi, aux femmes comme moi qui revendiquent, sur la base de leur vécu et de leurs savoirs, d'autres façons d'être mère, on répond : « Tu comprendras quand tu seras concernée. » Du fait de cette incapacité à appréhender d'autres expériences du renoncement, de la responsabilité ou de l'engagement, on se prive de beaucoup d'autres formes de sagesse que celle, sacro-sainte, acquise par la parentalité.

À force de ne pas me sentir légitime à penser la maternité comme je le faisais, j'ai sombré dans un trou de culpabilité et de doute. Heureusement, en parallèle, j'ai continué à écrire mon roman. Il renferme cette trame secondaire qui raconte l'histoire de ce port dont je t'ai déjà parlé, où des femmes se sont défendues seules, à une époque qu'on ne peut pas situer. Dans cette partie de mon récit, il y a tout un univers à créer, des mangroves accueillantes et des deltas à dessiner. L'écriture de la thèse m'oppressant, j'ai senti que j'allais avoir besoin d'une forêt vierge pour moi, d'un espace de création où je m'autorise l'abaissement des frontières entre le réel et l'imaginaire. J'écris des fragments en ateliers d'écriture, les ateliers d'Amélie Charcosset, que j'aime beaucoup. Je laisse faire l'improvisation et je prends un plaisir monstre à ça. Je lis sur l'animisme, sur les rêves, l'obscur, le crépuscule, le cosmos et le vivant. Je plonge dans un univers scientifique, philosophique et politique dont j'ignore tout. Je le dis souvent : je suis une enfant du bitume. Là, on parle d'écologies déviantes, on tisse des ponts entre le colonialisme infligé à une partie de l'humanité et le colonialisme infligé à la Terre. Il est question des dialectes des lucioles, de saisons qui se désagrègent, de croire aux fauves et même à la vie sur Mars. Dans cette immersion, je puise de la force, je réaffirme mon besoin d'irrévérence, mon besoin de prendre la tangente aussi.

Je te parle de prendre la tangente car, grâce à ce travail exploratoire, j'ai découvert l'œuvre de Dénètem Touam Bona. Ce philosophe enquête sur la manière dont la fugue permet à des individus d'entrer dans des cycles de métamorphoses, de construire des contre-sociétés, des alternatives à la domination. Dans le numéro 1 de la revue *Mille Cosmos*, il dit cette chose magnifique :

> « [...] Je pense que ce qui permet à des gestes majeurs [de contestation] d'exister, comme la chute du mur de Berlin, c'est tout un travail préalable, sur des décennies, de gestes mineurs, d'actions furtives. »

L'action furtive, c'est ce qu'on fait sans cesse en tant que femmes, en tant que personnes minorisées, c'est ce qui fait de nous les grand·e·s oublié·e·s de l'histoire, pour paraphraser Titiou Lecoq. Dans son ouvrage, *Fugitif, où cours-tu ?,* Dénètem Touam Bona s'intéresse à la question du marronnage. « Marronnage », c'est le mot qui désigne la fuite des esclaves pour échapper à leurs maîtres, à la violence des colonisateurs. Il existait deux types de marronnages : le « petit », qui concerne les fugues ponctuelles, et le « grand », qui caractérise les fuites définitives. Ces dernières donnaient parfois naissance « à de véritables sociétés d'esclaves fugitifs, des communautés marronnes capables de fissurer l'ordre colonial lui-même ». Si je te parle de tout cela, c'est parce que dans mon nomadisme, il y a l'énergie de la fugue. Et cette énergie de la fugue a toujours côtoyé mon désir (et aussi, à certaines périodes de ma vie, mon non-désir) d'être mère.

C'est un postulat qui m'est très personnel, mais je crois qu'il faut pouvoir fuir ses enfants. Savoir que c'est possible.

J'y pense quand je te lis parler de la solitude, qui m'est très chère aussi. Ça ne se dit pas, je sais, mais je crois que chez moi le besoin de fugue est total, non négociable, y compris vis-à-vis d'éventuels enfants (et en dépit du fait que je serai très probablement une mère pot de colle si je suis un jour mère d'enfants à élever). Je veux savoir que je peux disparaître.

C'est un luxe qu'ont connu la plupart des hommes de ma lignée, parce qu'ils étaient marins, cheminots, chauffeurs dans l'armée. Ils exerçaient des professions qui les éloignaient du foyer pendant plusieurs jours, semaines ou mois. Je ne dis pas que leurs conditions de vie étaient nécessairement fabuleuses, mais ils n'ont pas connu ce que mes aïeules ont vécu : être enchaînées au foyer, à la responsabilité des enfants, et surtout à la vie domestique. Je ne sais pas si c'est lié aux mémoires domestiques des femmes de ma lignée, mais, petite, je me souviens que je ne voulais pas d'enfants car j'étais horrifiée par la manière dont nos rythmes scolaires, à ma sœur et à moi, hachuraient le quotidien de notre mère. Respecter ces horaires, vivre dans les interstices entre les trajets maison-école, le retour des enfants pour le déjeuner, tout ça relevait pour moi de l'aliénation la plus totale. Je ne suis pas quelqu'un qui se plaît dans une vie domestique ordinaire. Je m'y ennuie et j'y étouffe. J'ai peur que les enfants m'y assignent et de ne pas savoir vivre ça. Je crois que, comme la solitude, c'est une chose qui est liée à l'écriture. Dans *Écrire*, Marguerite Duras déclare :

> « Ça rend sauvage l'écriture. On rejoint une sauvagerie d'avant la vie. Et on la reconnaît toujours, c'est celle des forêts, celle ancienne comme le temps. […] C'est pas seulement l'écriture, l'écrit, c'est les cris des bêtes la nuit, ceux de tous, ceux de vous et moi, ceux des chiens. »

J'ai toujours peur que la vie familiale ne me domestique encore plus que la vie de couple ne pourrait déjà le faire si je ne vivais pas avec cet amoureux. Ma grand-mère maternelle, mon adorée Madeleine, m'a beaucoup parlé de la vie de sa mère, de la charge du foyer qu'elle portait quand son mari était en mer. Cette charge, jusqu'à ses 13 ans et son propre départ du foyer, ma grand-mère la côtoyait de près et la partageait. Elle était une fille et elle était l'aînée, une sorte de petite maman de remplacement, soutenant la vraie, veillant sur ses frères et sœurs comme sur ses propres enfants. Plus tard, ma grand-mère a aussi expérimenté cette solitude de mère quand mon grand-père, cheminot, quittait la maison pour plusieurs nuits.

Ma grand-mère n'était pas bavarde, elle ne s'épanchait pas sur son intimité. Pourtant, elle s'est confiée à moi sur les souffrances liées à l'absence de contraception, à l'absence de droit à avorter sans risquer d'en mourir. Elle me mettait en garde contre les revers de la maternité, m'invitait à être indépendante, à surtout passer mon permis de conduire, à travailler. Elle répétait : « Ce n'est pas bon pour une femme de rester à la maison, il faut sortir du foyer. » Et, sans employer ces termes, elle articulait clairement ces réflexions à la question de la santé mentale des mères. Elle n'a jamais parlé de maternité de manière édulcorée ou idéalisée, elle nommait ses difficultés sans détour. C'est grâce à sa sincérité sur notre histoire familiale et sur son histoire de femme que j'ai pu cultiver un certain goût pour l'évasion. Je ne voulais pas être celle qui resterait enfermée à la maison, je voulais être marin et pas femme de marin. Je ne voulais pas de cette « vertu » que chantait Barbara. Aujourd'hui, je me demande souvent : est-ce que je ne serais pas malhonnête de me lancer dans une vie de mère, sachant tout cela ?

J'ai parfois eu du mal à me frayer un chemin entre les conseils de ma grand-mère et le choix qu'a fait notre mère de se consacrer à nous, à notre éducation et à son foyer. Ma mère a été un pilier fondamental de mon enfance, toujours présente, de tous les réveils, de tous les couchers, de tous les cauchemars et toutes les réjouissances. Mais j'ai souvent eu peur que nous ne soyons, ma sœur et moi, en train de l'avaler elle. Avec du recul, je ne crois pas, je crois que ma mère a une liberté et une vie intérieure très riches, qui lui confèrent une indépendance dont j'étais trop jeune et arrogante pour comprendre la subtilité. Mais voilà, Madeleine me disait « Il faut sortir de la maison », et moi je grandissais dans une maison où ma mère était toujours présente. J'étais tiraillée entre tout cela et je ne savais pas quelle féminité et quelle maternité m'inventer.

Dans mes (nombreuses) fugues adolescentes, il me semble désormais que je cherchais une voie. Ça m'aurait aidée, de voir ma mère, parfois, « s'arracher ». Je n'avais pas encore compris qu'elle le faisait probablement secrètement, en pensées, par les livres qu'elle dévorait, quand nous étions gardées par nos grands-parents ou ses amies aussi, peut-être. Je ne savais donc pas comment on faisait ça, s'arracher, alors je me taillais la nuit, pour voir, pour apprendre à désobéir. Aujourd'hui, j'ai toujours envie de croire qu'on peut être une mère qui s'arrache, surtout une mère qui désobéit aux injonctions qui sont les siennes. S'arracher, ce n'est pas fuir, c'est revendiquer son droit à être fidèle à soi-même.

On peut être une mère fugitive. Petit à petit, je me réconcilie avec l'intuition que j'ai toujours eue : l'art de la fugue, c'est une chose que j'ai à transmettre, pas à cacher. C'est une expérience qui peut se vivre en famille, ça ne me condamne pas à la solitude. La fugue est une chose qu'on peut s'autoriser, qu'on peut expliquer à ses proches, présenter comme un besoin fondamental. C'est une chose qu'on peut organiser, objectiver (fuguer une demi-heure au café, c'est déjà fuguer), et c'est aussi une chose qu'on peut partager avec ses enfants.

Quand on me dit, en 2022, que je ne pourrai pas avoir une vie de famille sans me conformer au modèle de la mère sursédentarisée, responsable à elle seule du bon fonctionnement du foyer et du devenir des enfants, je pense à Madeleine et je sens sur mes épaules le poids de l'ordre établi dont elle a souffert. Je sens cette manière étouffante qu'on a de concevoir la maternité selon un modèle unique. Dans ces moments, j'ai envie de fuir, loin, en forêt. Alors, pour m'apaiser, je prépare intérieurement ma valise. D'une manière générale, dans la vie, je vérifie régulièrement que je peux fuir, je visualise comment le faire. Je refais sans cesse la liste de ce que je pourrais laisser derrière moi si je n'ai pas le temps, de ce que je ne dois surtout pas oublier (en général rien, sauf mon passeport, et c'est en pensant à cela que je me sens vraiment rassurée).

Dans le livre dont je te parle, Dénètem Touam Bona cite également le travail de Yann Moulier-Boutang. Ce dernier montre que « fixer » une main-d'œuvre fugitive, la « capturer », la priver de sa mobilité (la forcer à « se poser » ?), est un des principaux moteurs de l'histoire du capitalisme. Ce qui rejoint les analyses de Foucault sur l'ordre disciplinaire. Dans *Surveiller et punir*, Foucault explique que la discipline est « un procédé d'antinomadisme ». Le procédé s'applique évidemment en priorité aux subalternes : les ouvriers, les colonisés, « les pirates et marrons, les sorcières et hérétiques, les communards et pétroleuses, les classes dangereuses et les Black Panthers ». J'ai envie d'ajouter les mères, qui, en assurant gratuitement le travail domestiqué, rendent les hommes disponibles au travail rémunéré. Quand je lis Dénètem Touam Bona, ce qui m'apaise, c'est de voir qu'il y a un sens à mon attachement à l'art de la fugue. Il montre comment la fuite est un outil de résistance aux mains des personnes dominées, comment le mouvement, le déplacement, sont des réflexes incorporés et des savoirs qui permettent l'insubordination, la contestation de l'ordre établi. Prendre la fuite est décrit comme une arme et non comme une défaite.

Bien sûr, on peut calmer la cadence, on peut baisser la garde. J'aimerais beaucoup découvrir ce qu'un peu plus de sédentarité m'apprendrait, je sens que j'en ai envie et besoin. Mais je ne crois pas avoir envie d'enfouir mon amour de la fugue dans un trou, au beau milieu d'un terrain vague, loin de chez moi, parce que ce devrait être ça, une bonne mère, une mère acceptable, une mère stagnante, croulant sous les contraintes matérielles et morales. Je suis capable d'amour inconditionnel, je suis capable de fugue et je suis capable d'amour inconditionnel et de fugue ensemble.

Dans le dernier tome de sa trilogie autobiographique, *État des lieux*, Deborah Levy raconte que sa cadette s'apprête à quitter le foyer. Elle appréhende la solitude qui accompagnera ce départ. Finalement, au moment où sa fille part s'installer sur son lieu d'études, Deborah Levy apprend qu'elle est lauréate d'une bourse de création. Ravie, elle quitte Londres en même temps que sa dernière-née et s'installe à Paris pour plusieurs mois. Elle loue un petit appartement à Montmartre et assez rapidement elle décide d'à peine le décorer, de ne pas l'aménager au-delà du rudimentaire. Elle désire un nid vide, après avoir passé tant d'années à prendre soin de garnir le nid familial. Elle a 60 ans et elle déclare ne pas avoir été seule ainsi depuis l'arrivée de sa première fille, l'année de ses

34 ans. Quand j'ai lu ça, j'ai tremblé. J'ai bientôt 34 ans. J'ai pensé à tous les projets d'enquêtes et de voyages que j'ai, à la tristesse que je ressentirais si tout ça devait s'arrêter dans quelques mois pour tant d'années.

Je me suis demandé pourquoi il ne serait pas possible de faire autrement que de rester, presque trente ans, privée de ces moments. Je me suis souvenue que dans le système capitaliste et hétéro-patriarcal dans lequel nous vivons, pour des mères plus libres, il faut fondamentalement des pères, des coparents, plus présents. J'ai cherché des livres et des films mettant en scène des pères très présents pour leurs enfants – des histoires de pères-mères, pour ainsi dire, nettement moins répandues que celles de femmes mères et pères à la fois. Le bilan de mes recherches est assez succinct : j'ai trouvé des pères veufs et des pères d'enfants qui avaient été abandonnés par leur mère. Voilà les représentations dont nous disposons : pour qu'un père soit aussi investi qu'une mère, il faut donc que la mère soit morte ou partie pour un grand marronnage. Ça ne devrait pas avoir de sens, un imaginaire aussi ubuesque et étriqué. Où sont les possibles entre la mort et la disparition de la mère ? Où sont les escapades sans mal, les virées légitimes, les temps de solitude banals ? Sans surprise, ils sont là où « les mères se brisent », comme tu le disais si bien cet hiver.

J'ai fini par comprendre que je ne serais pas mère autrement qu'en restant sincère sur ce que je suis et sur ce que je ne suis pas. Je serai une mère fugitive et j'ai déjà en moi un nid nomade qui n'attend que l'enfant. J'ai un utérus, j'ai même un ventre, des bras, un dos, des seins que j'emmène partout avec moi et qui seront donc là pour l'enfant partout où je serai. On n'aura probablement pas une maison mais des maisons, on aura probablement un monde à nous, et des mondes qui n'appartiennent qu'à chacun d'entre nous. Dans *Écrire* encore, Marguerite Duras parle de ses lieux d'écriture et des solitudes qu'ils lui ont permis d'expérimenter. À propos de Trouville, elle dit : « C'est à Trouville que j'ai regardé la mer jusqu'au rien. Trouville, c'est une solitude de ma vie entière. J'ai encore cette solitude, là, imprenable, autour de moi. » À propos de sa maison de Neauphle, demeure de solitude et d'écriture par excellence pendant dix années fondamentales de sa vie d'écrivaine, elle raconte : « Tout écrivait quand j'écrivais dans la maison. L'écriture était partout. » Ailleurs dans le texte, à propos de cette solitude d'écriture totale née à Neauphle, elle a des paroles qui me font penser à ce que tu disais dans ta lettre sur ta double vie : « Cette solitude des premiers livres je l'ai gardée. Je l'ai emmenée avec moi. Mon écriture, je l'ai toujours emmenée avec moi où que j'aille. À Paris. À Trouville. Ou à New York. » Et ce que j'ai trouvé très réconfortant enfin, c'est que ça ne l'empêche pas de dire le bonheur à avoir pensé cette maison pour elle et son fils :

> « Maintenant elle est devenue une maison de toutes les saisons. Et je l'ai aussi donnée à mon fils. Elle est à nous deux. [...] Il a tout gardé de moi dans cette maison. Je peux encore y être seule. J'ai ma table, mon lit, mon téléphone, mes tableaux, et mes livres. Et des scenarii de mes films. Et quand je vais dans cette maison, mon fils en est très heureux. »

Peut-être qu'un jour Diane et Ulysse seront les gardiens d'une solitude qui ne sera pas une menace mais un talent à chérir ?

Je sors un peu exténuée et ivre de l'écriture de cette lettre, mon amie, mais heureuse d'avoir pu passer la journée à t'écrire.

J'ai beaucoup cherché mes mots, perdue dans le brouillard de ma pensée fatiguée par le travail théorique sur la thèse, excitée de poser les premiers jalons de notre correspondance d'été. C'est une très longue lettre, une lettre de femme sans enfant à élever, qui avait bien des choses à confier à son amie. Il est temps de fermer boutique, je vais aller manger une glace à la pistache et sortir de l'atelier où je travaille quand je suis à Lausanne. Il ressemble à une grotte certains jours, une très belle grotte. Je pense à toi et t'embrasse bien fort.

Ton amie,

M.

Correspondances des 17 et 20 mai 2022
À l'épreuve du réel

Mardi 17 mai, 16 h 10.

Maaï, mon amie fugueuse,

Ce matin, je me suis fait un café, je me suis assise à mon bureau, j'ai ouvert Gmail et j'ai écouté très fort dans mon casque *L'Art de la fugue*, joué au piano par ce fou de Glenn Gould. Ta lettre m'a mis au ventre une envie de m'arracher, de me donner moi aussi le droit de prendre un contrepoint (c'est le principe musical de cette œuvre de Bach, qui du coup fait faire des hoquets au cœur quand on l'écoute).

Quand tu parles de tes voyages, de tes pieds légers, je pense à mes parents. Avant ma naissance, alors qu'ils n'étaient pas encore amoureux l'un de l'autre, ils avaient déjà fondé tous les deux des familles, ils avaient déjà fait un bébé chacun sur des… bateaux. Mon père et sa première femme avaient construit un voilier pour habiter dessus avec ma sœur aînée (qui vit aujourd'hui en Nouvelle-Calédonie), alors toute petite, et filer en Amérique latine puis aux Antilles. Ma mère (j'en avais déjà un peu parlé), son premier mari et mon autre grande sœur, après des années en péniche sur la

Seine, ont sillonné la Grèce, la Crète avant d'eux aussi arriver aux Antilles. C'est là que mes parents se sont finalement rencontrés et ont décidé de rentrer pour me faire naître à Paris (je résume à gros traits, c'est évidemment bien plus compliqué, plus tortueux, les divorces et les reconstructions de familles recomposées). Et donc voilà comment je me retrouve à être la seule et unique personne de ma famille à n'avoir pas traversé l'Atlantique à la voile. J'en ai d'ailleurs eu honte longtemps, il a fallu que je baroude beaucoup pour relever le niveau, mais surtout, ça a ancré en moi l'idée que les enfants, on pouvait effectivement les emmener partout tant qu'on les aimait très fort (et qu'on leur laissait le temps de se faire des copains en chemin).

Néanmoins, marronner seule un moment, quitter mes enfants sans culpabilité ni opprobre, je sens bien que quelque chose coince chez moi à cet endroit, malgré l'envie furieuse.

Je ne sais plus si on a déjà parlé de Winnicott, ce pédopsychologue qui a théorisé sur la « *good enough mother* », la « mère suffisamment bonne », concept qui l'a rendu célèbre. Dans une série d'émissions sur la BBC, dans les années 1950, il parle de ce concept pour désigner simplement ce que les mères font de bien, parce qu'il ne voulait pas dire aux mères ce qu'elles devaient faire, mais leur dire qu'elles faisaient déjà le job, en fait, que leur « dévotion ordinaire » suffisait amplement. Selon lui, si un petit enfant sait s'adapter, c'est qu'il a la capacité de transformer un environnement « suffisamment bon » en environnement adéquat. L'autrice américaine Maggie Nelson (connue pour ses essais-récits entre autres sur la maternité, le queer, la sexualité) parle de lui dans *Les Argonautes*. Elle y raconte qu'en devenant mère, elle n'a plus trouvé Lacan, Freud et toute sa clique

« assez irrévérencieux pour envisager ce que c'était que d'être un bébé, ce que c'était que de prendre soin d'un bébé ». L'humilité et le côté « mains dans le cambouis » de la pensée de Winnicott lui allaient bien mieux. Elle dit : « Je ne veux pas d'une érotique ni même d'une herméneutique de mon bébé. Aucune n'est assez sale, aucune n'est assez gaie. »

Je te parle de Winnicott et de Nelson parce que je suis d'accord avec elles·eux : je crois qu'il ne faut pas hésiter à être trivial parfois, à être sale et gai en ce qui concerne les enfants, à simplifier les lignes, pour faire de la place à l'équilibre. Et donc je repose ta question de marronnage comme ça : une mère qui s'absente, est-ce qu'elle est « suffisamment bonne » ?

Durant la deuxième année de Diane, je suis partie plusieurs fois en résidence pour un projet de scénario. J'ai pu partir parce que j'ai auprès de moi un homme qui prend son rôle de parent autant à cœur que moi, plus même parfois sur certains points. Il est un de ces « pères-mères » dont tu parlais, même si ce terme me gêne un peu en ce qu'il continue d'assigner un rôle stéréotypé à chacun·e, un de ces pères en tout cas pas assez représentés, sur ce point tu as raison. Je ne pourrais pas écrire notre livre s'il n'était pas là à me soutenir bec et ongles en me libérant autant qu'il le peut de l'espace et du temps. J'estime que c'est normal, il estime surtout lui que c'est normal, mais j'ai conscience que cela m'éloigne d'une certaine norme.

Ce qui m'a posé problème, du coup, dans le fait de partir, ce n'est donc pas la peur que ma fille manque de soins appropriés en mon absence. C'est plutôt que notre relation s'en trouve abîmée, que ma place de mère parfaite soit entachée (et là, il y a en revanche une norme – celle de la mère omniprésente – que j'ai intégrée bien malgré moi). Néanmoins, mes départs ont-ils eu des conséquences fâcheuses ? J'aimerais bien décortiquer cela.

Est-ce que ma fille m'en a voulu ? Oui.

Est-ce que à mon retour elle refusait que je la couche le soir, marquant une préférence pour son papa ? Oui. Elle hurlait à pleins poumons quand j'essayais de la coucher, pendant des semaines. Ça a été dur, je ne te le cache pas, mais je n'ai rien lâché et je suis convaincue aujourd'hui que notre relation n'a dans le fond jamais vraiment souffert, même dans ces moments-là. Parce qu'elle savait que j'étais toujours là malgré tout. Pas absente. Je le sais maintenant, bien sûr, mais à l'époque j'étais persuadée qu'elle ne m'aimait plus et que je le méritais bien. Foutu Inquisiteur.

J'ai commencé à lire *Sauvagines*, un roman de la Québécoise Gabrielle Filteau-Chiba. Son héroïne est une garde-chasse, qui se retrouve à un moment nez à nez avec des bébés ours terrorisés qui se mettent à appeler leur mère. Face au danger, elle pense par instinct à aussi appeler la sienne :

> « Ma mère à moi, elle ne m'entendra pas, comme tous ces matins où je lui adressais la parole et que ses yeux ne quittaient pas le journal. J'aimerais, moi aussi, à cet instant, m'évader dans la fiction ou les manchettes. »

J'ai réalisé récemment qu'être absente, ce n'était peut-être pas ce que je pensais. Ce n'est qu'avec Ulysse (avec un prénom pareil de voyageur, en même temps…) que je comprends que leur donner une mère qui s'écoute assez pour pouvoir fuguer est un cadeau. Ton intuition est la bonne, Maaï, moi aussi ça m'aurait aidée d'avoir une mère qui « s'arrache », parce que je crois que si on se l'interdit, il faudra de toute façon trouver un moyen pour s'échapper, dans les livres ou dans sa tête, comme la mère de *Sauvagines*. Ce n'est pas nécessairement catastrophique, mais être absente de l'intérieur, c'est quand même autrement grave, je trouve. Moi je vois bien que quand je suis là sans être là, je suis une mère pas terrible, je regarde mon téléphone, je m'agace au moindre bruit… et surtout je finis par me briser. Pas terrible du tout, en fait.

Néanmoins, il y a eu des moments où je n'ai pas eu le choix. Mes deux enfants ont vécu une grande partie de leurs premières années en pleine pandémie mondiale et en confinement : où aurais-je pu aller ? Il y a eu des semaines où je ne pouvais même pas aller prendre un café dehors…

D'autres choses aussi m'ont empêché de m'arracher, mais je suis un peu perdue dans mes pensées, là.

Je prends une pause.

C'est de toute façon l'heure de préparer un pique-nique, d'acheter des baguettes et du concombre et des fraises et d'aller chercher une horde de petits enfants pour les emmener manger sous les oliviers. Il n'y a pas de cantine à l'école de Porquerolles, alors on compose.

14 heures : Je reprends, l'envie de faire la sieste est forte, mon ventre est lourd de chips, mais ma tête un peu plus claire. Si je ne suis pas assez partie parfois, si je ne me suis pas facilement arrachée, c'est je crois en raison de ce qui m'a le plus surprise en devenant mère : pour moi, la chaîne la plus subtile et la plus difficile à défaire, c'est l'amour que j'éprouve pour mes enfants. Je t'en ai déjà parlé, de cet amour immense ; ce que je n'ai pas encore dit, c'est qu'il était au début à ce point dévorant que l'absence de leur chair m'était intolérable. À en hurler. Impossible de me séparer de leurs corps de bébés. Surtout de Diane, peut-être parce que j'ai

eu si peur de la perdre à sa naissance, peut-être parce qu'elle est ma première et qu'elle m'a fait découvrir ce type d'amour désarmant.

Avec Ulysse, c'est différent. Je sens que cet enfant, en sourdine, m'apaise, malgré les tumultes de l'hiver dernier, malgré cette dépression dont je ne t'ai parlé qu'en pointillé et que j'arrive enfin à nommer vraiment, sans l'atténuer, sans synonyme, pour une raison précise : parce qu'elle me laisse du répit. Malgré cette dépression, Ulysse est un petit bonhomme tranquille, rassuré et rassurant, aux gros bourrelets et au sourire mutin et infiniment doux qui ne se transforme en grimace que si on essaie de le priver de frites et de fraises.

Il me laisse partir, il ne pleure pas quand je le dépose le matin à la crèche, il se contente d'être infiniment heureux que je revienne. Quel cadeau.

Tu te questionnes sur ce que la maternité va ou pas changer en toi, où seront tes résistances, tes pas de côté.

On ne sait pas ce que la maternité va faire de nous. Je ne le savais pas. C'est un plongeon dans l'inconnu. C'est terrifiant de dire ça.

Avec la maladie de ma mère, j'ai grandi dans le chaos de la mort très proche, mon besoin de contrôle sur tout et tous est incommensurable, ce plongeon est terrifiant pour moi. Le concept de lâcher-prise est la chose la plus hilarante qui soit à mon sens (en vrai, je pourrais mordre).

Je ne sais toujours pas ce que la maternité va faire de moi, encore aujourd'hui.

Je repense à cette histoire de noyau de pêche, dont parle Julia Kerninon, je remets cette phrase que tu m'avais écrite en février quand j'étais si perdue :

> « Il n'y a pas de mots pour dire combien j'ai changé, mais il n'y en a pas non plus pour décrire la solidité de l'ancienne

moi cachée dans la nouvelle, dure comme un noyau de pêche. »

Parfois, je me dis que je ne suis pas d'accord avec cette phrase, en particulier avec cette idée qu'une partie de moi-même serait inchangée, intacte, insoluble. Un noyau de pêche, d'ailleurs, ça ne se transforme pas en arbre ? Je pense qu'on est multiple et mouvant. Dans *Liv Maria*, le fabuleux roman de Julia Kerninon, qui raconte le destin d'une femme qui finit, effectivement, par fuir sa famille, par abandonner ses enfants (toujours ce topos), par faire ce grand marronnage dont tu parles, elle raconte ça, ces facettes intérieures. Son héroïne, juste avant de partir, se demande : « Comment se tenir là, dans cette vie, avec le souvenir de toutes ses autres vies contradictoires ? »

La solitude m'a longtemps définie, c'est une partie de moi, et comme je te le disais elle existe encore en creux à l'intérieur, comme un destin qui aurait continué de suivre son cours dans une réalité parallèle où je n'aurais pas d'enfants. J'ai souvent l'impression de me trahir, du coup, et je commence juste à m'apaiser en me disant que je peux être toutes ces choses-là : une mère, une fille seule, une autrice, une amie, une amoureuse, un mustang sauvage. Il y a des moments de la vie où je convoquerai ces différentes facettes. L'amour que j'ai pour mes enfants fait qu'être sans eux est parfois bien trop douloureux. Pourquoi me faire du mal, alors ? Je ne crois pas que je me trahisse si je suis fidèle à ce besoin momentané et profond d'être avec eux. Avec ce livre qu'on écrit, je commence à sentir de nouveau l'envie d'avoir les bras libres, et c'est léger comme l'été qui se rapproche et ma robe de plage orange aujourd'hui.

Peut-être Liv Maria est-elle partie pour un grand marronnage parce qu'elle n'a pas eu cette confiance-là des allers-retours, des multiples qui coïncident.

Ce que je voulais te dire, c'est que je sais que tu sauras t'arracher, mais que si finalement tu en ressens le besoin, ne te l'interdis pas je crois, sois AUSSI une pot de colle à fond la caisse, aussi longtemps que tu le veux.

Circé, dans le livre de Miller, quand elle accouche de son fils, jette un sort sur son île pour qu'elle paraisse inaccessible et non hospitalière, un sort qu'elle s'était toujours refusée à lancer. Elle s'emmure derrière des falaises pour se protéger et protéger son fils, mortel. Elle s'emprisonne, oui, momentanément, mais de façon choisie. Voilà peut-être une autre manière encore de dire la maternité.

L'après-midi file et j'ai une foule de choses à finir : entre autres appeler un magasin de reprographie pour mon roman et commander des sandales pour les gros pieds grassouillets de mon fils.

Je te laisse et je t'embrasse mille fois,

Lucille

P.-S. : J'étais à Marseille ce week-end et à la librairie L'Odeur du temps (ce que j'aime cet endroit, c'est comme une maison), j'ai acheté le livre d'Anne Dufourmantelle *La Sauvagerie maternelle*. C'est la mère de Clara Ysé, qui a écrit cette si belle chanson. Tu l'as lu ?

Vendredi 20 mai, 19 h 58.

« Nus se banharam en grandes praias lisas
Outros se perderam no repentino azul dos temporais. »

Sophia de Mello Breyner Andresen, *Mar*

Lucille, ma belle amie,

Nous sommes mardi, je viens de lire ta lettre. Elle me fait penser à une chose très belle que dit Gustave Flaubert à George Sand, dans leur correspondance :

« Tes lettres tombent sur moi comme une pluie qui mouille, et fait pousser tout de suite ce qui est en germe sur le terrain. »

Je suis sur notre balcon, le soleil décline sur les montagnes et le lac. À ce stade, l'horizon est un mélange de blanc ivoire, presque argenté à certains endroits du ciel et du lac, bientôt doré à d'autres. Dans quelques minutes, tout sera rose, exubérant, un étalage de beauté à peu près obscène. Cet hiver, j'ai trouvé ce paysage presque laid, affreux, lugubre surtout. À cette saison, je ne sais pas comment on peut y résister.

Je commence à te répondre à chaud, sans attendre vendredi, le jour que je consacre à notre correspondance. Je fais ce choix parce que ça brûle un peu. J'ai peur d'oublier si je tarde, j'ai surtout peur de manquer de courage. Alors voilà, j'y vais.

Ta lettre me ramène à la dernière que je t'ai écrite, vendredi, et qui parlait donc de l'art de la fugue. Il y a des textes qu'on termine avec une sensation de soulagement, d'exactitude, de vérité presque. Ce n'était pas le cas avec celle-ci. J'ai passé des heures à extirper ces pensées de mon cœur et j'en suis pourtant sortie exsangue. J'ai relu plusieurs fois ce que je t'avais envoyé et toujours, quelque chose bloquait. J'étais d'accord avec moi-même sur ce qui est d'être mère à sa manière, d'être mère dans ce qui est juste pour soi, les grandes traversées comme tu me le racontes si bien, et tous les autres possibles. J'étais raccord avec la mère fugitive en moi, raccord avec cette part de moi qui avait besoin de dire qu'il y a mille manières d'être mère d'enfants vivants et que je créerai la mienne, si je vis cette expérience un jour.

Mais il y avait une partie de moi qui demandait : « OK, mais une fois que tu as dit tout ça, qu'est-ce que ça vaut à l'épreuve du réel ? » Ce n'était pas une sale petite voix d'Inquisiteur qui me narguait en me disant : « Tu es bien naïve, tu feras comme tout le monde, tu resteras bien sagement dans ton quarante-cinq mètres carrés avec ton bébé et tu oublieras tes grands discours. » Je sais que je ferai comme je peux et comme je veux, le nomadisme, le nid, la bougeotte et l'ancrage. Mais j'avais ces mots dans la tête malgré tout : « à l'épreuve du réel ». « À l'épreuve du réel » ? Quoi, « à l'épreuve du réel » ?

À l'épreuve du réel, il y a l'amour, caché dans une parenthèse de ma lettre, qui dit que je serai très probablement une mère pot de colle. Dans ma dernière lettre, c'est donc dans cela qu'il tient, l'amour possible, une microparenthèse, à l'échelle d'une des plus longues lettres que je t'ai écrites jusqu'à présent. Je le comprends en lisant ce que tu écris de ton amour pour Diane et Ulysse :

« L'amour que j'ai pour mes enfants fait qu'être sans eux est parfois bien trop douloureux. Pourquoi me faire du mal, alors ? Je ne crois pas que je me trahisse si je suis fidèle à ce besoin momentané et profond d'être avec eux. »

Bien sûr qu'on est plurielles, heureusement qu'on l'est, je suis soulagée qu'on le célèbre ensemble. Mais dans ma pluralité à moi, la possibilité de cette part d'amour maternel, qui chavirerait mes besoins de solitude et de fugue, est enfouie sous les décombres.

On le sait, l'amour d'une mère envers son enfant, ça n'a rien d'automatique, ça n'est pas nécessairement fulgurant, présent dès les premiers instants, parfois aussi ça n'existe pas, ou pas comme on l'aurait imaginé. Ces précautions prises, je constate que chez moi, la possibilité de cet amour, la possibilité d'être enchaînée d'amour à son ou ses enfants, cette possibilité est inconcevable. Ça brûle car je le comprends en te lisant, c'est ce qui me saute aux yeux, mais aussi à la gorge et au cœur, quand je parcours ta lettre. Merci de m'offrir la possibilité de ce constat. L'absence des enfants-embryons que j'ai perdus va évidemment de pair avec l'absence de l'expérience dont tu parles si bien, d'un amour désarmant qu'on éprouve pour les enfants qu'on élève.

Ça brûle car tu dis : « Au début l'absence de leur chair m'était intolérable. » Et je peux l'imaginer, parce que réaliser que j'allais vivre l'absence de la chair de ces enfants-embryons m'a fait plonger dans l'eau ensanglantée des toilettes, lors de ma deuxième fausse couche, traversée sans assistance médicale, une nuit d'automne, à la maison. Nous venions d'arriver à Lausanne. Il n'y avait plus de convenances, de bienséance, de dégoût éventuel pour me freiner, juste un besoin primitif de sauver un peu de cette chair de l'enfant que je ne connaîtrai jamais. J'avais envie d'aller lui creuser une minuscule tombe au bord du lac, de l'enterrer au milieu des arbres, qu'il passe de mon ventre à la terre. J'aurais pu me recueillir là, tous les matins ou presque sur le chemin de la bibliothèque, ça aurait été notre manière d'être ensemble.

Mais à ce moment de ma deuxième fausse couche, l'amoureux est entré dans la salle de bains. J'ai vu ses yeux ronds, paniqués, qui me regardaient éberlués, et j'ai dit : « Non, non, mais OK, on n'est pas chez les hippies, je vais arrêter mes conneries. » D'où cette phrase absurde m'est-elle sortie ? Je l'ignore, je pense que les hippies sont des êtres supérieurs à bien des égards. Mais voilà, je ne tenais que des lambeaux de nos chairs mélangées dans mes mains, j'avais cherché mon bébé dedans et il n'y avait pas vraiment de bébé. Je les ai remis dans les toilettes, j'ai prié, j'ai dit tous les mots d'amour qui me venaient, des « toujours », beaucoup de « toujours », et j'ai tiré la chasse d'eau.

Quand j'ai dit à mon psy que j'étais morte de honte d'avoir tiré la chasse d'eau, que j'avais déjà ressenti ça pour mon avortement, il m'a dit : « On n'est pas obligés de ne voir que les toilettes dans ce moment, on peut voir l'eau, l'eau qui protège, qui nettoie, qui purifie dans plein de rituels de vie et de mort. On peut voir l'eau qui nous maintient en vie. » En écoutant ses paroles, j'ai vu des fleuves indiens charriant des morts. J'ai pensé que cette eau finirait dans une station d'épuration, qu'elle serait assainie, traitée, et redistribuée. J'ai pensé que les particules de mes enfants-embryons seraient bues, cuisinées, utilisées dans d'autres foyers. J'ai pensé que le monde avalerait mes enfants. J'ai pensé que la vie continuerait comme ça. C'est peut-être un peu tordu d'être soulagée à cette idée, des gens trouveront sans doute ça dégoûtant. Mais je m'en moque qu'on trouve ça répugnant, c'est notre petite vengeance, à nous les mères endeuillées à qui on n'offre pas mieux que des aspirations et des chasses d'eau : nos pertes et notre sang irriguent le monde, on ira cracher dans vos robinets.

Je t'écris ces mots et je sens le vent furieux des mères endeuillées qui se réveille en moi, évidemment, il s'engouffre.

On ne s'est pas côtoyés depuis un petit moment lui et moi. Depuis mon départ de La Ciotat, je ne l'ai senti en moi qu'une fois, quand j'ai croisé une personne de ma famille. Enceinte au même moment que moi en 2020-2021, avec à peu près la même date de terme, elle n'a pas eu la délicatesse de prendre de nos nouvelles et de nous demander si nous souhaitions recevoir un faire-part de naissance ou si cela risquait de réveiller des souvenirs douloureux.

Je rentrais à Lausanne, au printemps 2021, après plusieurs semaines d'absence, que j'avais passées dans ton autre chez-toi à Paris, pour travailler et aussi pour soigner la dépression dans un cadre familier. Je me sentais plus légère en rentrant, plus apaisée. Je voulais repartir du bon pied, laisser derrière moi les souvenirs tristes de la salle de bains et du reste, quelques mois auparavant. À peine avais-je passé la porte que j'étais tombée sur le faire-part. J'avais eu l'impression d'être traquée, harcelée jusque chez moi.

Je n'ai jamais recroisé cette personne avant le mois dernier, et je sentais encore ma rancœur et ma colère me tordre les boyaux. On a beau savoir que les gens font ce qu'ils peuvent, qu'il s'agit simplement de maladresse, parfois la colère cristallise sur un geste, une parole. C'est long à réparer et ça n'appartient qu'à soi. Aujourd'hui, quand le vent furieux se lève, je respire profondément, je regarde le lac devenir rose, doucement mais sûrement. Je suis seule, mais je fais quand même ce truc con de retenir les larmes. J'ai la flemme de les laisser m'engloutir. Je sais que ça va aller.

Tu dis dans ta lettre « On ne sait pas ce que la maternité va faire de nous », moi je sais que jusqu'ici, elle a fait de moi une presque-morte. J'assume la dimension *drama queen* de cette phrase, parce que je suis Lion, parce que je suis en syndrome prémenstruel et parce qu'elle est vraie. L'expérience des grossesses arrêtées m'a fait saisir qu'on pouvait mourir de chagrin. Il y a eu débat sur mon sort en haut lieu, j'ai failli mourir peu de temps après mes grossesses arrêtées. Et je ne sais pas ce qu'elle pourrait encore faire de moi, la maternité. Je sais juste que je veux rester en vie, pour moi, parce que ça me plaît, l'idée d'être vieille, pour les gens que j'aime et que ça emmerderait peut-être un peu de m'enterrer. Et surtout je veux rester en vie pour mon homme. Si je revivais une grossesse arrêtée, est-ce que je m'en remettrais ? Aujourd'hui, je commence à sentir que oui, peut-être bien, mais c'est encore frais, timide et surtout, je ne suis plus sûre de la vie que je me souhaite d'aimanter. Les vies sans enfants sont aussi de très belles vies, parfois je m'y reconnais davantage. Je ne suis pas encore assez sûre de ma capacité à prendre le risque de vivre une nouvelle peine.

De te parler de risque me fait tout de suite penser à Anne Dufourmantelle. Tu évoques *La Sauvagerie maternelle* et il faut que je te raconte mon histoire avec ce livre, car elle prend sens aujourd'hui. J'ai voulu l'acheter après en avoir lu un passage sublime quelque part, et je me suis retrouvée avec… *Éloge du risque.* Je me demandais pourquoi ce hasard. Je rencontre toujours les livres parce que j'ai quelque chose d'important à y découvrir. Le risque… Sur cette question de la maternité, effectivement, le risque est mon Alaska du moment, le territoire hostile où je refuse de mettre un orteil, après avoir rêvé des années d'aller m'y installer pour toujours.

Alors j'ai ouvert le livre, voici ce que j'y ai trouvé :

« Prendre le risque d'être dans la peur pour y entrer enfin, et s'y dissoudre, plonger dans la rivière, en apnée, toucher ces galets clairs et les ramener en surface, où ils n'auront plus le même éclat ni mystère, les observer de très près, les effleurer. D'où viens-tu ? Quel est ton nom ? Que me veux-tu ? »

En t'écrivant, je me confronte à cela.

Avant de recevoir ta lettre je cherchais ce que j'allais lire cette semaine, dans l'idée de t'en parler dans mon courrier. Après t'avoir lue, j'ai pioché le livre de Dufourmantelle, mais avant cela, j'avais pioché dans ma bibliothèque *Les Argonautes* de Maggie Nelson. On n'est pas copines pour rien. Je dois avouer que je me glace autant que je me délecte quand je lis à propos des grilles de lecture psychanalytiques : « Aucune n'est assez sale, aucune n'est assez gaie. »

Je crois que quand on est rongé par la peur, on en vient à avoir du mal à penser le sale, le gai, l'affectif, le trivial, le dévorant. On pense abstrait, on pense lointain, on pense barricades et barbelés. Et si désagréable que ça soit pour moi d'écrire ces lignes, je crois que l'amoureux et moi on est encore absorbés par la peur. Lui, c'est assez récent qu'il dise son chagrin. Pendant des mois et des mois, il a détourné le regard de sa peine. Elle lui était insupportable. Il n'y a pas longtemps, on se promenait le long d'une rivière dans le Sud, et il a dit qu'il ne supporterait pas que quoi que ce soit se mette en travers de notre amour. Il a dit : « Moi, ce que j'aime par-dessus tout, c'est toi, c'est être avec toi, passer mon temps, passer ma vie avec toi. Je ne veux plus perdre des mois de vie avec toi. Si quelque chose menace ce bonheur-là, je sors les griffes. » Ce « quelque chose », c'est bien sûr la possibilité d'une autre grossesse arrêtée, mais s'il n'y a pas grossesse, il n'y a pas d'enfant. Donc s'il n'y a pas de risque, il n'y a pas d'enfant. Et il me semble qu'on est là, lui et moi, postés à un endroit où le risque n'est pas envisageable, aux aguets, défendant chaque parcelle de bonheur retrouvé, tant bien que mal.

Si l'amour de l'enfant est un impensé, un endroit trop douloureux à envisager, c'est parce que l'amour qu'on a l'un de l'autre, mon adoré et moi, a été malmené, et qu'on s'y accroche comme une moule à son rocher. Je n'aurais jamais cru vivre ou ressentir ça, mais je me dis que dans ce merdier-là, j'ai eu cette chance, celle de choisir quelqu'un par-delà un de mes plus grands et de mes plus anciens désirs. Je ne sais pas si les couples qui vivent ce qu'on vit connaissent tous ça, si c'est un classique de l'expérience, mais nous, à un moment, on s'est dit : « Si je dois choisir entre toi et avoir des enfants, c'est toi que je choisis. » Et c'était clair.

Le seul vrai nouveau texte que j'ai écrit dernièrement pour la partie de mon roman qui parle du deuil périnatal, c'est un texte sur lui, sur mon amour. Je lui ai demandé si je pouvais écrire sur lui, sur un personnage inspiré de lui, il a dit oui, je lui ai demandé comment il voulait s'appeler dans cette autre vie, il a dit Elio, comme le vent. Je relis cet extrait, la narratrice dit :

> « Les souvenirs sont flous. Je ne revois pas ce que nous faisons, où nous sommes, parfois j'ai la sensation qu'il y a du monde, peut-être un dîner ? Une fête ? Ce doit être Noël, j'entends les cris de ses neveux et ses nièces, j'entends le silence de notre enfant qui ne vit plus. Dans ce vacarme de rires, au milieu des effluves de viandes rôties et de marrons grillés, j'aperçois Elio. Il se tient debout, je crois qu'il parle à des gens. Il y a de la tendresse, de la pudeur et des rires. Ce doit être ses frères. Il s'enthousiasme et il sourit. Les contours de ses yeux se plissent. Je connais ce mouvement par cœur, les rides, au coin de ce regard, que la joie fait glisser. Je sens en moi se creuser une faille, il y a

une brèche, comme le son d'un tambour qui se rapproche. Je regarde sa beauté qui se dérobe, qui échappe un instant à la pesanteur du chagrin et je tremble.

Dans mon ventre, le scandale et l'effroi. La vie lui a fait ça, la vie a osé lui faire cet affront, écorcher sa manière d'être au triomphe comme si rien d'autre n'était taillé pour lui. Je comprends que chez moi, cet endroit est le siège de la déchirure, de l'insurmontable. L'idée de sa peine m'est insupportable. Je me sais abîmée, je me sais écorchée, j'ai renoncé à être indemne il y a longtemps déjà. Mais lui, je ne le connais que lumière blanche sur un calcaire urgonien. Je ne le connais que turquoise cru d'une mer qui avale sans concession les fondations d'une falaise. Elio est fait de ciel bleu et de l'odeur des pins. Je ne le connais que compact, coquillé d'évidence et de talent. Dans ses yeux qui rient comme avant, je vois les débris.
Je me disloque. Je pleure ce qui ne sera plus. On ne repartira pas de zéro. Elio mon zéphyr, mon mistral et mon sirocco, Elio souffle de mon souffle. Je l'ai aimé dès les premières heures en pensant : je n'aurai jamais peur pour mes enfants s'ils sont aussi les siens. Elio, ma famille. Je ne peux plus le regarder sans que quelque chose en moi s'effondre, c'est comme des colonnes en carton qui s'effritent, qui s'imbibent de larmes et d'amertume, qui viennent coller, boucher, les artères et les parois de ce qui tente de rester en vie au fond de moi. Je fais une valise. Je pars pour le regarder d'un peu plus loin, apprivoiser le scandale, et la honte d'y avoir contribué. »

Je ne me souvenais pas qu'elle faisait une valise, je ne me rappelle plus où je comptais la faire aller. Une chose est certaine, je serai incapable de parler de cette partie de mon intimité autrement qu'en fiction, autrement que par ce détour. Ça fait beaucoup trop mal, la souffrance de l'être aimé. Rétrospectivement, je ne sais pas ce que je pense de la qualité littéraire de ce passage, mais il dit quelque chose de si vrai.

Au bord de la rivière avec lui, lorsqu'il a parlé de ses griffes et de notre bonheur à défendre, je lui ai répondu avec le plus de douceur possible qu'on ne pourrait pas réécrire l'histoire et réinventer l'insouciance d'un début de grossesse. Je lui ai promis qu'on s'en découvrirait ailleurs, de l'insouciance, mais que celle-ci, on ne pouvait plus compter sur elle. Je lui ai dit qu'il était probablement vain d'attendre que la peur s'en aille pour décider qu'on était prêts à retenter notre chance. Je lui ai dit que malheureusement, à un moment ou à un autre, si on sentait à nouveau le désir d'avoir un enfant, on n'aurait certainement pas d'autres options que d'aller au-devant de la peur, de faire avec elle et de la traverser. Je lui ai dit qu'il ne fallait pas attendre que la peur soit partie pour considérer qu'on était prêts car on pouvait attendre longtemps, qu'il valait mieux chercher en nous d'autres signaux que celui-là, comme le sentiment qu'on était prêts à prendre le risque d'être ébranlés. Il a marmonné quelque chose qui voulait dire qu'il savait que j'avais raison mais qu'il n'était pas prêt. On s'est serrés l'un contre l'autre et on a continué notre chemin. À cet endroit, les épicéas se dressaient, menaçants, et plus loin des biches nous fixaient, stoïques.

Depuis quelques mois, je me réfugie dans un lieu au centre de la France où se trouvent une rivière qui répare, des chevaux à l'intelligence déroutante, et cette femme-amie, Vanessa Prioux, qui fait le pont entre eux et moi. Lors de mes premières visites, je savais pourquoi je venais : les grossesses arrêtées, le dépôt de la main courante au commissariat, j'avais mes chantiers bien listés en tête.

Lors d'une de mes dernières visites, je suis arrivée en disant que j'allais bien, que je ne savais pas exactement sur quoi je serais invitée à travailler, que j'étais ouverte à tout. Quelques heures plus tard, alors que je travaillais en liberté et au sol avec un cheval que j'adore, il m'a encerclée. Il s'est mis à galoper comme un fou furieux autour de moi, dessinant des cercles trop étroits pour que j'envisage d'en sortir assez vite. Je ne pouvais pas courir. Ma tête tournait, j'étais tétanisée, je le suivais du regard, j'essayais de le calmer, je priais pour qu'il arrête, je sentais que je perdais pied. Vanessa s'est approchée du rond de longe et m'a fait signe de respirer. Je me suis concentrée sur mon souffle, j'inspirais et j'expirais très fort pour retrouver mon sang-froid. À mesure que je me calmais, lui ralentissait et j'ai compris ce qu'il faisait : il me forçait à traverser la peur. Toutes les pires émotions ont défilé dans mon corps, jusqu'à ce que je réalise où il m'emmenait.

Il a fini par cesser de galoper en cercles autour de moi, on a marché un long moment l'un à côté de l'autre, il m'a laissée redevenir maîtresse de mon territoire, de mes mouvements, de mon corps. Peut-être qu'avec la parentalité, à un moment, ce sera pareil, notre peur sera devenue une vieille et banale compagne. On saura qu'on peut la dépasser, qu'elle est là, mais qu'il y a d'autres choses qui nous attendent si on décide d'aller au-devant d'elle. Dufourmantelle écrit : « Nos peurs sont le visage de notre émerveillement futur, le commencement de toute création. »

Il fait nuit sur le lac Léman. Je m'arrête là et te livre la traduction des vers en portugais que j'ai retranscrits au début de cette lettre. Ils sont de Sophia de Mello Breyner. Le recueil s'appelle *Navigations*.

« Sur de grandes plages lisses ils se baignèrent nus
D'autres s'égarèrent dans le bleu soudain des tempêtes »

On a toujours besoin de mustangs sauvages dans sa vie.

Je t'embrasse immensément fort,

M.

Correspondances des 24 et 27 mai 2022
Accoucher

Mardi 24 mai, 14 h 50.

Maaï,

Quand je te lis, j'ai l'impression que tu me prends sous les bras et que tu me relèves, je sens le mouvement vers le haut : « Allez, plus loin, plus haut, plus précis, plus vite. » Te lire me donne l'impression d'une pensée qui non seulement galope comme ton cheval, mais s'envole.

Et puis quand tu parles d'eau, ça m'évoque *Les Rivières*, le film de la réalisatrice Mai Hua sur sa lignée de femmes. Pour se sortir d'une prétendue malédiction familiale qui se transmettrait de mère en fille, elle part enquêter sur sa mère, sur sa grand-mère. Surtout, elle décide d'enfin écouter ce qu'elle nomme sa « rivière » intérieure, au sens où la conteuse et philosophe Clarissa Pinkola Estés l'a définie dans *Femmes qui courent avec les loups* : cette voix intérieure qui coule et charrie les messages de la psyché. Elle s'est autorisée, comme nous le faisons, à dire « je » en profondeur et c'est non seulement ainsi qu'elle se guérit, mais surtout qu'elle touche à l'universel. Nous allons tous puiser à la même source, je crois. Dans la « rivière », il y a tous nos archétypes.

Ce mythe de la « rivière sous la rivière », j'en parle dans mon roman tout juste achevé, *Les Cistes*, parce qu'il rejoint une légende de l'île. J'y écris :

« À Porquerolles, les sources se sont toutes taries, mais il reste les nappes souterraines, invisibles du dehors, qui seraient les veines encore actives, vivantes, d'une géante endormie, figée dans son sommeil depuis des millénaires, comme une statue. »

Ici, on raconte que Porquerolles était autrefois une princesse qui aimait nager dans la mer, métamorphosée en île afin d'être protégée et hors d'atteinte des pirates qui s'apprêtaient à la capturer. Un fleuve souterrain, ça peut renvoyer à la mort, au Styx, à Hadès, mais moi je préfère cette idée vivante de veine de la terre, de vie qui continue de couler. Je préfère y penser parce que ce que tu dis creuse en moi un vertige qui ne va pas vraiment de ce côté-là.

Je n'ai pas connu ce dont tu me parles, j'ai la chance invraisemblable d'avoir deux enfants vivants et je la mesure chaque jour, mais je vais te confier quelque chose que je n'ai jamais dit à personne au sujet de la naissance d'Ulysse. J'ai déjà raconté plus tôt la naissance de Diane, la césarienne d'urgence, la douleur atroce, ce moment où je l'ai crue morte, où on l'a arrachée de mon ventre, petit paquet immobile et silencieux dans une couverture de survie. Cet événement a évidemment laissé des traces qui ont réapparu lorsque je suis tombée enceinte d'Ulysse.

Je dis, je n'ai pas connu ce dont tu parles, mais entre les deux, j'ai eu une grossesse arrêtée, je l'avais juste évoquée au début de nos lettres et c'est un épisode que j'ai encore du mal à décrire : au printemps 2019, j'avais appris, en même temps, que j'étais enceinte et que ce tourbillon de vie éphémère était déjà mort, plus là. Pas de larmes alors, j'avais juste dessiné un petit tourbillon rouge sur une feuille de papier, je l'avais plié et je l'avais enterré au pied du feijoa qui pousse sur ma terrasse. La fenêtre de mon bureau-chambre donne dessus, je l'ai sous les yeux tous les jours, cet arbre fruitier exotique, quand j'écris. Ça non plus je ne l'ai raconté à personne (le dessin et l'arbre), mais ce n'est pas ce récit que je voulais te faire aujourd'hui, pas exactement.

Même si évidemment c'est lié : je voulais te parler de la peur, de ma propre danse avec elle.

Un mois avant le terme d'Ulysse, ce chenapan a décidé de se positionner en siège, les fesses en bas comme sa sœur, et la menace de la césarienne est revenue planer au-dessus de moi. Repasser sur le billard me tétanisait (et c'est un euphémisme), mais les médecins brandissaient une autre menace : la rupture utérine. J'explique parce que c'est un peu technique : après une césarienne, on se retrouve avec un utérus « cicatriciel ». La cicatrice en question peut être fragilisée lors d'un second accouchement et… se rompre. Même si c'est très rare, en bref, je peux m'ouvrir de l'intérieur, faire une hémorragie interne et mourir. Joyeuse perspective. Deux choix s'offraient à moi : avoir recours à une césarienne « volontaire » (si je peux dire) pour Ulysse ou tenter ce qu'ils nomment voluptueusement une « voie basse », un accouchement classique en somme, et prendre le risque (même infime) de la rupture.

J'ai pris la seconde option, et même si je sais que ce n'était pas tout à fait ma décision unilatérale (l'équipe médicale était d'accord, ils ne m'envoyaient pas au casse-pipe), j'avais une trouille magistrale.

(Je te raconte tout ça avec un syndrome prémenstruel d'enfer et des crampes utérines gargantuesques, c'est une drôle d'expérience.)

Et donc la naissance d'Ulysse est arrivée. L'accouchement a été extrêmement long, avec deux faux départs, un travail qui commençait et s'arrêtait à l'instant où je mettais un pied à l'hôpital (la trouille, je te dis, je ne voulais pas y aller), des allers-retours rocambolesques entre l'île et Toulon : de jour, par la navette maritime au milieu des touristes qui rentrent de la plage, de nuit, dans le bateau rouge des sauveteurs en mer, à plein gaz au-dessus de l'eau. Quand on doit accoucher ici, il faut bien traverser la mer d'une façon ou d'une autre (un seul regret : ne pas avoir testé l'hélico).

Lorsque le travail a vraiment démarré, il a été d'une lenteur incroyable. Je ne voulais pas de péridurale, mais au bout de vingt heures de contractions de l'enfer qui ne faisaient que peu avancer le schmilblick, j'ai perdu espoir, j'ai vu rouge. Littéralement. La peur m'a assaillie comme un raz de marée sanglant. La douleur est soudain devenue constante (elle se calme entre deux contractions, normalement) et j'ai pensé : ça y est, mon utérus est en train de se rompre, c'est ça cette douleur, je vais mourir. Rouge. Ce que je ne m'explique toujours pas, c'est que je n'ai alors rien dit, prévenu personne, même pas Fabien. J'ai juste dit : « Je veux la péridurale. » La violence était inouïe et j'ai refusé cette violence.

On m'a posé la péridurale et la douleur terrifiante s'est calmée, mais au moment de pousser, rebelote, une douleur sans interruption. On me disait de pousser quand la contraction venait (la péridurale était légère, je voulais tout « sentir », mon projet de base était de ne pas en avoir du tout, c'est mon truc à moi de manière générale, d'expérimenter chaque chose à fond les ballons). La sage-femme m'a regardée :

— Vous sentez, madame ?

Oh que oui je « sentais », que ça y était, j'allais me déchirer cette fois vraiment et mourir et mon enfant avec. Elle a vu la peur dans mes yeux, mais je n'ai rien dit là non plus, parce que j'avais encore plus peur de la césarienne. Je ne sais pas exactement pourquoi – parce que j'avais l'impression que le risque y était encore plus grand ?

Alors j'ai poussé et on m'a incisé le périnée avec des ciseaux en forme de coude pour agrandir l'ouverture (pardon pour celles et ceux qui voulaient échapper aux détails gore d'une épisiotomie) et Ulysse à la grosse tête coincée est sorti.

Et je n'étais pas morte.

Et mon utérus était resté intact.

Je répétais en boucle « J'y suis arrivée, j'y suis arrivée, je n'ai pas eu de césarienne » ; l'équipe me regardait bizarre. Et puis j'ai vu Ulysse et il était rose et rond et hurlant et j'étais fascinée et bouleversée par ce corps d'une vitalité folle.

J'avais conjuré la mort. J'avais joué à la roulette russe et j'avais gagné. J'étais toujours là et en prime j'avais gagné une vie supplémentaire : celle de mon bébé. J'étais éberluée.

Il n'empêche que cette peur-là, ce risque-là, ce frôlement deux fois, pour mes deux enfants, avec la mort, c'est la raison principale pour laquelle je n'en ferai pas un troisième. Mourir en couche ne fait pas partie de mes projets, je n'appartiendrai pas à cet archétype de mère de conte de fées, je n'ai pas l'intention de finir comme la mère de Blanche-Neige, Peau d'âne ou Cendrillon, je compte bien être là pour mes enfants vivants et si je peux rayer un risque de la liste, je le fais.

Je dis ça de façon très concrète, très terre à terre. Le taux de mortalité périnatale est globalement en baisse dans nos pays « grâce » à la médicalisation des grossesses, mais à ses débuts, l'obstétrique a surtout été une catastrophe : parce que des salopards de médecins refusaient de se laver les mains, ils causèrent un bain de sang (et de fièvres puerpérales) jusqu'au début du XXe siècle. Les premières césariennes conduisaient généralement à la morgue. Je crois que la défiance envers les médecins ne s'est jamais tout à fait dissipée, et à raison. Je n'ai pas confiance en leur capacité à me maintenir en vie (et encore moins à me traiter avec humanité). Je n'ai, malheureusement, plus confiance non plus en mon corps pour supporter un accouchement de plus. Je ne joue plus, j'ai eu bien trop peur. Surtout j'ai eu une chance inouïe et je ne la retenterai pas. Ce n'est pas complètement rationnel bien sûr, rien de physiologique ne me l'interdit absolument. Mais moi je sais, dans mon petit dialogue avec l'univers, qu'il ne faut plus que j'approche cette ligne-là, que la « rivière » de ce risque-là n'est plus pour moi, comme le dit Dufourmantelle.

Mais aussi parce que cette peur, et là je bégaie en l'écrivant, parce que je ne sais pas comment te le dire sans que ça « brûle » trop, comme tu le dis si bien, c'est parce que cette peur n'est pas partie complètement.

Dimanche soir j'ai eu un appel de ma meilleure amie d'enfance, J., et elle pleurait, elle pleurait parce que son fils était à l'hôpital depuis quatre jours pour une coqueluche doublée d'une crise d'asthme et qu'elle le laissait avec son père pour aller dormir enfin un peu. Elle avait l'impression que si elle le laissait, il allait mourir.

Ça me brûle aussi. J'ai peur si souvent que mes enfants meurent, que mes enfants souffrent, qu'il leur arrive quelque chose.

Je ne sais pas non plus toujours comment faire avec cette peur-là, cette peur-douleur permanente au fin fond de mon panier.

Je sais juste que la peur de perdre quelqu'un que j'aime, c'est une danse que je connais bien depuis petite et j'ai appris que je n'avais pas le choix, il faut la braver, c'est une danse, une danse sur une poutre et il faut bien lâcher le mur et s'aventurer, prendre le risque.

Je ne parle que pour moi, Maaï, c'est mon chemin, ma danse, mon tempo.

Depuis toujours, je sais que quelqu'un est vraiment entré dans ma vie, qu'il compte vraiment, quand je rêve qu'il meurt.

Aïe aïe aïe, les névroses.

Heureusement, et c'est là que je veux faire revenir la lumière, non contradictoire : la peur se tapit, elle s'apaise, elle ne ressort que par moments, pulsions, flashs. Une danse.

Le plus souvent, la vie va trop vite pour avoir la trouille.

Cette idée de vie qui prend le dessus me fait penser à cette formule que tu utilisais : « à l'épreuve du réel ». C'est ça qu'on écrit en ce moment, pas juste un essai théorique sur l'écriture et les maternités, mais un livre « à l'épreuve du réel », de notre quotidien véritable. Cela me donne envie de faire un petit guide concret, « à l'épreuve du réel », des mères qui passent le seuil de la peur, des mères qui s'arrachent, des autrices qui nous donneraient leurs « trucs » à elles, dans la vraie vie. Je voudrais commencer à les collecter auprès des artistes qu'on aime. Qu'est-ce que tu en dis ?

J'ai correspondu la semaine dernière avec mon amie musicienne Melody Prochet. Elle vient de sortir un album merveilleux, *Emotional Eternal*, qui contient une chanson encore plus précieuse, un hymne à sa fille Alma à la fois vibrant de légèreté et plein d'ambiguïtés. Elle me disait par exemple que sa bulle à elle, son échappée, c'était d'étudier le soir. Elle se forme à l'art-thérapie, basée sur le concept de l'éphémère… J'ai trouvé ça épatant, une mère qui continue d'apprendre.

Elle me remercie aussi pour nos lettres, qu'elle a lues sur le site de La Marelle. Pour elle, ça a été « un petit moment lanterne, rien que pour moi dans le tourbillon des doutes ».

La lumière.

Je voulais te raconter en conclusion ce que me fait ce projet de livre, ce projet de correspondance avec toi.

Je me mets à croire que les choses peuvent finir bien.

Peut-être que ça ne paraît rien pour la plupart des gens, mais pour nous, tu le sais, c'est énorme. Ma théorie du « sac de merde » en prend un sacré coup. Il se pourrait bien qu'on soit en train de transformer nos traversées du désert en fleuves fertiles. J'en pleure de joie depuis la semaine dernière où on a signé le contrat pour de vrai, papiers imprimés et envoyés par lettre suivie.

Ce livre à venir fait que les choses sont en train de finir bien.

Je ne te dirai jamais assez merci de m'avoir proposé d'écrire avec toi.

Des bises pleines de mistral brûlant,

Lucille

Vendredi 27 mai, 12 h 59.

« Un homme à cheval galope dans les champs. Son cheval se cabre au moment où nous passons, et le cavalier se retourne pour nous regarder. De nouveau, nous entrons bruyamment dans l'obscurité. Et je renverse la tête ; je m'abandonne à ma joie ; je me dis qu'au sortir du tunnel je vais entrer dans une chambre éclairée par des lampes,

et me laisser tomber dans un fauteuil, admirée de tous, avec ma robe qui ondoie à mes pieds. Mais attention ! en relevant les yeux, je rencontre le regard aigre d'une femme qui soupçonne ma joie. Mon corps impertinent se referme comme un parasol. Je l'ouvre ou le ferme à volonté. La vie commence.
Mon trésor de vie est encore intact. »

Les Vagues, Virginia Woolf

Ma Lucille,

Je te lis, comme une guerrière installée sous une tente dédiée à la stratégie des opérations en cours. Je reçois par missive les nouvelles de la bataille que tu livres et, à mesure que notre troupe avance, je déplace des pions sur une carte. À chacune de tes lettres, intérieurement, je tape du poing sur ma table de co-commandante de notre armée écrivante, et je crie victorieusement : « Oui, un territoire de plus reconquis ! » Et j'ai la sensation qu'on gagne du terrain, qu'on fait reculer la ligne de front en refusant que ces récits n'existent encore que trop marginalement.

Je t'ai aussi lue le souffle court, happée par le récit que tu me livres de l'accouchement d'Ulysse. Je ne vois pas comment on peut penser la maternité sans admettre qu'elle est intimement reliée à la question de la mort et que ça n'a rien de morbide de le dire, c'est juste un fait. Puisque c'est banal (pour ne pas dire un peu creux…) de dire des généralités sur le fait que la vie, c'est aussi la mort, et *vice versa*, pourquoi ça ne l'est pas de dire que l'expérience de la maternité – peu importe la forme qu'elle prend –, c'est une expérience charnière où vie et mort se tiennent proches l'une de l'autre ? Parce qu'il y a toujours un danger pour la mère et l'enfant au moment de l'accouchement, mais aussi parce qu'il est question de vivant et de passage. Je ne peux pas m'empêcher de penser qu'on rejette cette dimension complexe de l'enfantement, une fois de plus, parce que nos sociétés patriarcales ont peur du pouvoir et de la force des personnes qui enfantent.

L'expérience de l'enfantement peut contribuer à faire de nous des sujets encore plus politiques. Dans son livre, *Nouvelle mère*, l'autrice Cécile Doherty-Bigara raconte comment la maternité a coïncidé avec le développement d'importantes prises de conscience politiques. Dans son cas, il s'agit de féminisme, pour d'autres ce sont par exemple des engagements écologiques forts qui naissent. Toi aussi, tu disais à propos de la naissance de Diane qu'elle avait donné encore plus de vigueur à tes convictions féministes. J'ai souvent entendu et observé ce mécanisme ces dernières années. Pour moi, ça compte d'envisager l'enfantement et la maternité comme des moments où on découvre en soi de nouvelles forces, de nouvelles capacités.

Je pense que la confrontation avec le corps médical n'est pas étrangère à ce mécanisme. Elle oblige souvent les personnes qui enfantent à défendre leur autonomie et leur capabilité, vis-à-vis de l'autorité qu'incarnent les soignant·e·s, en tant que détenteurs du savoir médical. Pour certains individus, ce moment constitue une première opportunité d'investir une forme ouverte de contestation. Défendre son autonomie face au corps médical implique parfois de prendre position, sans l'avoir anticipé, d'engager des actions de protection de soi, de son intégrité physique (et psychique), qui sont, déjà, des gestes politiques et ordinaires de résistance.

Tu me parles dans ta lettre de ta défiance envers un corps médical qui, en s'appropriant l'obstétrique, a causé un certain tort aux personnes qui enfantent. Je trouve terrible de constater combien, dans nos inconscients collectifs, il y a une confusion entre la médicalisation de l'accouchement et la baisse de la mortalité périnatale. Je ne dis pas que la médicalisation n'a pas permis certains progrès. Mais je pense que ses effets sont surreprésentés dans nos inconscients collectifs, en raison de la surmédicalisation de l'accouchement pratiquée en France. Les taux de césariennes, de déclenchements de l'accouchement ou d'épisiotomies en France sont largement supérieurs aux préconisations de l'OMS, par exemple. Pour justifier cette surmédicalisation de l'accouchement, et les nombreux gestes de maltraitance qui l'accompagnent, on brandit la menace de la mortalité périnatale. C'est poussiéreux, dépassé et fourbe. Des études montrent que les pays où la médicalisation de l'accouchement est moindre n'ont pas forcément un taux plus élevé de mortalité périnatale. On oublie trop souvent de mentionner que la baisse de la mortalité périnatale est due autant, si ce n'est plus, à l'amélioration de nos conditions de vie qu'à l'intervention des médecins.

Cette valorisation à outrance du rôle joué par les médecins s'enracine dans l'histoire de la médecine gynécologique et obstétricale. Elle met en lumière une volonté conjointe de l'Église, de l'État et d'un certain pouvoir masculin, à partir du XVIIe siècle, d'affirmer leur autorité sur le corps des femmes, notamment sur l'accouchement. Ce dernier se pratiquait jusqu'ici sans l'intervention des hommes et des médecins. Au Moyen Âge, les femmes accouchaient bien souvent à la maison, avec l'aide d'une matrone, d'une guérisseuse, des femmes de la famille ou du voisinage. Les mères et les futures mères étaient reliées les unes aux autres.

Ce sont des choses que j'ai apprises notamment grâce à une recherche, effectuée dans le cadre d'un master d'éthique, par Marina Salomé, amie par ailleurs sage-femme dont je t'ai déjà parlé. Depuis plusieurs années, Marina questionne ses pratiques en tant que soignante. Elle milite dans une association féministe, Pour une Meuf (« Pour une médecine engagée, unie et féministe »), qui réunit des soignant·e·s désireux de combattre le sexisme dans le domaine de la santé et du soin. Sa recherche est imprégnée de cette démarche et porte sur « la question du choix dans la décision médicale, à l'épreuve de l'autonomie des femmes ». Elle prend pour exemple le cas des déclenchements de l'accouchement et s'intéresse aux vécus des femmes concernées.

Le développement de la médecine moderne a contribué à instaurer une relation asymétrique entre soignant·e et soigné·e. La gynécologie et l'obstétrique constituent la médecine qui se préoccupe des femmes et des personnes assignées à cette identité de genre. Elle a pour spécificité de créer des relations soignant/soigné, où le soigné est, dans la grande majorité des cas, une personne en bonne santé, à qui on impose un contrôle médical régulier. On n'impose pas aux hommes en âge de procréer ce même suivi. Dans le cadre de ce contrôle médical, le soignant peut pratiquer des gestes dont l'inutilité médicale a pourtant été prouvée, comme le toucher vaginal. À propos de l'accouchement, Marina écrit :

> « L'accouchement, lorsqu'il est réalisé à l'hôpital, n'est jamais totalement maîtrisé par la femme, dont le travail est rationalisé notamment via la péridurale et le déclenchement : cela permet de rendre le travail des professionnels de santé plus simple, rapide et efficace [...]. »

La grossesse et l'accouchement étant appréhendés par le prisme du risque, les personnes accouchant ont peu d'espace de négociation face aux soignants. D'après les recherches de Marina, cela peut conduire à des situations où la vulnérabilité des personnes soignées augmente. Or, j'ai observé que les situations où la vulnérabilité augmente sont aussi des situations qui peuvent contraindre les individus, en réaction, à se mobiliser contre l'autorité qu'on exerce sur eux.

Je trouve ce retournement passionnant. Certaines personnes, celles qui ont les ressources pour le faire, vont politiser leur expérience de soin, vouloir reprendre le pouvoir sur leur corps et le traitement qui lui est réservé. Ces dernières années, les récits et témoignages autour de cette réappropriation des savoirs gynécologiques et obstétricaux se sont multipliés. Certaines initiatives se sont développées, comme le *self-help*, qui promeut l'autoexamen de son corps, en particulier de ses parties génitales. À titre individuel, je dois beaucoup à toutes ces démarches. Grâce à elles, mon rapport à mon corps a profondément évolué, en bien.

Ces mécanismes, de réappropriation des savoirs gynécologiques et obstétricaux, transforment le rapport que les femmes et personnes concernées par l'accouchement entretiennent avec l'institution médicale, en particulier à l'hôpital. Dans une enquête, cette fois journalistique, publiée par *Mediapart* en juillet 2021, une autre amie, la journaliste Adama Sissoko, s'est intéressée à l'augmentation du nombre d'accouchements à domicile. Elle montre que ce choix est multifactoriel : fermeture des petites maternités en province, dégradation des conditions d'accueil à l'hôpital et du traitement des personnes enceintes – notamment pendant la pandémie –, recherche d'une autre relation patient-soignant et également une revendication du pouvoir des femmes et autres personnes enfantant. Se saisir de l'accouchement comme d'un moment où se relier à sa force, je crois donc que pour beaucoup de personnes enceintes, c'est tenter de se ressaisir de soi. Il y a dans tout cela le terreau d'une lutte fondamentale pour pouvoir enfanter en choisissant librement parmi les divers outils à notre disposition, afin que ce moment se passe au mieux, selon ce qu'on ressent.

Et de t'écrire tout ça, ça me fait penser à un aspect assez loufoque et lumineux de mon expérience de l'accouchement, puisqu'un avortement médicamenteux et des grossesses arrêtées ne sont jamais que des formes différentes d'accouchement. Accouchements, arrêts naturels de grossesse, il me semble que ces moments sont les cousins d'une même famille et qu'on gagnerait à le prendre en compte. Pendant les semaines de grossesse que j'ai connues, surtout lors de ma grossesse du printemps 2020, alors que je vivais encore en Bretagne, j'ai d'abord été fascinée par ce que mon corps était en train de faire : fabriquer un autre être humain. Je lisais beaucoup sur le dispositif en train de se mettre en place dans mon corps, et plus j'en apprenais sur sa subtilité et son intelligence, plus j'étais ébahie. Ensuite sont arrivés les « accouchements » bien trop longtemps avant le terme, qu'on appelle des arrêts naturels de grossesse. Je voudrais préciser ici que j'ai un besoin viscéral de comprendre, de savoir, de voir, de sentir, de connaître, pour avoir moins peur. Il y a ceux qui préfèrent au contraire ne rien savoir et se jeter dans l'inconnu, et il y a les comme moi. C'est probablement pour cette raison que j'ai le souvenir d'avoir attentivement observé, pendant ces arrêts naturels de grossesse, ce qui était en train de se passer, malgré ma volonté, dans une orchestration sur laquelle je n'avais aucun contrôle.

Et je n'ai pas observé un corps « pas capable », en train de totalement « partir en vrille ». Je ne me suis pas sentie menacée ou malade par exemple. C'est peut-être étrange de le formuler ainsi, mais je me suis collée à mon corps et je l'ai trouvé très doué. Ce que je veux dire, c'est que pour la première fois de ma vie j'ai totalement fusionné avec mon corps, je m'en suis remise à lui, on a fait équipe et clairement c'était lui le capitaine. Je n'ai pas « donné la vie », j'ai « donné la mort », et aussi déstabilisant que ça puisse être, cela fait parfois partie du job des mères. Si on s'en tient à une vision quelque peu misérabiliste d'une grossesse arrêtée (et c'est vrai qu'il y a une forme de misère physique, affective et morale dans une expérience qui est globalement douloureuse), j'aurais dû en sortir avec une sensation d'échec. J'avais perdu mon embryon, mon corps et moi n'avions pas réussi à mener à terme ces grossesses. Mais ce n'est pas ce que j'ai ressenti.

Rien ne m'a plus réconciliée avec mon corps. J'ai été estomaquée par ce dont il était capable : la mise en place du travail, la régularité des contractions, la montée en intensité, la préparation à l'expulsion, les différentes phases de l'expulsion en elle-même. J'ai eu confiance dans le fait qu'il saurait aussi très bien faire ça un jour, à huit ou neuf mois de gestation. Lors de cette grossesse du printemps-été 2020, je me suis dit : « C'est peut-être le seul accouchement qu'il te sera donné de vivre, vis-le comme tu avais décidé de le vivre. » Je n'ai d'abord pas voulu aller à l'hôpital me faire aider, peut-être qu'à d'autres moments de ma vie c'est ce dont j'aurais eu besoin – pas là. J'avais besoin d'être une mère solitaire, d'être la personne qui s'occupe de cet embryon et qui sait ce qui est bon pour elle et pour lui. J'avais besoin de ce tête-à-tête avec sa venue, d'être celle qui l'accompagne, peu importe le chemin choisi. J'avais aussi besoin de tout sentir, de tout voir, de ne m'en remettre à personne d'autre qu'à moi-même. Je me disais : « Mon corps sait, tout ira bien. »

Mais pour cette première fausse couche, je manquais d'expérience et, à la demande de mon compagnon inquiet, j'ai fini par accepter d'aller à l'hôpital. Je pensais que j'avais terminé le travail et qu'on ne m'y ferait qu'une échographie de contrôle pour confirmer que mon utérus était vide. En marchant à la voiture, j'ai senti que les pertes continuaient et j'ai tourné de l'œil en pensant que mon enfant-embryon venait peut-être de glisser dans ma culotte et que j'allais devoir m'asseoir dessus dans la voiture. C'est le genre de pensées qu'on ne partage pas tous les quatre matins. L'amoureux m'a allongée sur un banc et a appelé les pompiers. On m'a emmenée à l'hôpital.

À l'hôpital, j'ai fait la trop banale expérience des violences obstétricales. Elle est minime par rapport à celles que subissent d'autres personnes. Dans leur livre sur l'infertilité, Victor Point et Estelle Dautry racontent comment la question des violences gynécologiques et obstétricales a traversé leur enquête. Les couples en PMA sont parfois contraints d'encaisser ces violences tout au long de leur parcours médical, car il serait trop compromettant – voire impossible dans certaines régions de France – de changer d'équipe ou de lieu de prise en charge. Dans un épisode d'« Au revoir podcast » sorti il y a quelques jours, Estelle dit à ce sujet : « On finit par accepter des choses qu'on n'accepterait jamais en temps normal. »

Même si ce sujet n'est pas exactement celui auquel je pensais – je voulais te parler de la force que j'ai puisée malgré tout dans ces arrêts naturels de grossesse –, elle l'illustre malgré tout parce que c'est grâce à ma confiance en moi, en mon corps, que j'ai pu être moins vulnérable dans ce moment à l'hôpital. J'ai eu assez d'énergie pour déployer des tentatives variées, sournoises et frontales, de résistance.

Avant de te raconter cette histoire, je dois remettre les choses dans leur contexte. D'abord, dire que j'ai eu des ennuis de santé dans ma courte vie. J'ai, à de nombreuses reprises et sans crainte, remis mon corps entre les mains de soignants à qui je dois d'être aujourd'hui en bonne santé. Je n'éprouve pas de défiance vis-à-vis de la médecine traditionnelle, je ne lui voue pas un culte non plus.

Au moment où je fais ma première fausse couche, je vis donc dans les Côtes-d'Armor et je suis suivie dans un hôpital privé. Je fais cc choix car je suis terrifiée à l'idée d'accoucher à l'hôpital public le plus proche, après que plusieurs personnes m'ont fait le récit des violences que leur a infligées un gynécologue obstétricien de la maternité de cet hôpital. Avec ma délicatesse habituelle, je dis à ma sage-femme : « Moi, si je tombe sur ce mec, c'est bien simple, je m'enferme dans les premières toilettes que je trouve et j'accouche toute seule. » Drôle de prémonition quand on y pense… Passons. Ce que j'ignore à ce stade, c'est que je viens de choisir entre la peste et le choléra et qu'à l'hôpital privé également, un gynécologue obstétricien est réputé pour ses actes de maltraitance.

Quand j'arrive avec les pompiers à l'hôpital privé, il est désert. C'est la nuit. On nous fait attendre devant la porte pendant de longues minutes, on refuse de me prendre en charge et on demande que je sois envoyée à l'hôpital public. Les pompiers sont pressés, ils insistent pour qu'on m'accueille ici puisqu'ils ont appelé avant de venir et qu'on leur a dit que ce serait possible. Une infirmière finit par enregistrer mon dossier d'admission. Ensuite, je comprends entre les lignes que le gynécologue de garde est énervé d'être dérangé pendant sa nuit et qu'ils n'ont ni urgences ni service de nuit digne de ce nom, juste une équipe de garde, visiblement éparpillée dans le bâtiment et au chaud dans les bras de Morphée.

Les pompiers m'emmènent sur un brancard jusqu'au bureau de ce fameux gynécologue de garde. Sans m'avoir saluée, il beugle dans le couloir, à l'entrée de son bureau : « Mais qu'est-ce que c'est que ça ? Faites-la marcher, mettez-la debout, ce n'est pas une accidentée de la route. » Les pompiers m'avaient aidée à retirer mon pantalon et ma culotte ensanglantés pour que je m'enroule dans une couverture de survie. Ils me regardent, désolés. Je descends du brancard, les pompiers me soutiennent et me demandent avec de l'inquiétude plein les yeux si ça va aller, sous-entendu : avec ce gros siphonné. Je leur réponds que oui, ça va aller, et je marche. Je traverse tant bien que mal son cabinet pour me rendre à l'autre bout de la pièce, dans la partie dédiée à l'examen clinique où il m'attend.

Là, pour emmerder ce connard, il n'y a pas d'autre mot, je prends un malin plaisir à laisser mon sang couler sur le sol. C'est simple, il suffit de pousser un petit coup pour que ça sorte, chaque personne menstruée sait faire ça. Je sais qu'il n'y a personne d'autre que lui pour nettoyer puisqu'on n'est pas dans un hôpital public avec un « vrai » service de nuit. Le personnel qui s'occupe du ménage n'arrivera qu'au petit matin, d'ici là il lui faudra se débrouiller. Il est furieux, braille qu'il va « devoir nettoyer tout ça », et moi j'ai assez retrouvé mes esprits pour être ravie.

Pendant qu'il m'ausculte, il ne me parle pas sauf pour me dire de l'aider et de me détendre, en poussant sur mes cuisses pour mieux les écarter. Il donne les informations importantes à l'amoureux – pas à moi. Une fois qu'il a fini la radio, il me plante là et il l'emmène lui, mon compagnon, de l'autre côté de la cloison qui sépare la partie de son cabinet dédiée à l'examen clinique et son bureau, avec l'ordinateur et les chaises sur lesquelles s'assoient les patients qui ont encore une culotte à se mettre. Il explique à l'amoureux ce qu'il m'arrive à moi, dans mon corps. Je dois tendre l'oreille pour saisir des bribes, les quatre fers en l'air, pieds dans les étriers.

Il lui fait peur en lui disant que je suis en train de faire une hémorragie. Personne, en pleine hémorragie, ne pourrait contrôler ses pertes de sang comme je viens de le faire sur son sol. Cette hémorragie mystère ne sera bien sûr pas mentionnée dans son rapport post-opératoire. Il dit aussi à l'amoureux qu'il n'y a plus d'embryon, mais que la poche qui le contenait est encore au niveau de mon col de l'utérus, qu'il va faire une aspiration. À aucun moment je ne suis consultée. Visiblement le consentement de la patiente est une notion qui lui échappe.

On me descend, direction le bloc. Quand l'infirmière m'expose le programme, je commence par refuser et je négocie : « Puisque j'ai fait le travail jusqu'ici et que la poche est vide et déjà au niveau du col, laissez-moi dans une pièce, laissez-moi marcher, mon corps va savoir faire le reste. » Je ne comprends pas l'intérêt de faire un curetage à un utérus déjà globalement vide. Ils refusent évidemment de me laisser ce temps : c'est trop contraignant. Et puis, on ne met pas une fausse mère, en train de faire une fausse couche, en salle de naissance ou en chambre.

Moi je sais que ça se fait ailleurs, de traiter autrement les personnes dont la grossesse n'arrive pas à son terme. Je le sais grâce à Marina. Elle m'a raconté que dans certains pays, en Europe du Nord notamment, on accompagnait les arrêts de grossesse à des stades prématurés comme les autres accouchements. On n'offre pas à ces personnes un traitement au rabais parce qu'elles vont accoucher d'un fœtus mort. En France, quand on ne renvoie pas chez elle la fausse mère sans l'informer de rien de ce qui va se passer, on la fiche illico au bloc, où on l'endort la plupart du temps, sans lui dire ce que vont devenir ses chairs.

Au stade où j'en suis des négociations, on m'explique qu'on va me faire une anesthésie générale et on me colle sous le nez les papiers à signer. Je dis encore non, que je n'ai pas besoin d'une anesthésie générale. Je leur suggère de me faire une péridurale ou une autre anesthésie locale. Une infirmière, qui me regarde depuis le début avec bienveillance et curiosité, dit : « C'est vrai qu'on pourrait tout à fait faire ça dans ce genre de cas. » Elle est disposée à m'entendre, elle m'écoute pour de vrai. Le médecin la fusille du regard, ce sera l'anesthésie générale et c'est tout. Je me rappelle avoir pensé que puisque j'avais atterri là, il était préférable d'arrêter de lutter, l'institution était plus forte que moi. La meilleure stratégie de résistance parfois, on le sait, c'est l'apathie.

L'amoureux et moi sommes séparés, il part attendre dans un couloir vide, terrorisé à l'idée de perdre dans la même nuit son bébé et sa compagne. Alors qu'on me prépare pour le bloc, je demande à cette infirmière de faire attention à moi pendant l'intervention, je lis dans son regard qu'elle sait très bien de quoi et de qui j'ai peur. Elle me regarde droit dans les yeux et me répond : « Je ne vous lâcherai pas une minute. » Pour amadouer le gynécologue maltraitant, au moment où on m'endort, je retire le masque déposé sur mon visage et je déclare solennellement : « Je voulais juste vous dire merci pour ce que vous faites pour nous, mon embryon et moi. » Ça a fonctionné, l'ego du gynéco était flatté comme jamais par tant de grâce, je suis devenue une déesse à ses yeux et il n'a plus cessé de me faire des salamalecs.

Il m'a opérée puis il est allé dire à l'amoureux qu'en fait, c'était bon, j'étais sauvée de cette grave hémorragie qui n'avait bizarrement pas nécessité que je sois transférée en urgence à l'hôpital public pour recevoir les soins appropriés. Dans le compte rendu postopératoire, il a noté l'inverse de ce qu'il avait affirmé plus tôt. Il a écrit que l'embryon était dans la fameuse poche qui était encore au niveau de mon col, justifiant ainsi son intervention. Je ne saurai jamais le fin mot de l'histoire, j'ai l'espoir que l'embryon soit parti à la maison, ou même avec ma culotte et mon jogging abandonnés dans le camion des pompiers. Au moins il n'aura pas eu affaire à ce fada.

De retour chez moi, mes parents et ma marraine de cœur sont là, avec les cadeaux d'anniversaire qu'ils n'ont pas pu m'offrir la veille. Ma marraine m'offre un joli bracelet, une chaîne sur laquelle sont accrochées des lunes et des étoiles.

Je le porte pendant longtemps en pensant à l'étoile que je viens de perdre. Le jour qui commence cette nuit-là, celle où les pompiers m'ont récupérée sur ce banc, celle où j'ai été opérée et où j'ai officiellement perdu mon embryon, c'est l'Aïd, un jour sacré. Je me console en me disant que c'est un jour béni pour mourir, même avant d'avoir vécu.

Avant d'être enceinte, je savais donc qu'à l'hôpital public à côté de chez moi, un gynécologue obstétricien s'amusait, après une épisiotomie ou une déchirure, à recoudre extrêmement serré les personnes qui venaient d'accoucher, « pour que leur mari ait du plaisir » lors de la reprise des rapports sexuels. Je découvrais qu'à l'hôpital privé, à quelques kilomètres du public, on pouvait avoir la chance de tomber sur ce gynécologue obstétricien : maltraitant, menteur, violent psychologiquement, attendant tranquillement sa retraite malgré les accusations de violences gynécologiques et obstétricales qu'il avait aux fesses.

Quelques jours après cet arrêt naturel de grossesse, j'ai dû retourner voir ma sage-femme pour « fermer mon dossier ». Naïve et en colère, je lui ai parlé de ce gynécologue, je me disais qu'elle pourrait prévenir les prochaines personnes qui envisageraient d'être suivies là-bas. Elle a eu un regard las et désolé et m'a appris qu'elle était déjà au courant. Je suis vraiment tombée des nues. J'ai pensé : « Voilà ce qui nous est offert, d'être cernées et que personne ne nous prévienne qu'on l'est. » Alors bien sûr, à l'hôpital privé comme dans le public, plein d'accouchements se sont très bien passés, parce que les sages-femmes compensent, colmatent les manquements de ces soignants, parce que les gynécologues en question ne travaillent pas ce jour-là, etc. Mais alors quoi ? C'est une loterie, ça aussi ?

Pour ma seconde grossesse arrêtée, je n'ai pas pris le risque de jouer au bingo. Cette première fois, j'avais compris que l'expulsion se fait en plusieurs temps. Je suis restée à la maison. On était en Suisse, où je n'avais ni permis de résidence ni assurance maladie. Ça m'a quelque part arrangée, j'ai retroussé mes manches et j'ai géré.

Ce que je veux dire en racontant tout cela, c'est que mon corps a été mon meilleur allié. Ce corps que j'avais toute ma vie jugé, pas assez musclé, pas assez mince, pas assez ceci, trop cela, était l'enveloppe la plus salvatrice que puisse avoir mon âme à ce moment. C'est parce que j'ai eu foi en lui que j'ai pu traverser le reste, disons, en conscience. Je me suis promis de ne plus jamais rien lui reprocher et de l'aimer inconditionnellement.

Après chacun de ces arrêts naturels de grossesse, j'ai été sidérée par la rapidité avec laquelle il repartait de plus belle. Quand j'ai ovulé environ deux semaines après chaque arrêt naturel de grossesse, je l'ai trouvé bluffant de vitalité, en moi se nichait une sorte d'audace sereine, presque effrontée, indifférente à mes petites misères de mammifère et à celles de l'univers tout entier. Dans mon utérus, je voyais déambuler la silhouette d'une lionne, qui avançait sans le moindre tracas sur un champ de mines, et s'arrêtait nonchalamment pour demander autour d'elle « y a quelque chose à grailler par ici ? ». C'est là que j'ai compris que je n'étais pas juste un utérus ayant porté un début de vie qui n'avait pas évolué. J'ai compris qu'on pouvait être plusieurs choses à la fois, le vide mais aussi le plein, pleine de chagrin et pleine de vie.

Pour la première fois de ma vie, j'ai senti que j'appartenais à quelque chose de plus grand que moi. J'avais toujours senti que j'appartenais à la mer, au vent, au sable, aux arbres, j'ai toujours eu la foi également, mais là j'ai compris un peu mieux ce que ça voulait dire « faire partie du vivant ». J'ai réalisé que dans ce vivant, il y a de la vie, de la mort, des cycles, des transformations. C'est ce qui a fécondé une part de mon écriture, que je découvre en ce moment avec *Léguer nos fleuves*, je l'évoquais déjà au début de ces « lettres d'été ». Ça a été une expérience fondatrice pour moi : faire alliance avec moi-même, dire non quand j'avais décidé de le dire, et même si ça n'a pas été entendu, observer et ne pas juger mon corps, l'aimer coûte que coûte, admirer et être reconnaissante que ça se passe comme ça, comprendre que c'était aussi le signe d'une bonne santé, un corps qui sait arrêter correctement une grossesse.

De cette expérience fondatrice est né le besoin de me tracer un chemin de floraison. J'ai commencé à être obsédée par l'art floral et la botanique, je disais : « Je n'ai pas d'explications rationnelles pour expliquer ce qui m'amène ici, alors je vais l'exprimer comme c'est : j'ai besoin de mettre de la fertilité dans ma vie. » J'avais surtout besoin, je le vois aujourd'hui, d'apprendre à célébrer la fertilité dont je regorge déjà, transformer mon utérus en forêt tropicale, en nid de fleurs sauvages, le laisser tendre des lianes en direction de toutes les autres parties de mon corps, étendre l'espace de cette oasis aux zones arides de mes déserts intérieurs. Comme tu le dis si bien, renouer avec les veines de ma terre, raviver la géante endormie et qu'ensemble, on danse.

> « C'est une nuit d'orage : les branches agitées des noyers labourent péniblement l'air nocturne. Des étoiles flambent derrière les feuilles. »
>
> *Les Vagues*, Virginia Woolf

Il est l'heure que je file ! Je vais à la Poste envoyer mon contrat signé à notre maison d'édition. Moi aussi, je termine en te disant ce que notre livre me fait : il m'autorise à éclore, à exister en tant qu'autrice, en tant qu'écrivaine.

C'est le prolongement d'une naissance que j'attendais depuis longtemps. Je n'en reviens toujours pas, je suis encore un peu abasourdie de me dire que ça y est, cette porte s'ouvre. On n'était pas trop de deux pour la pousser ! Être édité est une chose particulièrement compliquée et c'est moi qui ne te remercierai jamais assez d'avoir bien voulu faire équipe avec moi.

Des bises pleines de pollution parisienne, non, je rigole, des bises pleines de l'énergie énervée et belle de cette grande Dame lumière,

M.

Correspondances des 31 mai et 3 juin 2022
Creuser des fenêtres dans les murs

Mardi 31 mai, 11 h 26.

Ma chère Maaï,

Quand j'ai lu la citation de Virginia Woolf que tu m'envoies et en particulier ces mots, « Mon corps se referme comme un parasol », j'ai été prise d'une secousse. La veille, j'étais allée relire des poèmes de Sylvia Plath et en particulier *Edge.* Elle écrit ces vers au sujet de ses enfants morts :

« She has folded
Them back into her body as petals
Of a rose close when the garden
Stiffens and odors bleed
From the sweet, deep throats of the night flower »

« Elle les a repliés contre son corps
Comme des pétales
D'une rose refermée quand le jardin
Se fige et que les parfums saignent
Des douces, profondes, gorges de la fleur de la nuit. »

Depuis ta lettre de vendredi, mon esprit vrombit, je me nourris de livres et de mouvements et de mes enfants à outrance pour essayer de le calmer, mais ça produit l'effet inverse bien sûr. J'arrive ce matin épuisée, enrhumée, en fin de menstruations, mais les bras chargés.

C'est mardi matin, l'île est redevenue calme, elle, en revanche, après la foule du pont de l'Ascension. Me revoilà à mon bureau, assise devant le feijoa. Le jardin et les fleurs la nuit, voilà venu le moment que je te raconte.

J'ai donc eu une grossesse arrêtée il y a trois ans exactement, au printemps, à cette même période de l'année très précisément. Et je viens de réaliser que c'était toi qui me l'avais apprise, ce qui est ahurissant *a posteriori*. J'avais des saignements incompréhensibles depuis plusieurs semaines, des douleurs horribles et je n'arrivais pas à obtenir de rendez-vous avec un gynéco (en France, aujourd'hui, il y a trois spécialistes dans ce domaine pour 100 000 femmes en âge de consulter). Je t'avais eue au téléphone et tu m'avais dit : « Tu ne ferais pas une fausse couche ? »

C'était alors inimaginable pour moi, je portais un stérilet et surtout j'avais toutes sortes d'autres justifications foireuses, émotionnelles et culpabilisantes à ces saignements, mais c'était toi qui avais raison et quand j'ai enfin été prise en charge il n'y avait déjà plus rien dans mon utérus, on ne voyait rien sur l'échographie, plus qu'un fantôme. Juste des traces d'hormones dans mon sang qui prouvaient bien qu'effectivement, j'avais été enceinte.

C'était un fantôme et je n'y comprenais rien, ce n'était pas tangible. Je n'avais pas prévu d'être enceinte à ce moment-là, ce n'était pas désiré et je n'avais pas non plus le droit d'être triste. Ce n'est qu'aujourd'hui, avec ton récit, que je comprends pourquoi je me suis sentie si vide, si « rien », jusqu'à ce que je prenne un stylo rouge, que je dessine un tourbillon rouge et que j'aille l'enterrer au pied de mon feijoa. Cet arbre, depuis lors et en ce moment même, fait à chaque printemps des fleurs ahurissantes de beauté charnue, des grosses fleurs exotiques rose pâle et rouges. Comme toi, j'ai eu besoin de le re-fabriquer, cet embryon fantôme. Sentir, savoir, tenir entre ses mains.

Merci, mon amie, d'être allée au front, merci pour ton récit que j'ai lu le souffle coupé. L'intérêt aigu avec lequel précisément je t'ai lue me fait penser à une anecdote qui m'obsède ces derniers jours. Au mois de mars, j'ai contacté une autrice féministe pour lui proposer qu'on vienne lire nos lettres d'hiver, à une soirée qu'elle organisait à Paris. Tu te souviens ? Cette autrice, dont j'apprécie depuis toujours les ouvrages, m'a répondu en substance qu'elle était désolée, mais que la maternité, ça ne l'intéressait pas du tout. J'ai adoré sa réponse hyper franche, j'ai trouvé ça drôle même et surtout agréable, ce « non » très net. J'avais l'intuition qu'il y avait là un bol d'air à prendre. Du coup, je suis revenue à la charge, pour savoir pourquoi ça ne l'intéressait pas. Elle a simplement ajouté que tout ce qui touche à la maternité la faisait « périr d'ennui ».

Évidemment qu'elle avait le droit, qu'on a le droit de ne pas s'y intéresser, je ne vais pas inverser l'injonction sur qui que ce soit.

Mais depuis ça me gratte quand même un peu le cerveau, de savoir pourquoi certaines personnes trouvent ça ennuyeux.

Déjà parce que (même si ce n'est sans doute pas du tout l'intention de cette autrice) le fait de considérer la maternité comme un sujet non digne d'intérêt m'apparaît comme un effet du patriarcat. Tu ne trouves pas ? Nous avons envoyé des questions par mail à Julia Kerninon, l'autrice fabuleuse de *Liv Maria*, l'inventrice du « noyau de pêche », et elle nous a répondu hier. Sur cette question-là – pourquoi le sujet de la maternité peut paraître « ennuyeux » ? – voilà ce qu'elle répond :

« Le patriarcat est une force extrêmement efficace qui est notamment parvenue à nous faire considérer tous les sujets "féminins" comme des sujets mineurs, frivoles, accessoires. La maternité en fait évidemment partie, et je trouve ça aussi scandaleux que ridicule, pour une infinité de raisons. Je ne me soucie plus de ces perceptions – je crois profondément à l'importance de ces sujets, et je compte bien les faire entrer l'un après l'autre en littérature. »

Elle dit aussi qu'elle a commencé à écrire *Liv Maria* alors qu'elle n'était pas encore enceinte de son premier enfant, mais que ça ne l'empêchait pas de penser que « c'était un bon sujet en soi, quelle que soit ma propre expérience ».

Évidemment que c'est un bon sujet (je veux dire, on n'est pas zinzin, on est en train d'en faire un livre), mais en même temps je comprends aussi la lassitude (surtout après les caisses commerciales sirupeuses liées à la fête des Mères de ces dernières semaines ; ouf, c'est passé). Plus encore, je comprends qu'en tant que femme on n'ait pas envie d'être essentialisée à la maternité, d'être réduite à ce sujet et donc par extension d'être forcée de s'y intéresser, qu'on ait ou pas des enfants.

Ça m'a donné très envie de discuter avec Fiona Schmidt, autrice, journaliste et papesse revendiquée des « *childfree* », de ceux qui désirent ne pas avoir d'enfants, entre autres choses. Je devais l'avoir hier soir au téléphone, je trépignais de te raconter, mais c'est finalement tombé à l'eau. La vie. Ce qui est drôle avec ce livre, c'est que même quand j'essaie de le planifier, évidemment, ça part dans d'autres directions.

Je voulais son avis sur cette histoire d'ennui, mais j'avais aussi très envie de connaître un peu mieux son cheminement vers ce désir-là de ne pas avoir d'enfants. Parce que je crois que ce cheminement, c'est aussi une histoire de maternité. Ne pas vouloir être mère, c'est encore parler de maternité.

J'avais envie de me réconforter auprès de son humour célèbre, parce que mon amie Laurie Lassalle, réalisatrice, scénariste, qui vient de sortir *Boum Boum*, un documentaire qui raconte une histoire d'amour au milieu de la révolte des Gilets jaunes, m'a envoyé une lettre poignante il y a quelques jours. Je lui avais confié mon sentiment de réalité alternative, ma vie imaginaire de sorcière solitaire, sauvage et sans enfants. Laurie n'a pas d'enfants, mais nous parlons ensemble sans relâche de maternité.

Elle m'a écrit une lettre, dont je lui suis infiniment reconnaissante.

Cette semaine, c'est elle qui part en bataille. Voici ce qu'elle m'écrit :

> « Je crois que je vis la même chose que toi à l'envers : une vie parallèle avec un enfant ou plusieurs que je fantasme souvent. Ils m'apparaissent lors de sankalpa[1] ou de rêves. Ou lorsque je vis quelque chose de fort avec quelqu'un, avec qui j'ai envie de me projeter. Souvent c'est contre un mur. Mais à force de m'y cogner je vais finir par creuser des fenêtres. Ces murs-hommes que mon inconscient choisit de son radar affûté ne sont pas là par hasard. Ma peur d'avoir un enfant vient de loin.
> Une mère peut disparaître d'un coup d'un seul et tout abandonner. C'est ce que la mienne a fait. Mourir pour rien brusquement. Nous laissant ma sœur et moi livrées à notre étrange sort aux lisières des limbes.

1. En yoga, un *sankalpa* est la formulation d'une intention, d'un vœu qu'on laisse venir et surgir.

Un père ça abandonne. Ce que le nôtre a fait, incapable de rien faire d'autre pour survivre.

Autour de moi avoir un enfant ressemble au sacrifice de plusieurs VIe s. Au sacrifice des femmes surtout, de leur désir de création, d'écriture, de temps pour soi, de vie intense et d'aventure.

Bien sûr tout cela n'est pas totalement vrai. On peut avoir un enfant et vivre d'aventures, de tournages, trimballant l'enfant sur les plateaux de nounous en grands-mères, de pays en bateaux ou en chameaux. Sans parler de l'immense aventure qu'être mère semble être.

Enfin, un lieu précis me l'avait confirmé. Avec un bon compagnon complice, c'était possible : les réalisatrices rencontrées à l'Atelier documentaire de la Fémis étaient presque toutes mères et créatrices.

Quel panache.

Mais en creusant, des sacrifices quand même et que de négociations au sein du couple et d'une société si individualiste que les mères se retrouvent sans personne pour les aider, sauf à coups de billets. Pas de collectif (garde partagée ou collective), qui pourtant me semble être l'une des conditions possibles pour ne pas devenir folle. Et fous ensemble.

Ajoutons l'époque et son lot de désastres écologiques, guerres et autres joies funèbres. Il faut vraiment être décidé à enfanter des zadistes ou des warriors dans des camps d'entraînement survivalistes avec en héritage un bunker en Nouvelle-Zélande pour faire un enfant aujourd'hui. Et encore.

Et puis moi je n'ai jamais ressenti ce désir impérieux d'avoir un enfant à moi pour me sentir accomplie.

Enfin c'est ce que je croyais… jusqu'au jour où.

Mon désir est venu m'envahir le jour où je suis tombée enceinte pour la première fois. Ça a duré trois mois. Je me suis résolue à arrêter ce qui poussait en moi. Parce que

Y. avec qui j'étais à ce moment, lui, ne désirait pas d'enfant et je dirais même qu'il avait en lui une forme morbide qui m'a décidée à ne plus en désirer. Comment décide-t-on de ne plus en désirer ?
En imaginant des désastres à venir. En imaginant la destruction que pourrait provoquer la naissance d'un être. Je me suis imaginé comment Y. aurait pu le détruire comme il l'a fait avec moi. Notre relation finissait, il n'était donc pas question de la prolonger ! Encore moins de la fixer pour l'éternité par le lien d'un enfant. Personne ne m'avait jamais fait ça. Mais voilà ce qu'il s'est passé. Je le dis sans regret : je voulais cet enfant mais pas avec lui. Pas avec ce monstre tragique égoïste.
Y. a cassé quelque chose en moi en refusant la vie qui était dans mon ventre. Il a littéralement tué quelque chose en moi. Je ne l'assimilais pas encore concrètement à un enfant ni même à un bébé futur. Plutôt à une forme de vie batracienne, venue de la préhistoire, qui grandirait et envahirait mon espace intérieur : une plante qui pousse si vite et si fort, quelque chose d'incontrôlable dans mon corps que je croyais maîtriser à peu près, quel entêtement ! La sauvagerie maternelle en moi soudain a fait irruption. Cette vie m'a totalement envahie. Je ne pouvais pas arrêter ça. Cela me semblait juste impossible.
Mais j'étais face à ce mur que Y. avait eu l'habitude d'ériger, de chérir. Ce NON.
Face à son visage glacial, je ne pouvais pas lutter. Comment imposer la vie à un être non désiré ?
Alors finalement j'ai décidé de tuer cette microcrevette, ce minialien, cette plante insensée qui me rendait déjà si sensible, si forte, si folle. Et femme pour la première fois de ma vie. J'ai chéri sans le savoir pendant trois mois cette part de moi-même en me détachant de l'Autre, ce futur potentiel

être que je me refusais d'imaginer pour ne pas crever de tristesse. Et pourtant je suis morte cette fois-ci.
Une part de moi est morte. Je l'ai tuée plutôt joyeusement à l'aide d'un gai luron de gynécologue très gay qui a mis les mains dans le cambouis.
J'ai choisi de dormir comme la Belle au bois dormant le plus profondément possible, juste à côté de la mort peut-être pour être aux côtés de cette part de moi qui s'en va, dire au revoir à la crevette. Adieu crevette. Voilà, j'ai contourné ta question parce que mon avortement est la chose la plus forte qui me soit arrivée en termes de maternité. Et je dirais : tomber enceinte&monavortement tout attaché.
Découvrir presque par effraction mon désir évident d'être mère. Et en même temps, toute cette énergie que j'avais déployée toutes ces années pour ne pas l'être. À regarder les autres l'être à ma place.
Les voir disparaître l'une après l'autre, mes amies partaient avec leur secret de maternité, de souffrances insoupçonnées et de joie indescriptible, mes amies s'enfonçaient peu à peu dans une opacité indéchiffrable, incommunicable qui avait tout simplement l'air de tout engloutir.
Est-ce que c'est moi qui les faisais disparaître pour ne pas les voir ? Pour ne pas affronter mon désir d'être mère trop compliqué à assumer ?
Devenir mère à la place de ma mère. Impossible.
Pourtant le jour où j'ai fait pipi sur ce bout de plastique. Et que m'est apparu le résultat positif, une seule chose m'est venue.
Je pensais ne pas <u>pouvoir</u> avoir d'enfants.
Mais en tombant enceinte (fou qu'on dise tomber enceinte comme tomber amoureuse ; c'est vrai que l'on tombe et de haut) je me suis surprise à être follement heureuse. Une joie que je ne connaissais pas, une forme de joie envahissante

comme ma plante qui me contaminait tout le corps, toute mon âme…
Une seule pensée m'est venue : si je suis enceinte, c'est que je peux être mère. Au sens "c'est possible" et au sens "j'en suis capable".
Je peux être mère puisque je suis enceinte.
C'était aussi simple que ça : le réel (ce qui existe maintenant) rend possible ce qui n'existait pas juste avant.
Et lorsque j'imagine la possibilité d'un enfant comme la possibilité d'une île, de réparer ce qui nous a blessées nous, puisque c'est ce que nous faisons tant, ce que tant d'ami·e·s me racontent : "Comment faire pour ne pas passer mon temps à réparer ?" me disait M. en parlant de sa fille et de sa propre enfance.
Lorsque j'imagine cette possibilité, j'ai souvent la même image qui me vient : une petite fille, le vent dans ses cheveux, un mur de pierre, la mer.
La sauvagerie. Surtout revenir à la sauvagerie et à la douceur mêlées.
Aujourd'hui, je jouais avec Gabriela, 10 ans, la fille de Rebecca qui nous accueille dans son gîte magnifique de la Drôme.
Et une des amies de Rebecca, Julie, me regarde. Je parle du fait que je n'ai pas de désir impérieux d'avoir un enfant pour m'accomplir et blablabla. Elle me regarde. Je parle du monde qui va mal… Elle me regarde. Elle me dit : Mais c'est une aventure tellement incroyable d'être mère. Je parle de l'égoïsme de vouloir vivre une aventure incroyable en mettant au monde un être qui n'a rien demandé de l'aventure si incroyable soit-elle. Je m'arrête, je souris. Elle me regarde et elle me dit assez bas : Tu auras une fille.
Je l'ai vue. Là.
La croire ou non, qu'importe. Cette nouvelle m'a remplie de joie. Et si je n'ai pas d'enfants, j'aurai eu cette fille,

dans chacune des filles-enfants des amies et sœurs que j'ai rencontrées, que j'ai aimées. Et ma vie de mère sauvage parallèle s'écrira peut-être en pointillé, pour que je puisse continuer de la rêver. »

Laurie m'a beaucoup parlé de *La Sauvagerie maternelle*, ce livre d'Anne Dufourmantelle que j'ai acheté à Marseille et qui évoque le serment que les mères font, inconsciemment, de « garder toujours en elles leur enfant ». Cette semaine, il y avait une lettre dans la lettre et j'ai juste envie d'ajouter ces quelques mots issus de ce livre :

« La sauvagerie maternelle contient la peur de l'abandon, mais aussi la réponse donnée à cette peur. »

Je crois qu'on est des mères les unes pour les autres, ici, c'est en tout cas notre tentative : on se garde et on se console infiniment.

À nous,

Lucille

Mercredi 1er juin, 22 h 58.

Maaï, je te glisse en milieu de semaine un P.-S. :

J'ai finalement eu Fiona Schmidt ce soir au téléphone et je ne pouvais pas attendre pour te raconter. Cette femme m'a impressionnée (en plus de me faire rire aux éclats). Autrice entre autres de *Lâchez-nous l'utérus !*, livre qui dresse l'anthologie des injonctions liées à la maternité, mais aussi détentrice du compte Insta « Bordel de mère », qui peu ou prou défend la même cause, son idée est de rassembler, un peu comme nous, autour du sujet de la maternité celles qui sont mères, celles qui ne le sont pas encore, celles qui désirent ne pas l'être, celles qui doutent, etc.

Elle commence par me dire assez drôlement qu'elle en a assez des livres sur la maternité, qu'elle sature de ce sujet. Pourquoi ?

> « D'abord parce que ces livres me concernent très indirectement, ils me concernent comme féministe, mais pas comme personne : je n'ai jamais voulu avoir d'enfants. Mon identité a toujours été construite en négatif à l'aune du thème de la maternité : comme celle qui n'est pas mère. Je trouve ça génial qu'on parle enfin de maternité, d'un point de vue politique et féministe, mais je trouve absolument déconcertant qu'aucun de ces livres féministes n'évoque le sujet de la non-maternité. Je suis en colère contre ces autrices qui passent à côté de ce sujet fondamental pour le laisser uniquement à des femmes qui comme moi le revendiquons. Sauf qu'on est deux et demie en France à le faire. Ça reste un sujet exotique, abordé de plus en plus mal par les médias, mais qui ne fait toujours pas partie vraiment du champ de réflexion autour de la maternité.
> Ce que je trouve fascinant chez ces penseuses (que je trouve formidables), c'est qu'elles évoquent leur expérience compliquée de la maternité (et c'est vraiment bien), mais qu'à aucun moment elles ne disent : mais vous savez, il existe un autre choix possible. L'expérience de la maternité peut être extrêmement douloureuse, il faut le dire, mais le propos est incomplet si on ne dit pas : on a le choix de ne pas être mère.

Il y a un manque de déconstruction à ce niveau-là, peut-être parce que c'est considéré comme un non-problème : à cause de l'idée que les femmes qui ne veulent pas d'enfants, ce serait un privilège. Ce que ces autrices ne voient pas, c'est que c'est un scandale de penser qu'une femme qui ne fait que vivre la vie qu'elle veut mener serait un privilège. »

Dans *Lâchez-nous l'utérus !*, ce qui est très beau, c'est que Fiona Schmidt se définit par le désir (et pas le non-désir, négatif) de ne pas avoir d'enfants. C'est un désir qui semble chez elle très clair. Elle me dit :

« Effectivement, moi j'avais ce désir viscéral, comme certaines femmes ont un désir viscéral d'avoir un enfant, de construire ma vie ailleurs.
Ce désir inverse est très peu visible, donc je n'ai pas grandi avec exactement, mais mes projets de vie étaient incompatibles avec la maternité et la maternité ne m'intéressait pas suffisamment pour que je puisse oser inventer une autre forme de maternité, bousculer les normes. »

Et là intérieurement je hurlais OUI. À quoi bon se lancer dans la quête difficile d'une maternité qui nous appartienne vraiment si le désir d'avoir un enfant n'est pas total ?

« J'ai un amour profond pour les enfants, mais je préfère que les autres les fabriquent. J'ai d'ailleurs essayé de me persuader que je n'aimais pas les enfants, pour souscrire à ce préjugé de la personne qui ne voulait pas d'enfants. Quand tu es atypique à ce point et qu'en plus ce non-désir ne colle pas aux clichés qui y sont accolés, c'est très difficile d'être doublement pas normal. »

Je parle alors à Fiona d'écriture et je lui demande si elle pense que son métier, sa carrière d'autrice ont conditionné son désir de ne pas avoir d'enfants. Sont-ils ces fameux « projets de vie incompatibles » ?

« J'ai toujours voulu écrire, c'est la seule chose que j'ai toujours voulu faire, je n'ai jamais voulu être princesse, je ne voulais pas me marier, je voulais faire des livres.
Mais pour avoir parlé de ce sujet avec les "childfree" qui me contactent depuis Lâchez nous l'utérus !, il y a un souci de légitimité. Je trouve ça détestable que ce choix atypique doive être conditionné par une vocation supérieure ou une vie exceptionnelle, comme si tu devais être pardonnée. Une femme me disait : je ne veux pas être peintre, je ne veux pas être artiste, je ne veux pas être un génie, je veux juste ma vie de femme banale et ne pas avoir d'enfants.
Cette pression à l'exemplarité, je trouve ça odieux et c'est d'autant plus un problème pour les femmes qui n'arrivent pas à avoir d'enfants. Aujourd'hui une femme sur quatre a des problèmes à procréer. Comment font ces femmes quand on ne leur dit pas : il y a aussi une autre option et elle est aussi cool ? J'aimerais en savoir plus sur elles, j'aimerais savoir comment elles se sentent quand on ne parle pas d'elles, jamais, ou si insuffisamment. À force de considérer ça comme un échec, comment faire autrement ? On est en 2022 et on n'imagine toujours pas qu'on peut être heureuse autrement. »

Je trouve ça lumineux, ce qu'elle raconte, en particulier cette idée de légitimité, mais aussi le fait d'envisager, vraiment, cette autre voie tout aussi féconde. Dire les difficultés de la maternité et en particulier du post-partum comme nous sommes de plus en plus nombreuses à le faire ces dernières années, c'est important à mes yeux, dire qu'on n'y est pas forcé, qu'on peut vivre autrement, sans enfants, ça l'est également. Les deux pensées ne s'opposent pas, ne s'écorchent pas : j'ai mis longtemps à l'admettre parce que j'avais l'impression, quand on me disait que j'avais fait le choix d'être mère, que c'était une injonction au silence, à ne pas me plaindre. Alors que non, Fiona a raison, le « propos est incomplet » si on ne propose pas aussi cette alternative : celle ne pas être parent.

Cela n'altère pas non plus je crois l'expérience de ceux qui ne parviennent pas à en avoir. Tu l'avais évoqué dans ta lettre sur la peur de se risquer à vivre une nouvelle grossesse, tu disais : « Les vies sans enfants sont aussi de très belles VIe s. » Si on nous disait que ne pas être mère, c'est un territoire, une autre pièce dans la maison des femmes où il fait également bon vivre, quel réconfort cela pourrait être, non ?

Ne pas être mère, cela peut être autre chose qu'une souffrance, autre chose qu'une malchance, une tuile à subir, cela peut aussi être un désir, une autre voie possible.

Comment on se rassemble, Maaï ? Comment on réunit ces expériences diverses ? Je demande à Fiona d'où cette envie lui est venue :

> « Au début, je voulais raconter ce désir de non-maternité et puis je me suis dit que je ne pouvais pas parler du choix de non-maternité sans parler du choix d'être mère et du sujet de la maternité dans sa globalité. Ça aurait été comme parler de racisme sans parler de… Blancs. Et puis il y a ce syndrome des "childfree" qui voient le sujet de la maternité comme non intéressant, les mères comme des connasses… et c'est très préjudiciable à la cause. Il me semblait important de montrer et de défendre le choix de chacune s'agissant de la maternité, quel que soit ce choix. »

Serait-ce pour cela que quand on n'est pas mère, on se sent obligé de trouver ennuyeux tout ce qui touche à la maternité ? Je lui raconte mon anecdote de l'autrice féministe. Elle me répond que peut-être celle-ci ne trouve pas ça intéressant parce qu'elle ne se sent pas incluse. Pour sa part, Fiona Schmidt aimerait plus d'initiatives qui abolissent la frontière entre les mères et les pas-mères. On sait toi et moi toutes les nuances qui existent entre ces deux points.

Pourquoi manque-t-on autant de ces initiatives ?

La vraie question de cette lettre, Maaï, elle est là : en matière de maternité, une sororité est-elle possible ?

J'ai très envie de dire que oui, d'agiter ce mot magique de « sororité » comme une queue de Mickey dans un tour de manège et de dire qu'il suffit de l'attraper, de la brandir et de poursuivre l'aventure toutes ensemble. J'ai envie de penser que mon anecdote n'est qu'une anecdote et qu'elle ne dit pas quelque chose de plus profond. La vérité, c'est que nos vécus autour de la maternité sont parfois si différents, que nous sommes si dissemblables (et pas seulement en terme de parentalité) que l'idée d'être sœurs semble alors absurde.

Il ne faut pas oublier la somme de jugements et de malentendus qui résident entre nous. Il n'y a qu'à voir les querelles constantes au sein des mouvements militants féministes. Sur notre champ de bataille, Maaï, il ne faut pas oublier qu'on se retourne malheureusement trop souvent contre notre propre camp. Intégrée malgré nous dans nos têtes, il y a encore cette défiance de l'autre femme, toujours un peu rivale. Les mères contre les non-mères, mais aussi les mères contre les mères. Le compte Instagram de Fiona Schmidt, « Bordel de mère », s'est souvent transformé en ring de boxe sur des thèmes aussi variés que l'éducation positive ou le regret maternel, le choix des couches jetables, l'allaitement ou les tétines en hévéa naturel.

Il n'empêche que tout le projet de ce livre réside dans notre désir de faire tenir ensemble des expériences *a priori* irréconciliables. Moi, la mère qui se plaint de la place dévorante qu'ont prise ses enfants, et toi, la femme bouleversée de ne pas en avoir et qui interroge son désir à ce sujet. Est-ce notre amitié qui permet cela ? Est-ce notre envie commune de raconter, d'écrire ? Est-ce la distance géographique, ce bout de mer entre nous deux, qui empêche une promiscuité de nos existences quotidiennes qui pourrait parfois être douloureuse ?

Un peu de tout cela ?

Je ne connaissais pas Fiona Schmidt avant de discuter avec elle ce soir et nous n'écrivons pas ensemble, pourtant on a parlé longtemps : de maternité, mais aussi de la quarantaine et de son nouveau projet de livre sur le rapport à l'âge, de botox et d'injonctions multipliées entre patriarcat et bodypositivisme. Il y avait la queue de Mickey posée entre nous (pourquoi ai-je utilisé cette métaphore, déjà ?). Tandis que je l'écoutais, tandis qu'on riait, j'ai soudain eu envie d'aller boire une bière avec elle dans sa campagne. Il faudra organiser ça avec toi.

Parfois il suffit de ça, un lieu, une occasion, pour parler. On n'a pas besoin d'être d'accord, on n'a même pas besoin d'être sorores (quoique ? Pourquoi ne nous devrions-nous pas écoute et soutien ?), il nous faut peut-être juste un endroit où les idées circulent. Un livre, c'est un endroit, non ?

J'aime bien voir notre matrimoine, cet ensemble de récits et pensées multiples que nous allons chercher, comme une mise en réseau très concrète : une cartographie ?

À propos de territoire, je repense à ce que tu me disais d'Édouard Glissant. Tu te souviens ? Tu me parlais de sa théorie de l'archipel, cette « nouvelle mesure du monde fondée sur les relations », qui fonctionne par la « mise en contact des différences ». Depuis mon île, j'ai assez envie de te proposer qu'on forme un archipel. Un archipel des mères ?

Baci baci baci

Lucille

Vendredi 3 juin, 15 h 26.

« Faire le deuil du bitchage et des guerres clandestines. C'est un vrai sacrifice, c'est un peu comme Buffy, la mort est notre cadeau. [...] Pour que toutes, de notre vie, nous soyons les héroïnes. »

Mes bien chères sœurs, Chloé Delaume

Lucille, ma copine,

Aujourd'hui, je pourrais, comme une enfant punie, t'écrire une lettre qui consisterait en des lignes et des lignes de :
Je suis fatiguée.
Je suis fatiguée.
Je suis fatiguée.
Je suis fatiguée.
Je suis fatiguée.
Etc.

En fin de semaine dernière, on s'est dit qu'on avait besoin d'une respiration, et tu nous envoies Laurie à la rescousse, merci à vous deux. Laurie dit son avortement, les émotions et les pensées contrastées, complexes et jamais univoques, que nous sommes légitimes à ressentir tout en revendiquant ce droit. Je lis Laurie et je suis reconnaissante de lire un récit où rien n'est binaire et étriqué. Parler davantage de l'avortement était inscrit dans mon programme intérieur pour ces « lettres d'été », Laurie va au charbon pour nous et je ne suis que gratitude car là, vraiment, je n'ai pas la force. Je tressaille en parcourant sa lettre dans ta lettre, il y a des phrases qui auraient pu sortir tout droit de moi. Moi aussi, j'ai vu une fille, une fois, elle était là. C'est aussi ça la sororité, la télépathie de nos pensées de survivantes invétérées. L'idée de ces vies intérieures et parallèles que nous pouvons vivre, de ces enfants que d'autres que nous voient, qui existent par nos rêves, me bouleverse. La manière dont elle décrit vivre l'inverse de toi, mener sa barque seule avec des vies parallèles de mère, me fait penser à ce que te dit Fiona Schmidt : en nous parlant, nous nous incluons les unes et les autres et c'est indispensable.

Qu'il s'agisse de maternité, de sororité, simplement de nos manières d'être au monde, j'ai la conviction, très personnelle, que je dois aux autres femmes et personnes assignées à cette identité curiosité et écoute du récit des choix et des trajectoires divergentes. Nous sommes capables d'être à la fois de la convergence, de l'uniformité, et de la pluralité et de la divergence. C'est peut-être parce que j'ai le sang mêlé, mais je suis convaincue qu'on ne répare pas les endroits blessés dans l'homogénéité. À un moment, comme dirait Laurie, il faut creuser des fenêtres dans les murs.

Creuser des fenêtres dans les murs pour, comme tu le dis si bien, créer des territoires où on peut (essayer de) se rassembler. Quand, en France, le mot de « sororité » a commencé à infuser davantage les discussions et discours autour des féminismes, je dois avouer que cela m'a fait un effet très ambivalent. Je connaissais ce mot depuis longtemps car j'avais cherché comment nous dire, dire ce qui nous lie, ma sœur et moi.

Le mot de « fraternité » m'agaçait, nous n'étions pas frères, nous étions sœurs. Quelle beauté ce mot, prenons le temps de le regarder, je l'écris encore : « sœurs ». Je voulais un mot qui nous contienne, toutes les deux. J'étais donc ravie que ce mot circule, se diffuse, se propage, parce que « sororité », « sororal », « sorore », ce sont des mots sublimes. Mais l'amour sororal, dans ma vie, c'est aussi l'endroit d'une déchirure. À cet endroit, j'ai accepté, tant bien que mal, qu'il est parfois préférable de s'aimer de loin, si s'aimer de loin est le seul moyen que nous ayons trouvé pour nous aimer sans nous faire souffrir.

Plus tard, dans ma vingtaine de transfuge de classe, je me suis fait des amies, d'autres sœurs, souvent blanches, souvent originaires de milieux plus privilégiés que le mien. Un jour, le père d'une de ces filles lui a dit : « C'est une sacrée concurrente, ta copine Maaï, elle est au même endroit que toi, en ayant fait beaucoup plus de chemin que toi pour être là. » Parce que mon amie trouvait cette parole flatteuse, elle me l'a rapportée. Et j'ai commencé à remarquer que si j'étais acceptée en tant qu'amie, je n'étais pour autant jamais intégrée à tous ces réseaux informels d'entraide qui permettent à la bourgeoisie de garantir à ses enfants qu'ils aient la meilleure place. Grâce à la petite sociologie frondeuse que je me façonnais, j'ai compris que ces réseaux fonctionnaient sur la base du don contre don : « Je pistonne ton fils à ce stage, tu soutiendras la candidature de ma fille à cette école. » Je ne pouvais pas bénéficier de ces alliances puisque, aux yeux de ces gens, je n'avais rien à échanger, j'étais plutôt une menace. Là encore le lien sororal rencontrait des limites, en l'occurrence de race et de classe. À l'époque, je ne connaissais pas les travaux fondateurs à ce sujet de l'intellectuelle et théoricienne du *black feminism*, bell hooks.

Plus tard, j'ai repensé à tout cela en la lisant, en lisant sur la façon dont les féministes blanches ont contribué à l'invisibilisation des féministes noires, et sur la façon d'une manière générale dont des hiérarchies sociales existent entre des femmes dont on voudrait qu'elles se transforment, en un claquement de doigts, en sœurs de lutte. Dans son ouvrage *Un féminisme décolonial*, Françoise Vergès écrit à ce sujet des lignes percutantes :

> « La vie confortable des femmes de la bourgeoisie dans le monde est possible parce que des millions de femmes racisées et exploitées entretiennent ce confort en fabriquant leurs vêtements, en nettoyant leurs maisons et les bureaux où elles travaillent, en s'occupant de leurs enfants, en prenant soin des besoins sexuels de leurs maris, frères, compagnons. »

Que ce soit dans le cadre de mon lien de sang avec ma sœur, ou dans celui de mes liens amicaux avec des « sœurs de cœur », comme on disait au collège, j'ai donc été contrainte d'apprendre que la sororité n'est pas une chose facile, innée, acquise. Elle ne se construit pas d'un coup de baguette magique comme tu l'évoquais dans ta lettre. Elle ne peut pas être une mode, un savoir incorporé depuis toujours, qui tomberait du ciel et se déposerait sur nos épaules bénies sans la moindre égratignure.

La sororité peut te faire mordre la poussière, te faire te sentir minable comme jamais tu n'aurais pensé l'être. La sororité peut être le lieu de l'incapacité, de l'impuissance, de l'amour sans bornes comme de la haine. La sororité est un territoire où on n'entre pas seule, avec son âme gentille (ou pas). C'est aussi, parfois, le terrain vague où nous sommes autorisées à arrêter de feindre la perfection et la soumission aux diktats. C'est notre chez-nous, la buanderie où laver notre linge sale à nettoyer « en famille ». Ce n'est pas « joli ». C'est notre vaste et somptueux foutoir. La sororité est aussi un gigantesque squat, où l'on débarque accompagné d'une flopée de monstres et de fantômes qu'on ne sait pas toujours porter sur soi. Et c'est là que le bât blesse. Dans nos prétendues guerres intestines, des saloperies de démons et de djinns jouent un rôle invisible mais important.

On croit qu'on se combat, qu'on se déchire, qu'on est dans des conflits interpersonnels, mais je suis convaincue que, souvent, on se plante. Régulièrement, ce qui se combat, ce sont des héritages qui nous dépassent, des patrimoines émotionnels dont on ignore presque tout. Chacune déboule à la soirée pyjama avec ce qu'elle porte de culture du silence, du non-dit, avec les héritages des femmes brisées de sa lignée, avec l'héritage d'un tas de violences patriarcales, étalées comme de la mauvaise confiture sur des décennies et des décennies de constructions de soi rendues bancales.

Et on voudrait que ça se passe (toujours) bien ? Non, parfois, cela se transforme en ring de boxe. Et ça ne veut pas dire que quelque chose ne tourne pas rond, ça veut juste dire qu'on est en train de faire corps, et que faire famille, que ce soit amicalement, biologiquement, politiquement, « sororalement », ça s'apprend. Parfois, c'est un peu moche. Je suggère de nous souvenir que nous ne sommes pas payées à être des saintes. Nous faisons avec les moyens du bord. Dans *Lutter ensemble. Pour de nouvelles complicités politiques*, l'autrice et militante Juliette Rousseau écrit :

> « De la même manière qu'il faut de l'engagement, de la patience, de l'humilité et une expérimentation renouvelée des difficultés pour faire tenir et vivre une communauté de vie ou une famille choisie, il faut la même quantité de travail et d'énergie, d'engagement et de détermination pour faire vivre un collectif de lutte. »

En somme, je crois mon amie que nos liens sororaux sont complexes, et ça n'a rien d'une spécificité féminine, contrairement à ce que tant de détracteurs de nos solidarités, réelles et espérées, voudraient nous faire croire. Probablement (aussi) parce que j'avais cette histoire sororale douloureuse à comprendre, je suis allée en Égypte étudier des « frères de révolution », des « frères arabes ». J'ai travaillé sur des révolutionnaires syriens et égyptiens, qui avaient, de prime abord au moins, beaucoup en commun, que ce soit en termes de combat politique, de culture, d'histoire ou de langue. Certains militant·e·s syrien·ne·s, qui avaient fui la répression de Bachar al-Assad à partir de 2011, se sont retrouvé·e·s à partager l'espace protestataire des révolutionnaires égyptiens, notamment au Caire. Iels s'y mobilisaient pour continuer de lutter pour la révolution syrienne depuis l'exil. Syrien·ne·s et Égyptien·ne·s manifestaient, organisaient des actions, refaisaient le monde, dans des lieux proches du centre névralgique du mouvement révolutionnaire égyptien, la place Tahrir, devenue le symbole de la révolution du 25 janvier (2011).

Ce que j'ai compris, au bout de quelques années d'exploration, c'est qu'au même titre qu'iels se considéraient comme « frères de révolution », iels disaient aussi à propos de la révolution de l'autre « ce n'est pas ma révolution ». Ces deux réalités cohabitaient. Au-delà des idéels en partage, sur le terrain concret de la lutte politique, iels avaient finalement assez peu collaboré les uns avec les autres. Analyser les devenirs de leur activisme m'a donc appris que la solidarité ou la fraternité politiques n'ont rien d'évident, de naturel, de simple – peu importe qu'on parle de regroupements masculins, féminins, mixtes ou ni l'un ni l'autre.

Dans leurs tentatives de cohésion, les regroupements humains sont sans cesse impactés par des dynamiques qui les challengent lourdement : ils s'adaptent aux contraintes répressives qu'on leur impose, ils font avec des dominations de genre, de race, de classe, qui les traversent et créent inévitablement des hiérarchies en leur sein. On n'est pas frères ou sœurs de manière autonome, désenclavée d'un environnement, d'un passé ou des réalités sociales, économiques et familiales qui nous façonnent. On est frères ou sœurs, parfois frères et sœurs, au regard des systèmes d'appartenance qui nous caractérisent. Et quand chacun se débat avec les stratégies de survie qui sont les siennes, quand chacun est accaparé par ses propres problématiques, même avec beaucoup de bonne volonté, on est de fait moins disponible à la rencontre.

Je crois que tout cela est plus que valable pour les militantes féministes de différents courants, pour les femmes en général, pour les mères entre elles, pour les mères et les non-mères.

Et je te rejoins quand tu dis qu'un livre, c'est déjà un territoire où nous rassembler. Ce qui m'interroge beaucoup sur la sororité, c'est de savoir comment on peut faire, concrètement, pour se relier les unes aux autres. Comment le faire vraiment, sans que cela soit une posture à la mode, une coquille vide, qu'on brandit à l'envi ?

Ce que je découvre et que j'aime profondément avec la correspondance, c'est qu'elle fonctionne comme un dispositif pratique à mettre en place. Elle permet l'expérimentation et l'écoute, d'être à la fois dans le brûlant, dans le vif et dans l'entendable, le doux et le calme. Dans la correspondance, nos paroles respectives ont trouvé un espace sanctuarisé où être déposées, mises en dialogue avec celles d'autres personnes concernées. Nos récits intimes n'apparaissent pas par surprise chez l'autre, comme dans une bulle WhatsApp malvenue. Ils ne se déploient pas, en vitesse, lors d'un café entre ami·e·s, où on est sans cesse dérangé·e·s par le bus qui passe ou le serveur qui vient récupérer un verre vide. Ici, on a le droit, on a le temps.

Surtout, ici on sait qu'on peut être amené·e·s à lire des choses qui nous heurtent. La non-mère en moi sait qu'elle va lire tes difficultés avec tes enfants et que, dans d'autres circonstances, quand j'ai du chagrin, je trouve l'écoute de ces récits insupportable. Tu sais, toi, que tu vas lire mes fantasmes de « si j'étais mère », que je vais peut-être te raconter les mille moments de solitude que j'ai le loisir de m'offrir. Cela est rendu possible parce qu'on a créé un espace, avec ses règles, ses limites, sa temporalité aussi. Nous avons accepté d'être disponibles et de faire de la place à l'histoire de l'autre, une à deux fois par semaine, dans un temps dédié.

Nous avons choisi l'écrit, parce que c'est notre maison d'une manière générale, nous aurions pu choisir autre chose. Nous aurions pu créer un cadre au sein duquel se transmettre, par exemple, des enregistrements vocaux. C'est ce qu'ont fait Arthur Dénouveaux, Xavier Nogueras et Charlotte Piret, respectivement survivant des attentats du 13 Novembre à Paris, avocat pénaliste défenseur de l'un des accusés et journaliste documentant le procès. Dans leur podcast « 13 Novembre : trois voix pour un procès » (qui a aussi donné naissance à un livre : *Et nous nous sommes parlé*), iels témoignent tous les trois grâce à un cadre défini ensemble. Iels racontent ce que ça leur fait de se parler les uns aux autres. Les règles du jeu ont été posées et ces règles nous protègent et nous préservent, je crois. Elles nous permettent d'aller plus loin.

J'ai aussi remarqué que les récits de jeunes mères, endeuillées ou pas d'ailleurs, sont souvent écrits, comme le dit si bien Julia Kerninon, une fois qu'elles ont touché la terre ferme. En termes de moment d'écriture, les autrices de ces textes avancent sur un fil très tendu : il faut écrire vite, pour ne pas avoir tout oublié car le cerveau efface ce qui a été trop pénible, mais il ne faut pas écrire trop vite, car l'expérience et ses bouleversements n'étant pas digérée, on est incapables de mettre les mots justes dessus.

Elles décrivent souvent un processus similaire : prendre des notes, accumuler du matériel pendant la traversée de l'inconnu, mais n'écrire le texte final et abouti qu'au moment où elles ont, à peu près, sorti la tête de l'eau. La correspondance nous offre d'écrire d'un autre endroit : on écrit chacune la tête dans le guidon, chacune nous avons la tête sous l'eau, on se le dit, on le sait. Néanmoins, le regard de l'autre permet, par bouffées avides et hasardeuses, d'aller attraper un peu d'air. Je découvre ici une manière inattendue d'écrire à chaud, mais avec un peu de recul, de créer un lien sororal, dans un espace dédié et où l'effet d'entraînement fonctionne comme une dynamo qui alimente nos capacités à se dire.

Je suis donc capable de t'écrire, même un jour comme aujourd'hui, où mon utérus se contracte. C'est l'heure de saigner l'endomètre et de refaire nid neuf à l'intérieur de soi. Je me sens harassée, essorée, j'ai l'impression de devenir dingue. Ma pensée se fait volatile, je lis difficilement, ma concentration se perd dans des fonds marins aux sonorités lourdes et opaques, j'entends des bulles d'oxygène sortir de ma bouche, *ploc ploc ploc*, elles remontent sans moi à la surface. Cette semaine, sans ta dernière lettre et ce qu'elle a éveillé en moi, aucun mot ne danserait dans ma tête. J'entends dans ma nuque quelque chose qui fait *clac*, un fourmillement accable mon bras gauche, du même côté ma hanche grince quand j'ai froid.

J'incorpore doucement, je digère, tout ce que j'ai mis à nu dans ces premières « lettres d'été ». L'autre jour, je te disais par texto que l'écriture de notre livre agissait sur moi comme une immense séance d'hypnose ou d'EMDR. Quand je t'écris, j'ai l'impression que quelque chose me guide, me fait effacer certaines phrases et les remplacer par d'autres qui sont comme des baumes du tigre sur mes articulations endolories. Les mots se baladent dans ma tête à m'en donner le vertige. Je plonge en transe et à l'intérieur les croyances erronées sont remplacées par des contre-vérités plus lumineuses et justes.

Je ne savais pas vraiment que je portais en moi tout ce que je t'ai confié, ces peurs qui collent comme de la glu entre les doigts, les souvenirs de la brutalité et de la violence d'une nuit sur laquelle je n'étais pas revenue comme ça, cette question du nomadisme, de ce dont j'hérite en termes de maternité.

Quand je t'écris ces lignes, je ne sais pas pourquoi, je repense à un moment en février dernier. Je t'avais ramenée sur ton île après notre lecture et notre rencontre avec Camille, notre éditrice, j'y avais passé la nuit. Le lendemain, alors que tu me raccompagnais au bateau pour repartir, j'ai fondu en larmes. Je t'ai dit, je ne me souviens pas de la phrase exacte, qu'avec ce livre, être mère aussi ça devenait possible. Parce que je me sentais arrivée quelque part, sur une terre où il y a à manger, une terre fertile de ma vie.

En parlant d'être arrivée quelque part, je viens d'arriver à la mer. Je la regarde en terminant cette lettre, la mer qu'on voit danser le long des golfes clairs. Tu connais cette chanson d'Albert Lasry et Charles Trenet ? Madeleine la chantait tout le temps.

Je t'embrasse très fort,

M.

Correspondances des 7 et 10 juin 2022
Vulnérables

Mardi 7 juin, 20 h 29.

Ma belle Maaï,

Tu connais cette chanteuse, Maggie Rogers ? Elle vient de sortir un album qui s'appelle *Surrender* et elle a écrit un poème en guise de préambule, qui contient cette phrase : « *This is the story of what happened when I finally gave in.* » « Voilà l'histoire de ce qui arriva quand je m'abandonnai enfin. »

Je lis ce que tu me dis de la sororité et de notre correspondance comme lieu d'expérimentation privilégiée de celle-ci. Tu parles de ce moment et de cet espace si particuliers qu'on a créés, tu dis : « Ici, on a le droit, on a le temps. Surtout, ici on sait qu'on peut être amené·e·s à lire des choses qui nous heurtent. » Tu dis aussi qu'on écrit à chaud, la tête encore sous l'eau. Toutes les deux, on explore du même coup notre vulnérabilité je crois, on vient déposer beaucoup de notre intimité dans nos lettres et plus encore. On raconte ici avec nos corps tout ce qu'on sent, avec nos utérus, avec nos fatigues accumulées et nos joies fulgurantes.

On suit ce slogan féministe des années 1960, « L'intime est politique », si emblématique de cette deuxième vague militante. Il prend comme présupposé que les difficultés intimes des femmes ont une origine systémique, qu'elles sont le résultat d'un système inégal et donc que mettre au jour nos récits, c'est mettre au jour des articulations politiques d'oppression. Cela rejoint bien ce que tu écris sur la manière dont nos stratégies de survie, nos héritages entravent la sororité. Cela dit aussi quelque chose de notre façon d'écrire ces lettres, entre récit et essai, parce que ce slogan a eu des conséquences sur la forme même des écrits politiques féministes.

Simone de Beauvoir se racontait déjà, mais c'est surtout dans les pays anglo-saxons que ces formes hybrides ont fleuri avec le travail de Maya Angelou, Doris Lessing, bell hooks… et à leur suite Deborah Levy ou encore Maggie Nelson, dont on a déjà parlé ensemble. Quand j'ai lu *King Kong Théorie* de Virginie Despentes dans ma vingtaine, ce qu'elle raconte sur le viol, sur la prostitution, en partant de sa propre expérience, a définitivement changé ma manière de voir les choses. Dévoiler là où nous avons conquis des territoires, là où nous avons été mises à terre a un côté performatif : c'est poser les bases des réformes politiques, concrètes, encore nécessaires, c'est ouvrir la voie. Néanmoins, je réalise que moi, me raconter autant, me mettre à poil ici à ce point, cela me terrorise. J'ai peur d'être impudique. Où est la limite ? La ligne à ne pas dépasser ?

Julia Kerninon, sur cette limite de la pudeur, nous a répondu ceci :

> « Évidemment que je place des limites. Les choses que je ne parviens pas à écrire d'une manière qui me satisfasse stylistiquement parlant, pour commencer. Ensuite, les épisodes trop à mon avantage. Et puis bien sûr, j'évite

de divulguer les secrets des gens que je connais. Et pour ce livre, par exemple, j'ai aussi été relativement muette concernant mes enfants, j'ai renoncé à les décrire autant en détail que je l'avais imaginé au départ, j'ai coupé des pages et des pages, parce que mes enfants sont trop petits pour donner leur accord et qu'ils sont libres, ils n'ont pas à être emprisonnés dans un livre. Pour le reste, j'écris à peu près tout ce que je veux. Je suis un écrivain. Ça n'est pas un mystère pour mes proches. »

Ce qu'elle énumère me semble la meilleure des cartographies personnelles, mais ce qui me frappe le plus dans sa réponse, c'est ce petit bout de phrase qui peut au premier abord sembler une blague et où elle dit qu'elle coupe « les épisodes trop à [s]on avantage ». C'est évidemment une invitation à ne pas nous prendre trop au sérieux (et ça c'est une vraie boussole, non ?), mais j'y vois aussi une invitation à aller creuser dans des régions inexplorées et pas très reluisantes : là où on a honte (j'en parlais au début de nos lettres, avec ma crotte de nez de jalousie), là où on a peur…

C'est ce que questionne également Camille Sfez, une autrice et thérapeute qui a écrit *La Puissance du féminin* et plus récemment un livre intitulé *Vulnérable*. Je raccroche tout juste d'une conversation avec elle ce matin. Ça a été un peu la panique d'ailleurs, ce mardi de reprise après la Pentecôte, au milieu du chaos de la préparation pour aller à l'école et à la garderie, avec Diane qui soudain avait mal au ventre, Ulysse qui faisait voler dans la cuisine son assiette remplie de bouts de banane gluante, moi au final exsangue et sale, vingt minutes à peine avant de commencer l'entretien. Parfait pour parler de vulnérabilité, je me disais pour me rassurer, même si je n'en menais pas large.

Une fesse assise sur ma chaise de bureau, du blush crème mal étalé sur les joues, j'ai commencé par demander à Camille Sfez sa définition de la vulnérabilité. Voici sa réponse :

« On utilise ce mot de "vulnérable" pour ne pas dire qu'on se sent fragile, mais la seule différence avec la fragilité, c'est que la vulnérabilité sous-entend un extérieur dangereux : la vie qui pourrait nous faire du mal.
En même temps, pour moi, la vulnérabilité se manifeste par une sorte de tremblement intérieur, qui correspond à une mise à nu. Il y a quelque chose qui nous échappe, je ne peux plus me protéger, le contrôle lâche. »

C'est drôle, parce que ça coïncide pour moi non seulement avec ce qu'on fait en termes d'écriture, mais aussi avec le chemin qui est le mien en tant que mère. La maternité pour moi serait un seuil où coïncident à la fois une force – créatrice, féconde, corporelle, ce que tu évoques au sujet de l'accouchement sans péridurale, par exemple – et une zone fragile par excellence, où on est ébranlées, où nos structures profondes, physiques et mentales, bougent. Je le raconte à Camille Sfez.

« Dans la vulnérabilité, il y a effectivement cette notion de seuil. Si je me sens vulnérable c'est que je ne suis plus blindée, plus derrière ma carapace, du coup ça peut être douloureux et en même temps c'est le lieu où une nouvelle forme de puissance peut prendre place. Cela me fait penser à Camille Froidevaux-Metterie, qui dit qu'en tant que femme on est plus proche de la vulnérabilité parce que notre corps saigne, accouche, entre en ménopause… et donc on est habituée à sentir cette vulnérabilité. Et c'est vrai que la maternité, c'est un moment crucial dans cette dualité entre extrême fragilité et possibilité de contacter cette puissance. »

On en revient à notre histoire de noyau, j'ai l'impression, ce noyau de pêche de Julia Kerninon pour dire notre identité. C'est beau parce que dans *Vulnérable*, Camille Sfez parle aussi de notre identité profonde comme d'un « noyau », mais qui serait un soleil autour duquel gravite notre être en devenir et qui nous permet d'être pluriel, un endroit où « la mère qui abandonne son enfant se tiendrait juste à côté de la maman louve qui lèche le visage de ses petits. Il y aurait la place pour les deux ».

Incroyable, non, cette convergence avec nos lettres ? Cela me fait penser à ton désir d'être capable d'amour inconditionnel et de fugue, ensemble. Je lui demande de m'en dire plus.

« J'ai de plus en plus l'impression que mon noyau, c'est cette force d'attraction ou de diffusion, cette force qui fait tenir les éléments ensemble. Ça m'intéresse de le penser comme ça aussi parce que dans toute ma réflexion autour de la vulnérabilité, ce qui me parle, c'est que ce soit fragile, pas comme un noyau de pêche donc. J'étais en Grèce la semaine dernière, j'étais dans l'eau et je pensais à ce bercement dans lequel le bébé se construit dans le ventre, en dansant, en étant tout le temps en mouvement. Je crois aussi qu'au fond de notre être il y a profondément cette "force de la douceur", dont parle Anne Dufourmantelle, et qui est là même avant les bras maternels, dans la vie intra-utérine. »

Mais alors, pourquoi est-ce que ça nous fait si peur d'être mouvant ?

« Dans ce passage-là de la maternité, c'est une question hyper importante. Ce moment où tout d'un coup, quand l'enfant est là, la "moi" qui était avant n'existe plus, ce chamboulement est immense et il y a forcément un point où on a envie de dire qu'on est toujours la même. Il y a là une opportunité de changement radical, mais en même temps, il y a des femmes qui ne changent pas tant que ça ou qui vont mettre du temps à accepter ce changement, qui vont très vite recommencer leur vie d'avant parce qu'effectivement ça leur fait peur, ce bouleversement. D'autres encore vont craquer, vont faire des dépressions post-partum, justement parce qu'elles n'arrivent pas du tout à se raccrocher à quelque chose de solide. »

Eurêka.

J'ai l'impression d'enfin comprendre ce qui se passe, tu ne crois pas ? Et ce qu'elle dit me fait penser à nouveau au travail d'Édouard Glissant, à son archipel, cette fois vu au niveau intime, au niveau de l'identité, qui serait définie comme une « mise en contact des différences, lesquelles ne cessent d'échanger et de se métamorphoser ». La façon dont Camille Sfez le résume m'éclaire surtout profondément sur ce que j'ai vécu cet hiver, lorsque je m'effondrais jusqu'au cœur de moi-même, qu'un gouffre s'ouvrait.

D'ailleurs, quand on a demandé à Julia Kerninon si elle croyait que son noyau de pêche était si insoluble que ça, voici ce qu'elle a répondu :

« Je pensais que la maternité allait littéralement me dissoudre, et j'ai découvert au contraire en moi une résistance, une chose plus dure, plus solide presque que l'amour que je peux avoir pour mes enfants. Sous toutes mes couches de tendresse, d'obéissance, de soumission, de servitude, de doute, il y a ce noyau de pêche, qui est moi, moi toute seule. Il n'est pas insoluble, mais j'aimerais qu'il le soit. L'identité est mouvante et plurielle, nous sommes beaucoup de choses dans une vie, mais notre voix demeure la même dans nos oreilles. Il y a quelque chose qui ne bouge pas même si le monde autour est bouleversé. »

Peut-être qu'on pourrait apprendre à s'enraciner dans ce qui en nous bouge et rayonne. Je trouve que ça fait écho à ton nomadisme et que c'est réjouissant, à défaut d'être complètement rassurant.

Mais pour revenir à la question de nos récits intimes, de la façon dont on a décidé de construire notre pensée à partir de là, de nous inscrire dans une lignée d'écriture féministe, je m'interroge : est-ce qu'on a une écriture de la vulnérabilité parce qu'on est des femmes ? Cette question ressuscite chez moi une peur rampante d'être ramenée en permanence à mon identité de genre, que j'avais déjà un peu évoquée. Chaque fois que j'entends « Les femmes sont faites ainsi, se définissent en ceci, sont différentes en cela », quelque chose en moi se hérisse, comme si j'allais à ce jeu-là forcément être piégée. Voici ce qu'en dit Camille Sfez :

> « Je ne crois pas qu'on soit pareilles que les hommes. C'est une autre manipulation du patriarcat de penser que pour gagner notre émancipation il faudrait qu'on soit pareils. On peut avoir les mêmes droits et la même valeur tout en étant différents. Il y a une facilité à enfermer les hommes et les femmes dans des cases, et donc effectivement, si j'enferme les femmes dans la case de la vulnérabilité, on est perdantes. On est forcément perdantes si on est enfermées.

Moi, dans mon cheminement individuel, ça a été formateur de me demander ce que ça veut dire être une femme, de chercher ma spécificité en tant que femme au milieu des autres, de la nature féminine d'être cyclique, d'avoir la capacité à être mère et de porter un enfant, mais aussi tout cet héritage patriarcal dont on ne peut pas faire l'économie. Ces différences sont autant biologiques que culturelles, évidemment. Je ne pense pas que nous sommes essentiellement plus empathiques par exemple, mais que les petites filles comprennent très vite que pour appartenir à leur genre il faut se taire, faire des sourires et pleurer. »

Moi aussi, en devenant mère, j'ai eu besoin d'aller interroger ma part de féminin et ce qu'elle sous-entend de biologique, de culturel. Avec la maternité, le genre est forcément remis sur la table, et pour une majorité de personnes concernées relié au féminin. J'aimerais néanmoins y apporter une nuance, parce que ce n'est pas parce qu'une majorité le vit dans son intimité qu'il faut en faire une règle s'appliquant à tous. Se conformer à une identité de genre peut être confortable et fondamental pour certain·e·s, douloureux et impossible pour d'autres. Plus encore, je me demande si cette conformité n'est pas aussi l'une des raisons pour lesquelles devenir mère nous assigne autant à un statut de femme archaïque. Peut-être que si justement on ne se rattachait pas autant à nos identités assignées, on pourrait réinventer plus facilement nos rôles à chacun·e, sortir plus librement des archétypes du père-autorité et de la mère-tendresse, par exemple. Cela serait plus simple d'être des mères-pères, des pères-mères, comme tu le disais. Des parents, en somme.

En ce qui me concerne, cette pensée non binaire me fait surtout respirer plus librement, depuis ma petite enfance, elle m'enlève un poids immense. J'ai eu besoin de ce socle féminin à certains moments de ma vie, en particulier pour repenser et réapprécier à sa juste valeur ma part de féminin, mais je me sens mieux depuis que je reprends mes distances avec cette binarité. La pensée queer, en la matière, exprime au final plus justement certaines de mes expériences.

Je t'avais déjà parlé de ce livre de Maggie Nelson, *Les Argonautes*. Elle y évoque sa maternité au sein d'un couple formé par « deux êtres humains, dont l'un est par chance ni mâle ni femelle et l'autre femelle (plus ou moins) ». Au début du livre, elle raconte sa grossesse en ces termes :

> « Il y a quelque chose d'essentiellement queer dans la grossesse elle-même, en ce sens qu'elle altère profondément l'état "normal" d'une personne. [...] Comment une expérience si profondément étrange, sauvage et transformatrice peut-elle aussi être perçue comme le symbole ou la promulgation de l'ultime conformité ? »

Rien ne pourrait définir mieux ce que j'ai éprouvé en étant enceinte et par la suite dans ma vie de mère. Cette option de non-binarité, de non-assignation obligatoire m'ouvre tellement plus de possibles, je trouve, dans ma façon de me définir comme parent.

Je suis reconnaissante à Maggie Nelson de nous offrir ce récit. Pourquoi est-ce si peu confortable pour moi alors de le faire à mon tour ? Pourquoi ai-je encore si peur d'être impudique ?

> « Je porte ma peau aussi fine que je le dois, je me blinde seulement autant que cela semble absolument nécessaire. J'essaie d'écrire nue dans le monde, sans honte même sous

les attaques, sans peur même si je sais combien il y a lieu d'avoir peur. »

« La Peau, là où elle me touche »,
Peau, Dorothy Allison

J'aimerais faire miens ces mots magnifiques de Dorothy Allison, mais ce n'est pas si simple. Je demande à Camille Sfez de creuser avec moi. Dans *Vulnérable*, elle aussi part de sa propre histoire, de ses difficultés de couple et de sa généalogie autour de ses grands-mères, de la honte fondatrice de son aïeule, qui se prénomme elle aussi Madeleine.

« Cette question de la pudeur me touche parce qu'elle a été très présente dans l'écriture de mon livre, elle m'a parfois fait dire des choses à demi-mot. Alors qu'il y a quelque chose dans la capacité à nommer qui est utile je pense. Ce qui m'intéresse, ce n'est pas de faire de la théorie sur le monde, ce qui m'intéresse c'est de regarder une femme, son vécu et de penser quelque chose à partir de là. On passerait sinon à côté d'une forme de vérité et c'est pour moi ce qui nous permet de penser plus que ce qui a été déjà pensé.
Ensuite, dans le processus créatif, qu'est-ce que tu as envie de livrer de toi ? Ça, c'est encore une autre question. Là, il n'y a que toi qui puisses décider. Quant à la réception, la manière dont ça va être reçu, ça ne nous appartient pas. »

Comment vont réagir ceux qui vont nous lire ? Comment est-ce qu'on réagit quand quelqu'un face à nous est vulnérable ? On a honte avec lui ? Peur ? Tu en dis quoi, toi, Maaï ? Ce n'est pas notre problème ? Ça ne nous appartient pas ?

Je réalise en écrivant ces questions que ma difficulté ne se situe pas vraiment là. Tu parlais de notre correspondance comme d'un endroit très particulier où on se raconte sans presque revenir en arrière, sans recul. Cela me fait penser au livre d'Annie Ernaux, *L'Atelier noir*, son journal d'« avant-écriture » où elle recense ses réflexions et ses incertitudes. Elle y écrit : « Il y a néanmoins quelque chose de dangereux, voire d'impudique, à dévoiler ainsi les traces d'un corps à corps avec l'écriture. »

Elle dit que c'est dangereux non pas à cause des références à sa vie, à ses proches, plutôt elliptiques en général, mais en raison de « la mise à nu de mes processus d'écriture, de mes obsessions. De l'aveu sans détour d'une volonté, d'une ambition : faire advenir un peu de vérité ».

C'est cette immédiateté de la vérité qui m'effraie, avant tout, et lire ces mots d'Annie Ernaux me rassure : si même elle a la trouille, alors j'ai bien le droit.

Et puis j'ai peur, mais je le fais quand même, parce que quelque chose surpasse ces peurs, c'est mon désir profond de partager. C'est un désir d'autrice, bien sûr, mais c'est peut-être plus universel que ça. Camille Sfez m'a dit qu'elle animait régulièrement depuis 2011 des cercles de femmes. Cette idée de cercle où déposer sa peur me fait penser au cercle du cheval au galop que tu évoquais, à celui qu'on forme toutes les deux dans nos lettres qui se répondent, à notre correspondance, comme un lieu qui fait tenir ensemble nos paroles mais aussi celles de ces autrices venues nous rejoindre.

Ça vaut le coup de montrer nos peaux, malgré la trouille intense que cela me fait ressentir. Cela nous fait nous sentir ensemble et je crois qu'il ne faut pas sous-estimer ce réconfort-là.

Ces derniers temps, je réalise que j'ai une envie sourde de sortir de mon isolement matériel. J'aurais envie de lever le sort d'emmurement de Circé (tu te souviens ? Celui qu'elle jette autour de son île pour protéger son fils). J'ai envie d'aller m'asseoir avec des gens en chair et en os. J'ai envie de rassemblement concret, mon île semble aussi si loin de tout, parfois.

J'ai écrit cette lettre toute la journée, sans interruption ou presque.

Je me relis maintenant alors que les enfants sont enfin couchés et mon cerveau s'arrête sur cette envie d'être avec d'autres, ce soir.

À défaut, je m'en vais faire un coma cérébral sur mon lit. Il y a une série sur Netflix qui a l'air parfaite, avec des surfeurs en Australie, des groupes d'adolescents qui se collent les uns aux autres, des éclats de rire et du grand large.

Je t'embrasse fort,

Lucille

Vendredi 10 juin, 15 h 35.

« Les gens qui s'aiment
Se boivent les larmes. »

Les Gens qui s'aiment,
Marcella

Lucille, mon amie,

Te lire sur la vulnérabilité, à ce moment-là de notre correspondance, me fait beaucoup de bien. Cette question réanime quelque chose. Je voudrais te parler du travail de l'autrice Amandine Dhée. Dans son livre sur le désir et le sexe, intitulé *À mains nues,* elle retrace la genèse des désirs et de l'apprentissage de la sexualité de la narratrice. Ce texte me touche parce qu'on y observe comment la découverte de la sexualité et du désir s'associe, dans la trajectoire d'une jeune femme ordinaire de notre époque, à l'intériorisation d'une docilité qui écrase et qui étrangle.

Il y a un passage qui m'a fait penser à toi tout de suite et qui fait écho à cette notion du cercle dont tu me parles dans ta lettre. Amandine Dhée évoque des interventions qu'elle fait en milieu scolaire, les jeunes filles qu'elle y rencontre et ce qu'elle aimerait leur transmettre, « leur conseiller de ne pas perdre leur temps à être désirables, qu'elles désirent plutôt ». Elle parle de l'humour et de la tendresse qui lui ont manqué depuis le début pour appréhender la féminité, le féminisme, ses propres désirs. Elle ajoute :

> « Et si j'avais manqué de sacré, aussi ? On peut ironiser tant qu'on veut, sans doute aurait-il mieux valu qu'on jette l'ado que j'étais dans une grotte, qu'on me peinturlure la peau, qu'on chante ou qu'on hurle en forêt. Qu'on m'initie, qu'on réponde à mon appétit d'être femme, qu'on me donne de la force. Et qu'on m'aide à devenir une individue. »

Dans ma vie, approcher la vulnérabilité a été un sacré défi. Dans ma lettre précédente, je te parlais de tout ce qu'il y a de complexe dans le lien sororal ; mon propos ne serait pas complet si je ne mentionnais aussi tout ce qu'il y a d'étonnamment fluide et évident dans ce type de relation. Ce sont les cercles de femmes qui m'ont aidée à avancer sur cette question de la vulnérabilité. Ce qu'on vivait pendant ces nuits de cercle, en l'occurrence improvisé, dans ces bulles où tout pouvait être dit, accueilli, partagé, c'était si intense et fort que j'en étais éblouie. Ces moments m'ont appris à me sentir fière d'être une femme, de faire partie de ce corps-là, au sens politique du terme et non biologique. Les grossesses arrêtées ont aussi contribué à cet apprentissage, elles m'ont appris une impuissance si nue et si totale que j'y ai paradoxalement rencontré une force plus grande, plus belle et plus profonde. J'exhibais jusqu'alors une force de culturiste, huilée de la tête aux pieds, valorisant ses biceps ; j'ai découvert depuis une force qui vient du ventre et qui n'a pas besoin de taire ce qui faillit.

Tu me demandes dans ta lettre : « Comment est-ce qu'on réagit quand quelqu'un face à nous est vulnérable ? On a honte avec lui ? Peur ? Tu en dis quoi, toi, Maaï ? Ce n'est pas notre problème ? » Et je pense à ce que tu dis, dans le sillage de Julia Kerninon, sur le fait d'aller regarder là où on n'est pas à notre avantage. La vulnérabilité et ma manière d'y réagir sont très loin d'être des zones qui me mettent à mon avantage. Face à la vulnérabilité des autres, comme face à la mienne, il m'arrive d'être capable de douceur et d'empathie, mais si je suis honnête, j'ai très souvent été un torrent de colère suintante, de brutalité latente, généralement muettes et sourdes, mais bien palpables. La vulnérabilité des gens que j'aime me terrorise, littéralement. Je ne suis pas toujours le meilleur soutien qui soit.

Et chez moi, la question de la non-binarité que tu soulèves, et la respiration qu'on y puise, rejoint aisément la question de la vulnérabilité. J'ai longtemps exécré la vulnérabilité parce qu'elle avait à voir avec la féminité, et moi je ne mangeais pas de ce pain-là. Je détestais être une femme. À vingt ans, je disais que j'étais un être neutre, que ça ne m'intéressait pas d'être une femme, qu'on me foute la paix avec cette histoire-là. Je disais même, enfant et adolescente, que j'aurais préféré naître homme pour être libre et amorale comme bon me semblait, que ce costume m'aurait bien correspondu, que j'en avais la force et la… puissance.

Aujourd'hui, je déteste ce mot, « puissance ». Pendant longtemps, j'ai cherché à imiter, à copier, à reprendre les codes de mes propres oppresseurs, des « puissants ». La vulnérabilité n'avait rien à faire là. Alors, j'étais violente, violente envers moi, violente envers les autres, violente envers les faibles, je détestais les doux par extension, parce que les doux étaient aussi des faibles. Pourtant, je me suis nourrie de textes féministes très tôt, j'étais le genre d'ado qui va écouter des conférences sur les mouvements féministes des années 1970, mais ma colère côtoyait allégrement ma haine de moi et de mon genre. Je suis revenue de tout ça grâce aux féminismes, ça a (re)commencé par l'exploration de ma cyclicité, comme l'évoque Camille Sfez, par la matière, le sang, la Lune, la glaire cervicale. Et puis, petit à petit, les lectures des autres femmes, celles qui disaient parfaitement tout ce que je ressentais, comme toi Virginie Despentes sur le viol et tant d'autres choses, Léonora Miano sur la colonisation de mon esprit, bell hooks sur l'amour et la transgression. J'ai un souvenir vague de #Metoo, j'étais beaucoup en Égypte à cette époque, et pourtant je sens sans cesse comme ça m'a impactée, transformée.

Parler de vulnérabilité te fait aussi évoquer la question de la pudeur, qui nous travaille souvent avec ce texte. Quand je te lis sur ce sujet, je repense instantanément à la discussion que j'ai eue il y a dix jours avec mon amie, la poétesse Marcella. Marcella est la mère de mon amie Marina, elle est mon amie, elle est l'amie de mes amies, bref, elle est le sang de la veine. Dans la famille de femmes que nous formons, nous vouons un culte à la déesse Dalida, notre messe consiste en des danses endiablées sur les Rita Mitsouko, et notre hostie est un baklava plein de miel ou un oignon cru, c'est selon.

Je me rappelle encore ma rencontre avec Marcella, à vingt ans. Elle s'était choisi ce nom, Marcella, qui n'est pas son prénom de naissance, et au passage, elle avait aussi fait valdinguer son nom de famille. Lors de notre entrevue il y a quelques jours, nous sommes revenues sur ce changement d'identité. Marcella dit de lui qu'il a fait basculer sa vie, qu'il l'a fait « passer du côté de la face lumière ». Dans sa vie d'écrivaine, il a représenté un tournant : il s'agissait de s'émanciper de son nom de fille, mais aussi de son nom d'épouse, de ne plus être redevable à personne, « ni au mari, ni au père, ni au chien du mari ou du père ou du père du mari ». C'était sa manière d'affirmer « Laissez-moi vivre », elle se met à chanter « Laissez-moi danser », nous rions.

Quand j'ai connu Marcella, elle était donc la mère de Marina, qu'elle avait eue jeune femme, à 24 ans, et elle était aussi, depuis peu, la maman de Victoire, née d'un autre amour, alors qu'elle avait 42 ans. Elle parlait de notre amie Diahala et de moi comme de ses filles adoptives, et à ce moment de notre vie nous en avions bien besoin. Lors de notre rendez-vous, j'ai très envie de demander à Marcella comment se sont articulées poésie et maternité dans sa vie. Selon elle, la maternité n'a pas changé sa manière d'écrire : elle écrivait avant, pendant, après, elle n'a pas senti de changement car elle n'a jamais cherché de contexte spécifique pour écrire. Elle me dit : « L'écriture a toujours coulé à flots, comme le sang menstruel. » Plus elle a fait de choses dans sa vie qui n'avaient rien à voir avec l'écriture, plus l'écriture est venue. Ce besoin d'être dans le faire et dans l'action pour que l'écriture soit fertile a probablement contribué à ce que la maternité ne soit pas une entrave à sa création.

En revanche, depuis qu'elle travaille avec de plus gros éditeurs, qu'il est question de bouclages, de dates limites, alors qu'elle est à nouveau mère d'une jeune enfant désormais jeune fille, il y a des moments plus complexes à gérer, où elle sent le manque de temps pour écrire. La nuit est devenue un espace privilégié. Dans sa maison, Marcella a un bureau, un lieu à elle, qu'elle décrit comme une bulle nécessaire à son travail. Lorsque nous faisons la liste des lieux d'écriture qu'elle a eus, souvent dans ses logements, il apparaît que c'est davantage le manque d'un lieu qui a occasionné des périodes sans écriture que les contraintes liées à la maternité.

Quand je lui demande ce que cela représente pour elle, d'écrire sur soi, Marcella me répond qu'elle aspire à ouvrir les portes de ses expériences intimes pour que les autres puissent y trouver un refuge, un socle qui les accompagne dans leur vie à eux. On parle de soi pour parler des autres, on s'engouffre dans les histoires des autres pour comprendre les nôtres. Elle m'explique qu'elle ne travaille pas sur l'intime, qu'elle travaille sur l'extime, et à ce mot, mon cœur fait un bond. L'extime, aussi nommé « extimité », qualifie ce qui est au plus profond de toi, les parts très intimes de toi, mais que tu veux bien donner à voir au monde. Le psychiatre Serge Tisseron, qui a vulgarisé ce terme à la suite de Lacan ou encore de Jean Echenoz en littérature, écrit :

> « Je propose d'appeler "extimité" le mouvement qui pousse chacun à mettre en avant une partie de sa vie intime, autant physique que psychique. Ce mouvement est longtemps passé inaperçu bien qu'il soit essentiel à l'être humain. Il consiste dans le désir de communiquer sur son monde intérieur. Mais ce mouvement serait incompréhensible s'il ne s'agissait que d'"exprimer". Si les gens veulent extérioriser certains éléments de leur vie, c'est pour mieux

se les approprier en les intériorisant sur un autre mode grâce aux échanges qu'ils suscitent avec leurs proches. L'expression du soi intime – que nous avons désigné sous le nom d'"extimité" – entre ainsi au service de la création d'une intimité plus riche. »

Marcella me dit : « J'aime bien ce mot car c'est une manière que j'ai de vivre moi depuis très longtemps, de mettre à nu mes sentiments, mes émotions sans avoir peur d'être jugée ou de paraître fragile. » Par cette pratique de l'écriture sur l'extime, Marcella a aboli les frontières entre la femme qui écrit, celle qui est mère, celle qui est mariée « ou cliente de la boulangère ». Grâce à l'extime, elle a trouvé une manière plus totale, plus globale d'être au monde, qui lui permet de rester elle-même quoi qu'il arrive.

De penser à l'extime m'amène à une autre question que je me pose actuellement, et dont je te parlais déjà dans ma dernière lettre, quand j'évoquais la temporalité de nos écritures. Est-ce qu'il y a une manière d'écrire les maternités ? Un style, un ton ? Je te disais avoir remarqué que les maternités s'écrivent dans un moment particulier : ni trop à chaud ni trop à froid. Cette temporalité contribue peut-être également, en tout cas dans les textes que j'ai lus, au ton que l'on choisit pour écrire sur ce sujet. Cette question m'a interpellée par rapport à la tonalité générale qui s'est installée dans notre texte. J'ai l'impression que mon écriture ici ne ressemble ni à mon écriture scientifique, ni à mon écriture dans des textes de fiction. Pourquoi nous a-t-il semblé important cet hiver d'être dans une écriture brute, à chaud, publiée quasiment sans retouche ? Pourquoi cet appel de l'écriture par le ventre, pourquoi cet appel du cru, du dur et du tranchant aussi parfois ?

Amandine Dhée, à propos d'un autre de ses livres, *La Femme brouillon*, que j'aime éperdument et qui m'a beaucoup aidée quand je suis entrée par la petite porte en maternité, écrit :

> « J'ai écrit ce texte pour frayer mon propre chemin parmi les discours dominants sur la maternité. J'ai aussi voulu témoigner de mes propres contradictions, de mon ambivalence dans le rapport à la norme, la tentation d'y céder. Face à ce moment de grande fragilité et d'immense vulnérabilité, la société continue de vouloir produire des mères parfaites. Or la mère parfaite fait partie des Grands Projets Inutiles à dénoncer absolument. Il m'a paru important de me positionner clairement en tant que féministe parce que je veux donner un éclairage politique à mon expérience intime. J'ai voulu un texte court. Plus que jamais, j'avais envie de tranchant, d'aigu, et surtout pas d'une langue enrobante ou maternante. »

J'ai toujours eu envie de rencontrer Amandine, de lui poser des questions sur son livre. Je savais qu'une amie très chère, Armelle Verrips, autrice et artiste maraîchère, avait échangé avec elle à une époque où elle s'interrogeait elle-même sur l'écriture de l'intime. Armelle a accepté de nous mettre en contact et j'ai pu m'entretenir au téléphone avec Amandine.

J'avais très envie d'en savoir plus sur la netteté avec laquelle lui était apparu le choix de la langue, du ton. Amandine m'a d'abord raconté qu'écrire sur la maternité était une manière de reprendre du pouvoir (on y revient toujours, la scientifique en moi exulte), de se mettre du côté d'une intensité qui nourrit, plutôt que du côté d'une intensité qui aspire. Au moment de *La Femme brouillon*, elle se demandait si écrire sur la maternité ne revenait pas à se tirer une balle dans le pied, à abonder dans le sens des préjugés essentialistes et littéraires, qui veulent que les hommes s'attellent aux nobles tâches de l'histoire, du politique et des fresques romanesques, pendant que les femmes s'occupent de l'intime et des bons sentiments.

C'est intéressant comme ça fait écho avec ce que tu exprimes toi aussi à ce sujet, comme nous nous méfions de certains thèmes et de ce qu'ils pourraient nous coûter, en termes de crédibilité intellectuelle finalement. Comme Marcella, Amandine a senti que son expérience singulière de la grossesse et du post-partum faisait néanmoins du bien à d'autres femmes, qu'écrire avec humour, avec mordant, était aussi quelque chose dont on avait besoin. Au sujet du ton de son texte, Amandine me dit ceci qui me réjouit et qui résonne avec ce que je ressens moi aussi :

> « J'avais besoin d'écrire ce livre comme si je parlais à une amie. C'est ce qui m'a aidée à trouver le ton juste, à ne pas être tout le temps dans l'autocensure. J'ai écrit avec humour car c'est une arme que j'aiguise. J'ai écrit pour déranger, parce que sinon pourquoi tu écris ? À quoi ça sert d'écrire sans quelque chose qui pince et qui soulève le réel ? Cette écriture c'est une manière d'être dans le réel, les deux doigts dans la prise, en campant une position incarnée dans un quotidien, dans une réalité. On baigne tellement dans des non-dits mièvres. La mièvrerie c'est quelque chose qui fait taire, moi j'avais envie d'une écriture en colère, d'une écriture agressive, dans le sens de la vie, une écriture qui veut être vivante, qui se débat. »

J'aime tellement l'idée qu'écrire comme à une amie, qu'écrire à une amie comme dans cette correspondance, qu'écrire comme si on se parlait entre copines, serait le levier d'une forme plus directe et authentique, qu'on redore le blason de ce qui se joue, se cherche, s'aiguise dans ces sociabilités féminines moquées. Dans *L'Œuvre d'une vie. Devenir mère*, Rachel Cusk s'intéresse aussi au ton, à la forme, au registre choisis. D'abord, elle précise :

> « Il ne s'agit ni d'un compte rendu ni d'une étude de la maternité ; il ne s'agit pas non plus, au cas où quiconque conserverait cet espoir, d'un traité sur l'art d'être mère. Je me suis contentée de décrire mon expérience de la maternité en espérant que d'autres s'y reconnaîtront. En tant que romancière, j'avoue que cette forme d'écriture fondée sur un pacte de vérité me trouble un peu. »

Ce qu'exprime Rachel Cusk me fait penser à tes propres propos : on peut savoir (brillamment) écrire autrement que de manière autobiographique, pourtant quand il s'agit de maternité, c'est cette porte de l'expression littéraire que l'on pousse bien souvent. Ensuite, plus loin dans le texte, Rachel Cusk évoque ce qu'elle savait de l'accouchement, ce qui lui en avait été dit, et ces lignes me ramènent à cette idée de réparation que j'abordais plus haut :

> « Ma mère a toujours été plutôt honnête à propos de ses accouchements. Le moment venu, me conseille-t-elle, accepte tous les médicaments qu'on voudra bien te donner. J'ai aussi reçu des messages troublants de la part d'autres femmes, des femmes qui, à la mention du mot douleur, éclatent d'un rire désabusé, semblable à un aboiement, ou qui affirment d'un air mystérieux qu'on n'est plus jamais la même, après. De tels indices ne sont jamais expliqués ; en fait, les femmes, après avoir lâché ces quelques mots, se taisent brusquement, comme si elles avaient rompu un

vœu de silence par inadvertance. Je décide de crier mes expériences sur tous les toits, dès que je les aurai vécues. »

Ce que je veux dire, c'est qu'en somme on a toutes plus ou moins peur de cette écriture très crue, de cette écriture vive, mais qu'on y va de manière assez froide et rationnelle, avec l'intuition que c'est peut-être le chemin le plus valable à ce stade. On s'interroge toutes sur cette forme d'écriture, on le dit, et on y va quand même. L'autrice Laetitia Cuvelier suit elle aussi cette recherche d'exactitude, en poésie cette fois, dans son recueil *Pipi, les dents et au lit*. Je te cite ce poème que j'adore :

« Les Playmobil les Lego
Les déguisements les livres
Les chapeaux les voitures les habits
Les feutres les dessins
Celui de la grenouille à la grande bouche
Et du chat à cinq pattes,
Ce soir je voudrais tout balancer
Ou tout brûler dans la cheminée »

Je suis fascinée de voir comme nous empruntons des chemins de traverse qui résonnent les uns avec les autres. Je constate par exemple qu'Amandine Dhée et Julia Kerninon ont toutes les deux été emmenées par la question de la maternité vers celle du désir, de l'amour et du sexe, comme si la chair appelait la chair, comme s'il était nécessaire après « ça » de se réapproprier sa propre matérialité, de femme, d'individue désirant. Dans *À mains nues,* Amandine Dhée raconte l'image « de trop », érotisant un corps de femme dans l'espace public. Elle écrit :

« Que les femmes parviennent encore à désirer, leur désir pas forcément éteint, pas cramé à force de faire d'elles des objets, cela tient du miracle. Moi aussi, je désire encore, au milieu des ruines. »

Quand je lis des femmes parlant de maternité, j'ai l'impression qu'elles décrivent un état d'urgence où tout est mis à nu et exacerbé par la fatigue, par la transformation identitaire, par les couches d'injonctions patriarcales qui viennent s'ajouter à une coupe dont on ignorait parfois qu'elle était déjà pleine. Les jeunes mères autour de moi me font souvent l'effet de bombes à retardement. L'enfant arrive et elles se débattent pour sauver leur peau. C'est toujours une affaire de peau. Les mots de Dorothy Allison que tu cites dans ta lettre sont d'une véracité folle à cet égard.

Tu disais que la maternité n'était pas un petit sujet. Je te rejoins, je me dis qu'un sujet qui contraint autant l'écriture à la recherche, à la sincérité, au refus du compromis, au doute et à la fureur est un grand sujet littéraire. Ça me rappelle ce texte qu'on avait beaucoup aimé de Juliette Mogenet, dans lequel elle défend l'idée que la maternité nourrisse de manière positive l'écriture. Je me souviens en particulier de ces lignes :

« Donner naissance, c'est se rendre compte qu'il y a une forêt en nous, profonde et sombre et lumineuse. Plus que jamais, on cherche ses appuis, on tâtonne, un pied devant l'autre, un jour après l'autre, au-dessus d'un gouffre noir. On ne sait jamais ce qu'on fait, où on va, ce qui surgira, ce qui jaillira. Il en est ainsi avec les enfants comme avec l'écriture : on est chaque jour déplacé, on arrive là où on ne s'y attendait pas en suivant le fil des mots qui s'écrivent, le fil des enfants qui se vivent. C'est la même surprise, la même nouveauté. La même satisfaction parfois, le même désespoir souvent. La même tentation de la fuite, aussi, devant l'enfant comme devant l'ouvrage. »

https://bela.be/opinion/
la-vie-et-les-livres-texte-de-juliette-mogenet

Mon amie, je dois filer. Je prends la route pour Lyon où je vais assister au spectacle *Bliss* dans lequel interviennent mes amis Victor et Estelle. J'ai envie de les voir triompher, j'en tremble d'avance. Je n'ai pas de chute à cette lettre, si ce n'est que l'écriture des maternités semble être la preuve même que de la vulnérabilité jaillissent le juste, le beau, le drôle. Alors, haut les corps ! Je m'en vais chanter sur du Céline Dion à tue-tête, parce que rouler sans Céline et Jean-Jacques, c'est pas vraiment rouler.

Je t'embrasse fort fort fort,

M.

Correspondances des 14 et 19 juin 2022
Se relever

Mardi 14 juin, 15 h 44.

Mon amie Maaï,

Tu me dis :

« Quand je lis des femmes parlant de maternité, j'ai l'impression qu'elles décrivent un état d'urgence où tout est mis à nu et exacerbé par la fatigue, par la transformation identitaire, par les couches d'injonctions patriarcales qui viennent s'ajouter à une coupe dont on ignorait parfois qu'elle était déjà pleine. Les jeunes mères autour de moi me font souvent l'effet de bombes à retardement. »

Je n'aurais pas trouvé mieux pour décrire mon état d'esprit de cette semaine. Après des mois d'embellie, l'annonce du livre, la fin de mon roman, l'énergie retrouvée, je me suis remise à vaciller. Je repense à mon état de cet hiver, de ce moment où j'ai cru que ma bombe intérieure allait exploser et m'autodétruire. Dépression post-partum, il faut continuer de nommer vraiment ce que j'ai vécu alors, et pas à demi-mot, comme me le disait Camille Sfez la semaine dernière.

J'ai rédigé le brouillon de cette lettre il y a un moment déjà, je voulais te raconter comment les mères se brisent et puis comment elles se relèvent. On dirait qu'il fallait que je revienne à cette première étape. Je suis exténuée, de nouveau, une fatigue colossale, difficile à expliquer tant elle est hors norme, autrement que par cette sensation de corps sur le point de lâcher. Je ne supporte plus rien, plus mon quotidien, plus personne, plus mes enfants, plus mon amoureux, personne, je me sens persécutée, je veux être seule et écrire et réserver mon énergie à ça et ça seul. Je ne sombre pas totalement cette fois, pas comme cet hiver, mais presque, et c'est comme une sonnerie d'alarme qui me dirait : « Attention, ce n'est pas loin, tu n'es pas sauve tout à fait. » Alors j'y retourne, je me retrousse les manches et je vais regarder de nouveau à cet endroit pour, coûte que coûte, m'en sortir.

Pourquoi les mères se brisent ?

J'ai lu cette semaine le roman à paraître en janvier prochain (*Petites dents, grands crocs*) de mon amie Émilie Guillaumin, qui raconte précisément cela : une mère qui se fait littéralement dévorer par sa famille. Émilie est mère elle-même et elle a fait le choix de ne pas faire un récit de son expérience, de sortir justement de cette fameuse écriture « à vif » dont tu parlais, mais d'en faire un roman et du coup de « pousser tous les curseurs » de ce qu'elle avait pu vivre elle-même. Elle en fait un livre presque fantastique, à la Edgar Allan Poe, l'histoire d'une femme qui se fait « bouffer » donc, et son tour de force, qui me bouleverse, est qu'elle crée une ligne du doute qu'elle ne dénoue jamais. On ne sait pas vraiment ce qui au final brise Sarah, son personnage : est-ce son environnement – son fils et son mari, toujours à la lisière de la maltraitance, de cette petite violence ordinaire terrible – qui serait véritablement toxique ? Ou est-ce elle qui craque, qui tombe malade, qui fait une dépression, et qui du coup ne sait plus ? Ce doute, je l'ai vécu très précisément cet hiver : ce moment où, comme me le dit Émilie, « la frontière entre paranoïa, folie, instinct animal, réelle souffrance, devient parfois ultra-fine ».

Il y a cette scène où son personnage pète un câble contre une bande d'enfants dans un square. Émilie me raconte qu'elle a elle-même menacé un jour un petit garçon qui touchait son fils de « lui arracher la tête ». Elle me raconte ça de façon hilarante, mon amie a un humour noir ravageur, mais quand on y est, dans cet instant vertigineux du doute, je crois qu'il est facile de s'y noyer. Moi je ne menace pas d'enfants dans ces moments-là (quoique… j'ai déjà hurlé sur une petite camarade de Diane, à l'en faire pleurer, parce qu'elle avait réveillé Ulysse dans sa poussette), mais je me mets à soupçonner tout le monde, moi la première.

Je ne dévoilerai pas la fin du livre d'Émilie, ça serait gâcher beaucoup de suspense, mais elle va au bout du bout de ce sentiment.

Que se passe-t-il quand on se brise ? Il y a cette tentation de s'en aller, comme Liv Maria, le personnage de Julia Kerninon, qui se sert de la fiction elle aussi pour explorer ce territoire et qui nous dit d'ailleurs être assez mal à l'aise quand on compare ses deux derniers livres, son roman et son récit sur la maternité, « quand on les regarde comme deux faces d'une même histoire. Liv Maria est un roman et mes romans ne sont pas autobiographiques. Toucher la terre ferme est purement autobiographique. Ça change tout ».

Ça change quoi ?

Peut-être que la fiction permet d'éclairer davantage certains points sombres, d'aller au bout de certaines lignes. Liv Maria est un personnage qui s'en va, abandonne ses enfants, parce que son noyau de pêche résiste à la parentalité, même s'il faut garder en ligne de mire, comme le rappelle Kerninon, que partir est « quelque chose qu'elle a fait et non quelque chose qu'elle est ».

Ici, j'ouvre une parenthèse, parce que cette phrase me percute, elle me fait dire que la dépression ne nous définit pas, elle n'est pas nous, elle est quelque chose qui nous arrive. Je ne suis pas ma dépression, je ne suis pas défaitiste et paranoïaque par essence, ce n'est pas mon identité. Voilà peut-être une première piste pour me sauver de ce guêpier. Fin de la parenthèse.

Que se passe-t-il quand une mère se brise ? Je pense encore à Sylvia Plath, dont je t'avais envoyé ce poème (« Edge »), cette autrice américaine qui n'est presque définie que par sa dépression, justement, et dont on ne retient généralement que la fin tragique : son suicide chez elle, la tête dans le four, ses enfants endormis dans la chambre à l'étage. Voilà aussi où ça peut mener, une mère qui s'effondre, c'est dur et laid à voir mais le suicide reste encore aujourd'hui la seconde cause de mortalité chez les mères. Sylvia Plath a été hyper jugée pour ce geste, cet abandon suprême, le pire des tabous, on ne lit presque plus son œuvre qu'à l'aune de sa fin.

Coline Pierré, à qui j'ai parlé il y a quelque temps, a fait un pari fou à son sujet : la réhabiliter en transformant la fin de sa vie en un roman, *Pourquoi pas la vie*. Elle reprend là où les choses s'achèvent : le jour de son suicide, qui dans le monde alternatif qu'elle crée rate parce que ses enfants se réveillent plus tôt que prévu. Elle dresse alors le portrait d'une femme non plus définie par sa noirceur mais qui a plutôt ce désir fou de « tout vouloir avec la même intensité ». Coline Pierré me dit qu'en écrivant sur elle, en relisant sa biographie, elle s'est rendu compte qu'un de ses points de difficulté, c'était ça : « le désir d'être tout et de l'être à parts égales ».

Est-ce que vraiment ce n'est pas possible ? De l'enfant ou du livre, l'un doit-il forcément être sacrifié ? Ou mis en sourdine ? Coline me dit qu'elle a écrit ce roman pour chercher des solutions, parce qu'elle aussi elle veut les deux et qu'elle peine à trouver un équilibre qui la « satisfasse dans les deux cas, sans frustration et sans culpabilité ».

On n'a cessé de dire que l'écriture et la maternité s'opposaient, mais pourquoi dans le fond, concrètement, au quotidien je veux dire ? Coline Pierré et Émilie Guillaumin me font plus ou moins la même réponse.

Émilie me dit :

> « C'est un tel isolement, ça te prend tellement d'énergie et en même temps ça te rend tellement heureux d'écrire, que c'est forcément un sérieux concurrent au fait d'enfanter ou d'aimer. C'est compliqué voire parfois impossible de réussir les trois : l'écriture, l'amour et l'enfant. »

Cette énergie que me prend l'écriture de notre livre et de mon roman, l'espace mental intense que cela demande, permanent, envahissant, obsessionnel et éminemment satisfaisant, je le vois clairement, c'est une des raisons, peut-être la principale, de mon épuisement actuel : parce que je veux le conjuguer à tout le reste, à tout prix, tout le temps. Ne rien lâcher.

Coline me dit de la même façon que cette tension est fatigante, parce qu'elle est ambitieuse : « La concentration et la solitude que demande l'écriture ne sont pas compatibles avec la parentalité. Et la disponibilité que demande la parentalité n'est pas compatible avec l'écriture. » Elle me dit aussi, à raison, qu'être autrice, ce n'est pas n'importe quel métier.

Comme tout métier créatif, ça ne se compte pas en nombre d'heures, et puis surtout : « On a envie de travailler plus. »

Quand je suis en plein dans une scène qui fonctionne, je ne rêve pas de m'arrêter pour aller chercher mes enfants plus tôt. Clairement.

Une fois posé que c'est plus difficile, plus ambitieux, plus fatigant, il n'empêche que ce n'est pas impossible. Ces deux autrices y arrivent d'ailleurs toutes les deux, à leur façon.

Dans *Pourquoi pas la vie*, Coline Pierré fait dire à Sylvia Plath son regret de ne pas avoir de modèles de couples d'artistes heureux, qui ne se déchirent pas, qui restent ensemble, sans jalousie ni frustration. Elle lui fait dire ça parce qu'elle a écrit ce roman pour tenter de trouver des solutions donc, pour elle mais aussi pour son couple.

On a beaucoup parlé toi et moi d'aller chercher un matrimoine, des modèles de mères, et j'ai l'impression qu'on a un peu sorti le couple de l'équation. Par pudeur bien sûr, on se l'était dit justement entre nous, en dehors de ces lettres. Dans ma propre grille personnelle, dans mes limites personnelles, je ne veux pas raconter ici mon intimité de couple, en tout cas pas sur le vif comme j'écris le reste. J'ai fait ce choix, mais ça ne m'empêche pas de me questionner sur le sujet. En particulier parce que je vois beaucoup autour de moi, ces derniers temps, dans mon entourage, de femmes qui se relèvent après des séparations, qui retrouvent dans la garde partagée enfin un peu de souffle et d'espace. Cette solution me rend amère. Je ne dis pas qu'il ne faut pas se séparer, bien sûr, quand c'est nécessaire, mais je trouve ça terrible de devoir sortir l'amour de l'équation pour retrouver un équilibre.

Dans *Pourquoi pas la vie*, Sylvia Plath est donc une mère qui se brise MAIS AUSSI qui se relève grâce à un traitement médicamenteux, à ses enfants, à l'écriture (un projet fabuleux de comédie musicale, non mais la joie de ce livre !) ET une histoire d'amour qui finit par advenir. Tout ça ENSEMBLE forme sa pulsion de vie.

Et la mienne aussi. Parce que vouloir tout ensemble est en même temps ce qui m'épuise ET ce qui me fait aimer ma vie plus que tout.

Et puis comme je suis butée, j'ai demandé aux trois – Coline Pierré, Émilie Guillaumin et Julia Kerninon – comment elles faisaient elles, leur petit manuel du quotidien. Je m'obstine aussi parce que je crois que ce manuel ne concerne pas que nous, autrices dont la vie est loin d'être la norme : j'ai l'espoir et l'ambition qu'il donne des solutions concrètes, ou au moins des pistes, à tou·te·s. Je ne sais pas ce que c'est que d'être une mère qui n'a pas le loisir (ou l'envie ?) de créer, je sais encore moins ce que c'est que d'être une mère célibataire ou une mère divorcée à mi-temps, je ne peux pas parler à leur place (cela serait insupportable), je ne raconte que de l'endroit (privilégié) où je me situe. Mais j'ai l'intuition que le fait d'être autrice me donne une trousse à outils un peu inédite.

Revenons à ce fameux manuel, donc.

Coline Pierré est en couple avec l'auteur Martin Page, il et elle se partagent des demi-journées d'écriture, se relaient auprès de leur fils et elle prend parfois des week-ends pour écrire. Elle m'explique que son compagnon arrive mieux qu'elle à trouver un équilibre. Parce que la culpabilité est plus le lot des femmes ? Peut-être, mais surtout parce qu'il est plus âgé, que sa carrière est plus avancée et qu'il a donc moins de mal à se dire qu'il va moins écrire pendant quelques années.

Trouver quelqu'un qui comprenne ce qu'on vit, c'est peut-être une des solutions. Être un couple d'auteur·rice·s, ce n'est pas forcément de la rivalité, ce peut être aussi plus d'entraide et de compréhension.

Mon amie Émilie Guillaumin a par exemple repris quelque part ce modèle de garde alternée, mais sans le divorce. Avec son compagnon, Philippe Lobjois, auteur, journaliste et reporter, il et elle s'offrent des « vacances d'écriture ». Pour écrire son dernier livre, Émilie est partie une semaine par mois, pendant un an. Tous deux comprennent ce besoin de solitude, il et elle ont le même. Voici ce qu'elle me raconte :

> « Ce n'est pas non plus évident : Philippe va s'occuper d'Hugo pendant que moi je vais travailler, puis à mon retour, c'est moi qui vais m'occuper d'Hugo et lui va travailler, mais le couple : où est-il alors ?
> Cela va peut-être être violent – et on s'aime extrêmement fort –, mais on sait tous les deux qu'on sera malheureux si on ne réussit pas, et que quelque part le bonheur qu'on a d'être ensemble n'est pas forcément supérieur au bonheur qu'on a à écrire et à être seul·e devant son ordinateur. Un bonheur n'en supplante pas forcément un autre. »

Comme Coline Pierré, elle me mentionne aussi la différence d'âge, le fait que Philippe a moins à prouver qu'elle, qu'il a profondément envie qu'elle réussisse à son tour.

> « Je ne vis pas justement ce que je décris de façon presque caricaturale dans mon roman : ces reproches du personnage du mari qui fait "tourner la baraque" et qui voudrait que sa femme trouve un "vrai métier". Je crois que c'est difficile d'être crédible autrement qu'avec quelqu'un qui sait comme toi ce que c'est que d'écrire : immensément de boulot, immensément de solitude. Que si tu ne te donnes pas ça, tu peux mettre une croix sur ta vocation. »

Ouch. Ça pique un peu. Mais il y a du vrai, non ?

L'amour, l'écriture… l'enfant. Qu'en est-il de la culpabilité vis-à-vis de l'enfant ? Qui moi me bouffe et qui bouffe aussi selon ses dires Coline Pierré. Émilie, en revanche, a une autre réponse :

« C'est drôle parce que j'ai l'impression que cela commence juste à me poser problème avec Hugo. Le week-end dernier, je devais partir pour écrire une nouvelle, qui va faire partie d'un recueil collectif sur la santé mentale, je suis arrivée à Houlgate, je suis restée une heure et je suis rentrée parce que tout d'un coup j'ai réalisé que je ne voulais pas être sans Hugo. J'ai rappelé la baby-sitter pour lui dire que finalement elle avait son week-end. Cette nouvelle, je ne l'ai d'ailleurs toujours pas écrite (rire). D'un coup il y a eu ce truc viscéral, qui en quatre ans ne m'était jamais arrivé : mon fils ne m'a jamais manqué et d'ailleurs ça suscitait l'étonnement de mes amis. Je tenais ce discours : "J'ai vécu trente-deux ans sans lui, il ne va pas tout d'un coup tout révolutionner." Discours que je pense toujours d'ailleurs. Ma vocation est antérieure à ma maternité. »

Ce qu'elle dit là, cette absence totale de culpabilité qu'elle a longtemps eue, c'est exactement ce que raconte l'autrice et illustratrice Lili Sohn, dans son dernier livre illustré, *Partir*, que j'ai aussi lu cette semaine.

(Bon sang… à ce stade de ma lettre, je réalise que j'ai sacrément bossé ces dernières semaines et que ma fatigue est un peu normale, si je compte qu'Ulysse se réveille à 6 heures du matin, que Diane s'endort à 22 heures et que je retravaille souvent dans l'intervalle, jusque tard dans la nuit… Une petite larme de sueur me coule présentement sur le front.)

Revenons à *Partir*. Lili Sohn raconte son voyage seule à Compostelle, qui dure quarante-cinq jours. Elle dit que LA question qu'on n'a pas cessé de lui poser, était : est-ce que son fils ne va pas lui manquer ?

En dehors de l'aspect hyper patriarcal de cette interrogation constante, je trouve génial que ça puisse exister, de ne pas culpabiliser.

Sauf que mauvaise pioche pour moi, je garde ce sac à dos-là. Mes enfants me manquent et je culpabilise À MORT.

Mais je m'obstine, je crois que ça en devient politique, au sens fort et vrai du terme, je veux une solution, je veux du concret, des effets dans la vraie vie. Comme pour Coline Pierré qui a aussi écrit cet essai absolument génial, *Éloge des fins heureuses*, où elle propose une merveilleuse théorie d'une littérature de l'« issue de secours », qui sauve et qui donne des perspectives aux personnages. *Pourquoi pas la vie* en est l'illustration parfaite.

Ma *happy end* à moi, c'est de croire que c'est possible d'avoir une vie grandiose, comme dans la chanson de Pomme, que ce n'est pas parce qu'on choisit une vie hors norme qu'elle ne peut pas être réelle et épanouie et vivante. Ça vaut le coup de s'accrocher. L'écriture, ça permet aussi ce tour de force de l'autoréflexivité, ce pas de côté grâce auquel on peut inventer des mondes à partir de soi.

Et puis d'un coup je me dis : est-ce qu'on ne pourrait pas être punk et retourner le propos comme un gant (noir en cuir) ? Et si la famille ne pourrait pas, aussi, être une sacrée aide à l'écriture ?

> « Avoir un premier enfant m'a poussée à affirmer avec une audace nouvelle l'importance et la valeur de mon travail, notamment au sein de mon couple. Ça a été très libérateur, pour moi, d'avoir un enfant. J'ai arrêté de m'excuser. J'ai arrêté d'accepter de faire les choses entre deux portes. »

Voilà les mots de Julia Kerninon : elle n'a jamais aussi bien écrit que depuis qu'elle a des enfants. Elle dit encore :

« La maternité m'a rendue plus audacieuse, plus exigeante. Pour le reste, je ne sais pas. C'est presque impossible de me rappeler vraiment la vie d'avant. Et puis je crois que ce sont des choses distinctes : je suis écrivain et par ailleurs je suis mère. Je ne suis ni une mère qui écrit, ni un écrivain maternel. J'ai une vie privée et une vie professionnelle. Pour moi, c'est extrêmement simple de faire la différence entre les deux. »

Ce constat est hyper réjouissant, mais moi je veux du concret, parce que justement, je ne trouve pas ça si simple. Elle fait comment ?

« Je travaille pendant que mes enfants sont gardés ou à l'école, soit de 9 heures à 17 h 30. Mais généralement, je n'écris pas dans la journée, je lis des manuscrits, je fais des recherches, de la traduction, des mails, des coups de téléphone, etc. Quand j'écris, c'est plutôt après le dîner, les dimanches, lundis et mardis soir, de 21 heures à disons minuit. Les trucs pratiques : le temps, il faut le prendre, et ce sera toujours du temps qu'on n'aura pas donné à autre chose. La nuit, c'est un bon créneau. La régularité, pas forcément absolue, mais au moins présente, c'est bien aussi. »

La nuit, clairement, c'est en train de me tuer à petit feu, comme toi je croyais que j'avais un corps huilé à toute épreuve, sauf qu'en fait non : pour ma santé mentale, j'ai besoin de huit heures de sommeil et de regarder aussi de temps en temps des séries Netflix avec des ados qui font du surf, merci. Par contre, la régularité, c'est une sacrée piste.

Mon amie Melody Prochet, musicienne, m'en avait déjà parlé, de ce cadre temporel, défini, elle me disait qu'avoir peu de temps était parfois plus fécond qu'on ne le pense. Émilie Guillaumin me dit la même chose :

« Le fait d'avoir un enfant ne me laisse plus le temps de me demander si je me lance, de réfléchir à une idée... toute cette vision romantique de l'artiste. Là, le temps est cadencé, compté, ce qui rend efficace. Ce livre, je l'ai écrit plus rapidement parce que j'avais un cadre dévolu et que je n'avais pas la vie devant moi. Je ne pouvais pas partir plus d'une semaine par mois, vis-à-vis d'Hugo, vis-à-vis de mon compagnon. »

C'est très concret pour moi aussi : aujourd'hui, ce mardi, j'ai exactement cinq heures et demie pour travailler, pas plus, pas moins, si je ne finis pas à 17 heures je dois travailler la nuit, au détriment de ma santé. *Tic tac tic tac*, pas le temps de pauses pipi ou de coups de fil aux copines. Et donc, ça va fort et je travaille sec. Et mieux peut-être. Ça rejoint bien ce que te dit Marcella aussi, non ? La famille peut devenir un cadre, même s'il en existe bien d'autres.

Et puis Émilie Guillaumin me dit encore que « sa famille la porte ». Et quand je lui demande en quoi, sa réponse me cueille :

« J'ai envie qu'on soit fier de moi, c'est un truc d'enfant (une émotion, à ce moment-là, la submerge). Aujourd'hui, j'ai envie qu'Hugo et Philippe soient fiers de moi – même si mon fils s'en fout encore, je veux dire, il a 4 ans, il veut juste des glaces au chocolat –, mais au moins Philippe. On a tous les deux, d'ailleurs, ce besoin très fort d'aimer quelqu'un qu'on admire.

Ma mère n'était pas du tout épanouie en tant que femme. Je me construis en rejet de ça : j'ai envie qu'Hugo dise de moi dans le futur "Ma mère a fait ci et ça", qu'il soit fier. Quand tu fais des enfants, tu les mets au monde, leur premier référent, c'est quand même toi.

J'ai aussi cette vision des mères d'amis, qui ont tout misé sur leurs enfants et qui le jour où les enfants s'en vont se retrouvent seules et font des dépressions. Il n'y a pas plus ingrat qu'un enfant. Quand tu as la chance d'avoir autre chose à cultiver – une carrière professionnelle, une passion, une vocation… –, il faut le faire jusqu'au bout. Tu ne peux pas tout miser sur de la matière vivante. »

Ça me touche doublement, ce qu'elle dit là. Cette histoire de fierté déjà, évidemment : je trouve ça éminemment beau de vouloir rendre ses enfants fiers, ça va plus loin encore que de leur servir de modèle. Et puis Émilie a toujours voulu une vie hors du commun, être une héroïne, pour ça elle s'est engagée dans l'armée, elle a eu mille vies, et elle est devenue autrice. Aujourd'hui, ses deux parents sont morts et ils ne peuvent pas voir sa réussite, ils ne peuvent pas être fiers d'elle. Elle me le dit en riant : « C'est con, hein ? » de sa façon si belle et sauvage d'appréhender le réel.

Elle écrit pour elle, pour son fils et pour son mari. Elle voulait prendre sa revanche sur l'ambiance mortifère de la maison dans laquelle elle a grandi.

J'ai la tête qui vrombit.

Un souvenir d'adolescence émerge soudain.

J'ai 16 ans, c'est l'été, ma mère est de plus en plus malade et on est restés à Paris, c'est le mois d'août et tout poisse dans notre tour du 14e arrondissement. Je suis seule dans ma chambre, non pas de cette solitude choisie dont je rêve aujourd'hui, mais d'une solitude collante, subie, d'enfant en manque de parents, cette solitude cruelle, au goût salé que j'évoquais à demi-mot au tout début de nos « lettres de printemps », en te parlant de l'exil de Circé. Je t'avais dit que je te raconterais. J'ai cet été-là un poids permanent dans le ventre. Alors je décide d'écrire un roman, mon premier projet d'écriture au long cours, un roman qui se passerait à Porquerolles, pour partir quand même, pour m'échapper, pour raconter l'aventure d'une jeune fille qui débarque sur une île, sur son petit bateau.

Les récits sont absolument nécessaires, comme tu le dis si bien, mais j'ai envie de croire à la puissance de la fiction quand il s'agit d'ouvrir des possibles, de résoudre des impensés et surtout de se ménager des issues de secours, comme dans l'*Éloge des fins heureuses* de Coline Pierré.

Coline Pierré qui ressuscite les morts dans *Pourquoi pas la vie*.

Je l'ai trouvée, ma fin heureuse. On peut inventer des mondes où tout se tient ensemble, en équilibre. On a un sacré pouvoir quand même, et c'est un grand privilège. Je le répète, on peut même ressusciter les morts.

En guise de *happy end*, on ne peut pas mieux faire, non ?

Je vais m'arrêter là. La canicule est arrivée sur l'île et j'ai besoin de faire ce truc que j'ai un mal fou à envisager, ces derniers temps : prendre soin de moi.

Je t'embrasse *fortissimo*,

Lucille

Dimanche 19 juin, 17 h 33.

Lucille adorée,

Nous sommes dimanche, cette semaine je t'écris depuis les heures lentes et douces d'un week-end chez soi, que je savoure comme une affamée goûterait son premier fruit mûr après des semaines de disette. Je souris en relisant dans ta lettre cette parenthèse où tu réalises avoir énormément travaillé les semaines passées. Nous étions si avides d'être éditées enfin, de faire naître ce livre, si convaincues de la nécessité qu'il existe rapidement, que nous avons ajouté à nos réalités déjà intenses une dose de travail importante. C'est si joyeux et fort qu'on a tendance à oublier que c'est aussi prenant et consumant.

En ce moment, la charge de travail pour finir ma thèse est si lourde que je ne peux plus consacrer mes vendredis à t'écrire. Du lundi au vendredi, j'abats de la *to-do list*, je ne m'arrête que tard, quand je suis venue à bout de mes missions du jour, et les jours vont s'enchaîner ainsi quelques mois. C'est douloureux car cette écriture me colle aux basques depuis trop longtemps, mais c'est aussi gratifiant, cette sensation de ne pas être que démunie face à un exercice qui m'éteint la plupart du temps. Je ne le dis pas souvent, mais je suis aussi fière de tenir jusqu'au bout mon engagement personnel pour la mémoire de ces mouvements révolutionnaires.

Alors t'écrire un dimanche me réjouit. J'emmène notre correspondance dans la douceur du repos dont j'ai besoin. Je suis installée sur notre balcon, je regarde le lac, les quelques bateaux qui le sillonnent, le dessin fumeux des crêtes au-dessus des vapeurs d'un été qui arrive trop tôt. Il y a du vent ce matin, j'ai l'épiderme qui frémit de joie quand je le sens qui m'enveloppe. Mon compagnon se repose sur le canapé, on a réussi à dormir pour de vrai après des nuits de canicule pénibles, alors on tente de faire durer l'instant et d'emmagasiner autant de fraîcheur et d'énergie que possible, avant que le soleil ne nous cogne à nouveau dessus.

Ce soleil a brûlé les plantes qu'on avait sur le balcon, et par moments la peur me serre la gorge, je me dis que c'est nous qu'il brûle. Ces temps-ci, je suis pétrifiée par la récurrence des métaphores d'incendie dans les productions artistiques et féministes que je croise. Le feu, la brûlure, les flammes imbibent les titres d'ouvrage, de pièces de théâtre, d'expositions d'arts visuels, de chansons. J'aime que le feu exprime nos colères, nos désirs de faire table rase, mais je n'aime pas beaucoup l'idée qu'on le fasse sur une terre brûlée. Bientôt dix ans à travailler sur la politique de terre brûlée du régime syrien m'ont appris que rien de bon n'arrive dans ces conditions. Je ne comprends pas qu'on laisse comme ça le feu coloniser nos imaginaires collectifs, je ne prône pas le déni, j'ai plutôt besoin qu'on invente d'autres possibles.

Puisque l'incendie et la brûlure sont notre présent et notre avenir les plus probables, j'ai au contraire envie de penser la rosée, des nappes phréatiques pleines, envie de penser le luxuriant... À force d'acharnement imaginatif, on pourra peut-être se mettre plus ardemment en mouvement pour changer le cours des choses ? Et surtout nous changer nous-mêmes, puisque c'est nous le problème. Dans la fraîcheur de l'instant, j'essaie de laisser tout ça de côté, je me concentre sur l'odeur des plantes que la chaleur exacerbe. Lausanne, ce matin, sent le Sud, les pins et le jasmin.

Ta lettre, cette symphonie. Rencontrer toutes ces voix, tous ces textes, après l'aridité d'une semaine à écrire sur la violence politique, c'est si bon. Tu parles de fiction et je frétille d'excitation, cet endroit d'écriture me manque en ce moment. Je n'ai pas touché à mon roman depuis mon dernier atelier d'écriture avec Amélie, et je serai heureuse, le moment venu, de retrouver cette steppe sauvage où tout est permis. Je commence à me sentir à l'étroit dans le vrai, celui de la guerre, celui de l'exil, celui de l'autoritarisme, qui se conjugue en ce moment à celui des maternités, de ce qu'il nous faut dire, écrire, faire exister, vite, maintenant, et qui a quelque chose d'implacable.

Cette semaine, un après-midi, j'étais seule dans le bureau de mon compagnon que je squatte à l'université de Lausanne, et on s'est appelées avec mon amie Marina. Appeler mes amis en journée, c'est un peu l'interdit suprême. Nous nous voyons peu, nous avons toujours mille choses à nous dire. Alors quand je raccroche après nos discussions interminables, je suis perdue et esseulée, je ne comprends pas ce que je fais là, pourquoi je ne suis pas affalée dans un canapé à boire du *genmaicha* et à manger un crumble avec elles et eux.

On discutait, comme d'habitude, patriarcat et révolution, et je lui ai dit : « Tu sais, là, avec tout ce que je lis, avec tout ce que j'écoute, avec tout ce que me raconte Lucille, je commence à avoir une idée des enjeux de la parentalité, surtout quand on devient mère, et plus ça va, plus je me dis qu'en fait il faut un doctorat en maternité pour être armée. » Ce que je veux dire, c'est que les informations concrètes que je trouve dans mes lectures, dans mes entretiens avec des femmes concernées par tout ça, celles que tu me livres dans tes lettres, tous ces *tips*, tous ces « Attention, danger, piège à éviter », sur le post-partum, sur la répartition des tâches quotidiennes entre coparents, sur la question du travail domestiqué et de la parentalité, sur l'amour dévorant qui est à la fois magique et ravageur, tout ça, je n'en avais jamais entendu parler. Et pourtant, j'étais loin d'être la personne la moins informée.

En fait, j'étais informée jusqu'à l'accouchement. Et quand je dis « informée », je crois que le mot est trop fort car il sous-entend que l'information est incorporée. Non, disons que sur les questions gynécologiques, jusqu'à l'accouchement, je sais où trouver des réponses quand j'en ai besoin. Parce que c'est ça, le vrai nerf de la guerre, ce n'est pas l'information, c'est l'accès à une information de qualité.

Avec la maternité, il faut sans cesse glaner, un podcast par-ci, un livre par-là, un film, une chanson, une confidence pertinente. Il faut comprendre où trouver l'information, collecter des données éparpillées, les assimiler suffisamment pour avoir une vision à peu près claire du champ de bataille et s'y frayer un passage. C'est profondément injuste, inégalitaire, dégueulasse en fait, parce que c'est juste impossible. On ne peut pas avoir la tête dans le guidon de sa vie et faire ce travail en plus. C'est de la recherche, et je sais de quoi je parle puisque c'est mon métier.

Si nous n'écrivions pas ce livre, si je ne faisais pas ces recherches dans la perspective d'un projet qui a une dimension professionnelle forte, jamais je n'aurais le temps, l'espace, l'énergie pour apprendre tout ce que j'apprends ici avec toi. Et encore, comme tu l'évoques, on se concentre sur des femmes et mères autrices, c'est-à-dire sur des personnes qui ont assez de capital social, culturel et économique pour se permettre d'exercer une activité très rarement rémunératrice – parce que l'argent, c'est un autre nerf de la guerre maternelle évidemment. *Quid* des autres mères, celles qui font des boulots pénibles et absolument pas épanouissants, celles qui cumulent les emplois précaires, celles qui subissent des violences dans un foyer qui devient un étau où lutter pour ne pas mourir ?... Plus je pense à elles, plus je suis sidérée par la bravoure qu'on exige d'elles.

Je pense aussi de plus en plus souvent aux mères qui élèvent seules, ou en garde partagée, leurs enfants. Dans ma dernière lettre, je te parlais de mon amie Armelle, qui m'a permis de contacter Amandine Dhée. Je présentais Armelle comme autrice, artiste et maraîchère. Cet hiver, elle m'a écrit pour me dire qu'elle nous avait lues sur le site de La Marelle et qu'elle avait envie, elle aussi, de participer à la discussion. Armelle est séparée du père de ses enfants depuis quelque temps et elle voulait nous parler de ce qu'elle vit, elle. Voici sa lettre :

Chère Maaï,

Enchantée, Lucille,

J'ai lu la première moitié de vos échanges et Maaï m'a invitée à y répondre.

Je suis cette maman séparée qui a eu un, puis deux bambins surprises. J'avais 26 ans quand j'ai rencontré leur papa. Et trois mois après être tombée enceinte de notre premier, j'ai décidé avec lui que cette aventure valait la peine d'être vécue. On est restés ensemble pendant six ans, puis on s'est séparés, et c'était dur. Maintenant ça va un peu mieux et je peux dire que je trouve mon compte dans la nouvelle situation. J'ai en effet la chance d'être maman et aussi de pouvoir libérer du temps pour écrire.

Ça m'a fait tout drôle de vous lire et de me rendre compte de nos différentes perspectives, qui demandent toutes une approche particulière à nos besoins. Comment ces mêmes besoins, dans des contextes différents, ont des solutions autres.

Quand je vous ai lues, j'étais, comme Lucille, au fond de mon lit avec la Covid, seule avec deux enfants dont il fallait aussi prendre soin. Mais j'étais contente qu'iels soient là. Soulagée de les voir repartir aussi, pour récupérer un peu. En même temps, quand iels partent chez leur père, j'ai toujours un peu cette boule d'abandon au fond de mon ventre. Je l'ai avec mes propres enfants, alors qu'iels n'ont même pas choisi cette vie entre deux maisons.

Pendant longtemps, le jour où iels arrivaient et celui où iels repartaient, on se disputait. Maintenant, ça s'adoucit. On trouve des petits ajustements pour se laisser plus de marge d'adaptation. Puis aussi, depuis quelque temps, on fait avec leur père des échanges sur des périodes plus longues, genre deux semaines, pour diminuer les transitions qui sont les moments les plus compliqués. Mais les lundis, où je me retrouve sans eux, je suis dans un chaos intérieur immense. Comme une envie de dormir et de ne plus rien faire avant de retrouver l'autre rythme, celui de ma vie sans mes enfants. Ça me donne la sensation d'avoir deux vies… et je me dis que c'est quand même fou à quel point je reste la fille de l'entre-deux, dans des moments de ma vie différents. Avant j'étais surtout la fille entre deux langues, entre deux cultures, entre deux villes, Paris et Amsterdam. Je suis franco-néerlandaise. Aujourd'hui, c'est un autre entre-deux, c'est tout, un entre-deux de mère qui a ses enfants un temps sur deux.

Concernant l'écriture, je me rends compte que je n'arrive pas à penser les longues structures. Souvent, je me dis que c'est lié à cette sensation que j'ai depuis que je suis mère de pouvoir être coupée à tout moment, dans n'importe quelle action, même dans mon sommeil. Alors les textes courts fonctionnent mieux. Ils marchent aussi bien avec mon attention dispersée de mère à la charge parentale partagée qu'avec mon envie de créer, petit bout par petit bout, une longue histoire intime, que de près je n'arrive pas à discerner.

Bon, je dois vous laisser pour prendre un train et retrouver les petiots.

Bisous,
Armelle

Quand je vous lis, les unes et les autres, je me dis que si je ne faisais pas ce travail de défrichage et d'exploration avec vous, forcément, j'arriverais dans la parentalité fracassée. D'une certaine façon, rien ne s'anticipe dans la parentalité, tu l'as très bien dit. On ne peut pas prévoir ce qu'il va nous être donné à vivre, une fausse couche, une césarienne en urgence, de la mort, de la vie, de la joie, de la dépression, de l'entre-deux comme le dit Armelle, tout ça en même temps. Mais c'est justement parce que rien ne s'anticipe qu'avoir des balises est fondamental. Face à un événement imprévu, à une émotion, à une difficulté concrète, ce qui aide, c'est déjà de les identifier, de les nommer, et à partir de là de trouver des ressources.

Certains disent « La maternité est un sujet à la mode », pire « La maternité ratée est à la mode ». Bande de fadas. C'est juste qu'on est si seules, nous les personnes concernées. Il y a une semaine, je suis donc allée à Lyon, voir Victor et Estelle intervenir dans le spectacle de Bliss, un podcast riche pour une maternité « décomplexée et déculpabilisée ». J'étais très heureuse d'être là. Les derniers mois, « Bliss » était un des seuls podcasts que j'arrivais à écouter. J'avais tant besoin de comprendre, de me sentir moins seule, de me réconforter, que les interviews-conversations de Clémentine Galey et de ses invitées étaient une bulle dans laquelle me réfugier.

Au Radiant, la salle de concert située à côté de Lyon et où avait lieu l'événement, c'était impressionnant, de la trentenaire CSP+ (catégorie socioprofessionnelle « supérieure », la plus favorisée donc) à foison. Je n'avais jamais vu un lieu public de ce type aussi rempli de femmes. Aux toilettes des hommes, on se faisait de petites blagues entre paires d'ovaires, trop contentes d'investir l'espace des mecs, trop contentes d'être en majorité, trop contentes de dominer la place, de régner en maîtresses sur les sous-sols du lieu. Fidèle à mes tocs d'islamo-gauchiste-wokiste conjugués à mes relents de misogynie intégrée, je ne pouvais pas m'empêcher de vérifier s'il y avait des personnes racisées présentes dans la salle ni de penser : « Tout le monde a sorti sa petite jupe Make My

Lemonade ou sa robe Sézane, au secours !, on va pas faire la révolution en étant si propres sur nous. »

Et puis, finalement, j'ai été « cueillie », pour reprendre ton mot. C'était exaltant et jouissif d'être ensemble, de rire et de pleurer devant des histoires de PMA, de mort subite du nourrisson, de seins qui tombent, de nuit de Java et de glaire cervicale qui ressemble à du houmous. C'était très fort de sentir que les personnes réunies ici s'étaient faites belles et beaux pour célébrer le fait d'avoir trouvé un espace où leurs histoires existent. Il y avait quelques hommes dans la salle, dont le mien, et je dois dire que partager ça tous les deux a été la plus efficace des thérapies de couple dans cette galère de l'enfant qui n'arrive pas.

Ça a réparé ce qui avait été blessé en nous, remis du désir dans nos ventres vides.

Dans la voiture, en rentrant de Lyon, je sentais que beaucoup de choses s'étaient apaisées ces derniers jours. La virée lyonnaise a fini d'adoucir tout ce qui me tiraillait et a permis à mon compagnon d'aller à son tour au bout de son deuil. Pour reprendre les mots de Fiona Schmidt que tu me rapportais il y a quelque temps, il y avait à nouveau en nous de la curiosité, de l'intérêt pour l'expérience de la parentalité. Je pensais à notre avenir, à tout ce magma de connaissances récemment acquises, je pensais à Gabriel, le petit garçon des amis qui nous accueillaient à Lyon, et qui sont eux aussi venus voir le spectacle, je pensais à son rire quand on jouait ensemble, à la famille plus grande, et plus terrestre, que j'espérais à nouveau, timidement, avoir. Je pensais aussi à ma mère. Depuis qu'on s'écrit, je pense de plus en plus souvent à elle aussi. Elle ne le sait pas, mais j'ai l'impression que j'apprends à la connaître autrement. Des souvenirs me reviennent sans cesse, je revois des scènes de vie, des moments charnières, je réfléchis à l'âge qu'elle avait à telle ou telle époque, je compare avec qui je suis ou qui j'étais à ces âges, pour essayer d'imaginer, de déchiffrer le mystère de la personne qu'elle était.

Ma mère pratique l'amour sauvage, c'est une sorte de romantique de l'extrême, pas niaise pour deux sous, pas dans l'effusion, les deux mains bien dans le cambouis. On est loin du romantisme fleur bleue et jardin à l'anglaise, ma mère elle aime avec ferveur, avec rage, avec dévotion, elle lit des polars affreux et quand elle a décidé un truc, elle fait son regard noir et ça calmerait un régiment d'adolescents en délire. Si quelqu'un veut comprendre l'expression « le feu sous la glace », qu'il ou elle m'appelle, je lui présenterai ma mère. Quand on était enfants, j'ai vu ma mère être une mère si charnelle et si louve. Je l'ai vue distribuer des bisous en quantité astronomique, attraper nos petits corps comme des trésors à choyer, je l'ai vue rassurer, câliner, cajoler, soigner, je l'ai vue nous défendre, je l'ai vue nous protéger.

Je dis que je l'ai vue, parce que c'était aussi important de voir que de recevoir tout cet amour. C'était une leçon d'amour brut. L'amour de ma mère a été et reste un socle sans lequel plus je vieillis, plus je comprends que je n'aurais pas pu me relever comme je l'ai fait de certaines épreuves. À chaque fois que j'ai eu mal pour de vrai, mal d'une façon qui peut mettre à terre pour longtemps, les coups s'arrêtaient net sur un bouclier que j'avais en moi, et dont je comprends ces derniers temps que c'est de l'amour de ma vie qu'il est forgé. Je voulais écrire « c'est de l'amour de ma mère qu'il est forgé », mais on ne corrige pas ce genre de lapsus. En t'écrivant ces lignes, je pense aux paroles d'une chanson de Mélanie Georgiades, *aka* Diam's, la grande sauveuse de mon adolescence tourmentée, qui m'a appris qu'une femme pouvait écrire des choses dingues et les donner au monde.

La chanson s'appelle « Car tu portes mon nom », il y a un passage où elle écrit sur sa mère :

« Alors ma mère, je l'ai aimée secrètement
Maladroitement, je l'aime démesurément,
Tout cet amour qu'on a gâché, on le rattrape
Mais je n'aurai jamais assez d'une vie pour lui rendre hommage,
Si je te parle de ma mère, c'est que je n'ai qu'elle
Ta grand-mère est une reine, et sa force je te lègue
Souviens-toi qu'elle est ton sang
Qu'elle est le pourquoi de ton cran
Qu'elle était grande, et qu'il faudra qu'on lui ressemble
Mon enfant, tu ne regretteras pas le monde
Et tu connaîtras l'amour car tu porteras mon nom »

Et puis, plus je pense à ma mère, plus je pense à cette maternité qui mérite tant d'être réinventée, plus je pense à mes autres mères, celles que je me suis choisies pour compléter ma famille, celles qui m'ont choisie pour compléter la leur, celles que la vie m'a offertes et que j'aime, elles aussi, démesurément.

Quand tu as le sang mêlé, il y a toute une part de toi que ta mère ne connaît pas. Ma part afro-descendante et égyptienne, ma mère ne pouvait pas toujours m'aider à l'apprivoiser, elle lui était étrangère. Je la revois nous traîner chez des coiffeurs afro à Barbès, ma sœur et moi, parce qu'elle avait besoin des conseils et du soutien de femmes qui sauraient s'occuper de nos cheveux crépus et bouclés. À son époque, il n'y avait pas de comptes Instagram, de boutiques, de salons de coiffure dédiés aux cheveux dits « texturés ». Ma mère apprenait toute seule, elle testait tout un tas de trucs sur nos têtes. Elle n'avait pas non plus la même pilosité que moi. Quand j'ai commencé à m'épiler, c'est mon père qui lui a dit de m'emmener chez l'esthéticienne pour que je sois épilée à la cire plutôt qu'au rasoir, parce que mon père avait vu sa mère, ses sœurs, préparer le caramel en Égypte. C'est aussi mon père qui savait faire les brushings. Ma mère a grandi dans une fratrie de garçons, la coquetterie n'était pas vraiment au programme pour ma grand-mère et elle. J'ai pris la mesure de tout ça quand certaines de mes amies blanches ont eu des enfants avec des hommes noirs. Je devenais une de leurs conseillères en gestion d'enfants nés de couples mixtes.

Quand j'ai commencé à séjourner de longs mois en Égypte, je me suis rapprochée de mes tantes. Elles se moquaient de moi parce que j'étais nulle en « trucs de fille ». Elles s'attendaient à voir débarquer une jeune femme française tout ce qu'il y a de plus sophistiquée et outillée, et moi, je n'étais que revendications révolutionnaires et rêves de désert. J'avais prévu une tenue pour les mariages : un ensemble de smoking pour femme que j'estimais le comble de l'élégance. Je me prenais un peu pour une intello Coco Chanel là-dedans. Tu aurais vu leurs têtes quand j'ai débarqué habillée comme ça… Elles attendaient une vraie robe de soirée, des froufrous, de la dentelle française, du maquillage qui se voit. L'une d'elles a recouvert mes lèvres du rouge à lèvres le plus vif de nos trousses de toilette. L'autre a mis dans mes mains un petit sac à main intégralement doré et des escarpins assortis, en me disant « Prends au moins ça, je te jure, tu vas nous faire honte ». J'ai tellement ri.

Quand je suis arrivée au mariage, j'ai mieux compris l'étendue de mon faux pas vestimentaire… J'avais l'air d'une étudiante venue passer un entretien d'embauche, au milieu d'un océan de strass. Mes tantes m'ont enseigné une manière d'être une femme que j'ignorais totalement, quelque chose d'explosif, d'exubérant, très loin de la discrétion et de la pudeur de ma mère. Elles m'ont transmis une autre forme de force, une force de matriarches, car l'une était veuve, l'autre veuve, remariée et divorcée. Il n'y avait pas d'hommes pour régenter leurs existences, dans une société pourtant extrêmement conservatrice et patriarcale. Elles m'ont confié des secrets incroyables, qui m'ont fait rougir comme rarement. Elles ont été les mères de cette part de moi qui n'est pas française. Je n'avais pas de mère égyptienne, elles n'avaient pas eu de fille. On s'est aimées très fort. Je parle au passé car ces dernières années, je me suis beaucoup éloignée d'elles, j'avais trop peur que mon travail en Égypte ait des répercussions sur elles. Souvent, je pense au jour où je leur présenterai mon enfant.

Si je te parle de tout ça, c'est aussi parce que je me demande comment on peut faire de la place à des manières de faire famille qui soient plus ouvertes que ne l'est l'étriquée famille nucléaire. Je pense à mes mères adoptives et je pense aussi à l'amour que je porte aux enfants d'autres et pour qui je suis prête à tout. Je veux qu'iels le sachent. Beaucoup de mes ami·e·s ont été mères et pères avant moi, j'ai grandi avec leurs enfants et je me soucie (du mieux que je peux bien sûr) de qui iels sont. Iels sont nombreux, il y a Bertille et Salomé, Ezekiel-Zanabé et Zala, Amalia et Armand, Nour et Shaheen, Elamine et Hamadi, Azad et Heyv, Ulysse, deux fois, Diane ou Alba, Simone, Shams, Théo, Anaé, Anatole, Gabriel et Victoire. Et puis, il y a ceux qui ne sont pas encore arrivés, mais dont je sais qu'iels existent déjà pour leurs parents, et je n'ai pas besoin qu'iels soient là pour les aimer, je les attends moi aussi.

Ces liens comptent, les inscrire ici a bien sûr une valeur affective pour moi, mais aussi une valeur politique. Ces prénoms donnent de la chair à ce que je souhaite exprimer :

on peut se sentir responsable et attaché aux devenirs d'autres enfants que les siens. Je ne connais pas tous leurs anniversaires, je déteste aller à la poste, iels ne recevront probablement pas de moi beaucoup de colis et de cartes postales. Mais j'ai parfois manqué d'adultes qui soient des filets de sécurité, qui puissent être présents quand les parents sont en difficulté. J'aimerais être cela pour les enfants de ma famille élargie, quelqu'un chez qui on peut débarquer à tout moment, pas besoin de téléphoner, la porte sera toujours ouverte. Je ne suis pas forcément présente dans leur quotidien mais je pense à elles et eux extrêmement souvent. Quand je fais ou vis des choses difficiles, iels sont là, me dire que c'est aussi pour elles et eux me donne de la force.

Fiona Schmidt te parlait de la caricature de la femme qui ne veut pas d'enfants et qui, par ricochet, devrait les détester tous. Elle te disait au contraire les aimer. Quand tu as eu des difficultés à avoir des enfants, parfois, pendant un temps plus ou moins long en fonction des personnes, on ne va pas se mentir, côtoyer les enfants des autres peut être une source de peine. S'investir auprès d'elles et eux peut aussi devenir inconfortable car on a peur d'apparaître comme une personne pitoyable, qui « s'approprie » les enfants des autres parce qu'iel n'en a pas, « à elle·lui ». Mais ces difficultés sont passagères, et surtout elles n'altèrent pas notre engagement vis-à-vis de ces enfants. On parle beaucoup ici de l'amitié comme ressort politique, comme sanctuaire pour se dire. Par loyauté et par amour envers mes ami·e·s, me préoccuper de l'existence de leurs enfants fait partie de ma vie. Je ne peux pas, et surtout je ne veux pas, les ignorer. Certains de ces enfants sont assez grands pour être devenus mes ami·e·s eux aussi. Et je me moque de tomber à pieds joints dans le sirupeux, je sais le sérieux que j'investis dans ces mots et l'énergie que je mets et que je mettrai encore pour qu'ils soient plus que des mots.

Fin octobre 2021, j'ai découvert une autre dimension de ce lien qu'on peut avoir avec les enfants d'autres que soi : j'ai rencontré Elsa. Elsa est la fille d'amis très chers, Alban et Lorie. Alban et Lorie m'ont fait l'honneur de me demander d'être sa marraine. Je crois vraiment que ça a été une des plus grandes joies de ma vie. J'ai évidemment accepté, Elsa est donc ma filleule. Elsa porte mon prénom et celui de son parrain, en deuxième et troisième prénoms. Nous sommes une part de sa filiation. Dans le carnet que je tiens pour elle, j'ai noté ces premiers mots :

« Elsa chérie,
Comme c'est impressionnant d'écrire à ta vie qui commence. »

Elsa est un sucre d'orge, c'est une enfant qui a tout de suite eu sur le visage une expression amusée et tendre. Me dire que je vais la voir grandir me bouleverse, je me demande souvent quelles aventures l'attendent, comment notre lien évoluera. Pour sa naissance, je voulais trouver un cadeau qui soit comme un rituel qu'on répéterait année après année. N'ayant pas eu de marraine ni de parrain, du moins officiel car j'ai une marraine de cœur dont je t'ai déjà parlé, j'ai posé des questions autour de moi et j'ai compris que les marraines étaient aussi des soutiens concrets pour les moments importants de la vie (passer son permis, acheter sa première voiture, partir en Erasmus, meubler son premier appartement…), des portes vers un autre univers également.

Pour ma part, j'ai envie d'accompagner Elsa dans la découverte de sa sensibilité au beau et de donner de la force à ses futurs rêves. J'ai décidé de lui créer un matrimoine, de lui offrir chaque année une œuvre d'art, réalisée par une femme, avec certificat d'authenticité et tout et tout. À travers ces œuvres, qu'on pourra choisir ensemble quand elle sera plus grande, j'espère qu'on partira en voyage et qu'on se racontera des histoires. Si un jour ça la barbe ou qu'elle a mieux à faire que de les garder, elle pourra les revendre et se faire des ovaires en or.

Pour sa naissance, j'ai choisi une toute petite toile de Virginie Hucher, qui appartient à une série nommée « Jardin fertile ». Virginie Hucher peint des formes organiques, qui rappellent des éléments du vivant. Sur la toile que j'ai choisie, je vois deux femmes qui se tiennent face à face et se disent des confidences. Un jour, je pourrai lui expliquer que j'ai choisi cette œuvre car je lui souhaitais une vie fertile, au sens d'une vie où les énergies, les cycles, les métamorphoses, les transformations, les passions, les désirs, foisonnent. Je lui expliquerai aussi que j'ai choisi cette toile pour qu'elle sache qu'elle pourra toujours faire cercle avec moi, comme je fais cercle avec sa maman, qu'elle trouvera toujours chez d'autres femmes du savoir, du réconfort, de la magie et de l'audace.

Connaître Elsa me fait grandir. Me demander qui je souhaite être pour elle m'invite à savoir qui je souhaite être pour moi-même, me demander ce que j'aimerais lui transmettre m'invite à identifier ce qu'il est crucial pour moi d'apprendre, me demander où et comment passer du temps avec elle, l'accueillir quand elle sera plus grande m'invite à penser mon nid, me demander avec quel argent je lui offrirai son prochain cadeau me force à faire reconnaître mieux qu'avant ce que mon travail vaut.

Grâce à Elsa, j'ai fait une chose dont j'avais très envie depuis des mois : je suis allée chez Amélie Maison d'Art, une galerie que je rêvais de découvrir. Je voulais pour ma filleule ce qu'il y a de plus beau. Je me sentais fière et légitime dans ce lieu car je venais chercher une œuvre pour Elsa, à coup sûr le plus bel enfant de la Terre. Je n'avais pas des moyens colossaux, probablement même les plus petits de la clientèle du lieu, mais ça n'avait pas d'importante, j'étais juste tellement heureuse d'être là. Grâce à Elsa, j'étais moins sage et moins timide, j'étais plus en vie. Alors que j'étais encore dans la galerie, mon amie Elvire Duvelle-Charles m'a rejointe. Nous nous sommes promenées ensemble dans le quartier Saint-Michel et nous avons bu du vin blanc en faisant des prières pour que notre autre amie, Sarah Constantin, accouche dans de bonnes conditions de la petite fille qui allait devenir la filleule d'Elvire. Ce soir-là, nous avons beaucoup discuté de la manière dont la question de la maternité traverse les amitiés entre femmes.

Elvire et Sarah sont journalistes et créatrices de « Clit Révolution », qui est une série, un livre mais aussi une communauté en ligne. Elles ont réalisé ensemble la série France TV Slash du même nom et coécrit *Le Manuel d'activisme féministe*, illustré par Alice Des et paru en 2020. Il y a quelques jours, j'ai appelé Elvire pour qu'on discute de marrainage. Elvire ne désire pas avoir d'enfants, j'étais curieuse de savoir comment, depuis ce postulat, elle investit cette position de marraine. On a parlé de la solitude des mères qu'on observe autour de nous, de cet isolement qui s'installe souvent au moment de la maternité et qui éloigne les nouvelles mères de leurs réseaux de sociabilité, de luttes, à une période où elles en auraient pourtant cruellement besoin. C'est d'ailleurs un point qu'évoque Sarah, dans les chroniques qu'elle a commencé à écrire et à publier sur le compte Instagram de « Clit Révolution ». Alors qu'elle avait quitté les réseaux sociaux et « Clit Révolution » pour voyager avec son compagnon, voyage au cours duquel elle est tombée enceinte justement, Sarah raconte le besoin d'écrire et de revenir chercher du lien, de la solidarité et du partage avec d'autres femmes.

Elvire me parle aussi d'Ousmane, arrivé mineur isolé en France et avec qui elle a noué des liens très forts. Ces dernières années, elle a beaucoup accompagné Ousmane dans son installation en France. Pour nommer leur lien, elle le présente lui aussi comme son filleul. Et elle me dit :

> « C'est avec Ousmane que j'ai finalement le plus expérimenté ce que ça doit être d'avoir un enfant, d'être responsable des besoins de quelqu'un. L'aider à se nourrir, à se loger, le guider dans ses démarches et ses choix, être la personne qu'on appelle en cas de problème. Finalement, c'est avec lui que j'ai le plus fait ce qu'on fait avec un enfant. Quand je l'ai connu, il avait 15-16 ans, donc il était hyper adulte et débrouillard sur plein de trucs, mais il ne savait ni lire ni écrire par exemple. C'est avec lui que j'ai fait ça, apprendre à faire des lettres, s'entraîner à déchiffrer des syllabes, répéter des exercices, faire des devoirs. »

On discute aussi des personnes qui l'ont elle-même marrainée et parrainée, un parrain officiel, qu'elle voit tous les deux trois ans pour des conversations très profondes et dont la matière l'accompagne jusqu'au prochain rendez-vous, quand elle était enfant, la famille qui tenait l'école de théâtre où elle passait le plus clair de son temps, où elle a appris à s'exprimer, à avoir confiance en elle et où elle a vécu son premier amour. Elvire complète :

> « Les Femen c'était aussi ça, un collectif féministe, c'est aussi du marrainage, c'est aussi un endroit où il y a de la

transmission, où tu trouves une famille. Chez les Femen, y a des personnes avec qui je ne suis plus d'accord politiquement aujourd'hui, mais qui restent des personnes que j'aimerai toute ma vie, que je ne peux pas ne plus aimer. »

Est-ce qu'on ne pourrait pas être ça plus souvent les uns pour les autres, les uns pour les enfants des autres ? Des personnes qu'on aimera toute sa vie, qu'on ne pourra jamais ne plus aimer ? Je ne crois pas qu'il faille enlever l'amour de l'équation pour qu'être mère soit viable (même si j'ai observé moi aussi ce que tu décris sur les gardes partagées qui soulagent…). Peut-être qu'il faut faire plus de place à d'autres formes d'amour que l'amour romantique, prendre vraiment au sérieux les familles qu'on s'est choisies, y réinjecter de la solidarité et de la matière, s'organiser.

Je m'arrête ici, mon amie chérie. J'ai migré dans le salon quand la chaleur est devenue assommante, mais il est 17 h 30 et je vois que le vent est de retour. Le store de la terrasse tremble et me donne l'espoir de pouvoir sortir un peu. Je vais aller me promener avant que la journée ne soit terminée et que je rempile pour une semaine de travail sur la thèse. Il me tarde déjà de te lire.

Je t'embrasse fort fort,

Maaï

Correspondances des 21 et 26 juin 2022
À nos amours

Mardi 21 juin, 15 h 15.

Maaï, mon amie précieuse,

Tu parles de mère adoptive, de marraine, d'entraide et tu écris :

« Peut-être qu'il faut faire plus de place à d'autres formes d'amour que l'amour romantique, prendre vraiment au sérieux les familles qu'on s'est choisies, y réinjecter de la solidarité et de la matière, s'organiser. »

Et je pleure.

Je ne fais que pleurer depuis dimanche, d'épuisement – encore – et de cette soif que ces mots ont ouverte en moi, une soif d'une main tendue, d'une aide à laquelle j'avais fini par renoncer dans ma tour de solitude.

Et puis l'amour.

Ces derniers temps, Diane traîne sa mauvaise humeur, elle ne dort pas assez, la faute à la chaleur, et elle a du mal à retrouver sa joie. J'ai explosé dimanche alors qu'on était à la plage et qu'elle faisait la gueule, encore. Je l'ai prévenue que si elle ne voulait pas être là, si elle n'était pas contente, on pouvait rentrer à la maison. J'ai fini par la prendre en force, en « sac à patates », et par la ramener, hurlante, chez nous, les pieds pleins de sable. Tout le long du trajet elle criait « Je ne veux plus jamais être ta fille ! » et je lui répondais, impassible (ou presque…) : « Eh bien moi je serai toujours ta mère ! »

On est des tragédiennes sinon rien, chez nous.

Et puis j'ai ajouté : « Je n'arrête jamais de t'aimer, je suis toujours ta maman. » Et elle m'a rétorqué en pleurant sur le vélo : « Tu mens. Là tu ne m'aimes pas. » Elle avait appuyé sur le bouton nucléaire. Si j'ai une peur, c'est que mes enfants ne se sentent pas aimés de façon inconditionnelle.

Alors voilà, c'est ma mission de ce mardi, je vais partir en chasse de l'amour.

Parce qu'il est hors de question que j'y renonce, pour moi, mais aussi et surtout pour mes enfants.

J'ai écouté le podcast « Banh Mi » hier soir, c'était un épisode avec Mai Hua (la réalisatrice du si beau film *Les Rivières* que j'ai déjà mentionné) et sa fille Tâm. Mai Hua cherche encore et toujours à sortir des malédictions familiales, à se délivrer, à aller vers la lumière et vers la fin, elle dit cette phrase fabuleuse : « Tâm m'oblige à m'engager dans la vie. »

La vérité, Maaï, c'est que tout ce que j'écris ici depuis le début, ce n'est pas seulement pour moi, pour sauver ma peau, c'est d'abord pour Ulysse et Diane.

Malgré mes recherches de la semaine dernière, malgré ta lettre, je suis toujours au fond de la piscine avec mon p'tit pull marine, mais, pour ces deux-là, je ne compte pas m'y complaire, je vais donner un gros coup au fond et me trouver des brassards pour flotter, s'il faut.

Il et elle méritent mieux qu'une mère qui va mal.

Ça a été une sacrée semaine. Ulysse a fait ses premiers pas, cela faisait quelque temps qu'il tentait le coup, mais là il s'est lancé vraiment, Bambi sur les carreaux bleus de notre appartement. Il grandit et Diane aussi, elle a fêté ses 5 ans vendredi dans le champ de mûriers en face de la maison, avec des petits pistolets à eau et des maquillages de Cléopâtre. Tragédiennes, je te dis.

Le quotidien avec deux jeunes enfants est harassant, mais je vois déjà leur petite enfance qui s'éloigne et je sais qu'il y aura plus de légèreté bientôt, je vois à travers la sueur qui me dégouline du front que leurs corps minuscules qui s'éclaboussent dans le même bain me manqueront un jour. Je ne veux plus d'autres bébés, parce que la peur, comme je te le disais, mais peut-être aussi parce que je veux me consacrer à aimer ces deux-là, mieux.

L'amour, donc.

Diane m'a aussi dit cette très jolie chose cette semaine. Le matin de son anniversaire, je lui ai raconté sa naissance, plus exactement ce moment où nos regards se sont croisés pour la première fois le matin d'après, ses yeux noirs intenses. Un peu plus tard, on marchait et elle s'est mise à me dire : « Moi, je me souviens de quand j'étais dans ton ventre. » Elle a ajouté qu'elle savait que ce n'était pas habituel, que normalement on ne se souvient pas de ces choses-là, et puis elle a dit cette phrase étrange : « Moi, je me souviens de quand j'étais dans les nuages. »

Elle m'a expliqué qu'avant de naître, elle était dans les nuages, elle s'en souvient très bien, elle nous voyait depuis là-haut et puis à un moment elle a décidé d'en descendre. « Tu nous as choisis, alors ? » Je lui ai demandé. « Bah non, je ne vous connaissais pas. »

Au vu du peu d'estime que j'ai de mes capacités parentales ces derniers temps (je ne suis toujours pas hyper fière de l'avoir ramenée de force de la plage), sa réponse m'a un poil déçue, j'avoue, mais dans le fond je la trouve géniale, sa théorie des nuages.

Ce qui me frappe ici, c'est son imagination. Même si Diane me dit que ce n'est pas une histoire, qu'on ne la lui a pas racontée et qu'elle ne l'a pas inventée, que pour elle c'est la vérité vraie, croix de bois croix de fer, je ne peux pas m'empêcher de me dire que c'est un terreau d'imagination, néanmoins.

Cela me fait dire que l'amour s'invente.

Ou plutôt que l'origine (nuageux ou autre) de l'amour s'invente.

Et donc peut se créer.

Je ne sais vraiment pas si c'est clair, mon cerveau est un lac de boue aujourd'hui. Je ne suis pas très classe avec mes brassards et mon p'tit pull marine, dans mon lac de boue. Je vais essayer de préciser.

Ce que je veux dire, c'est que j'ai eu deux enfants des nuages et que je m'estime sincèrement chanceuse qu'il et elle soient descendus chez nous. En échange de cette chance (qui contient toute l'ambivalence, toute l'âpreté de la maternité), je me dois d'aller puiser assez de joie en moi, chaque jour, pour qu'il et elle se sentent aimés inconditionnellement.

Quitte à l'inventer aussi, cette joie.

Depuis le début de ces « lettres de printemps », je me dis que je veux une fin heureuse à notre livre, c'est une sorte de mantra, d'obsession, et hier soir je désespérais d'y arriver.

Alors je suis allée reprendre l'*Éloge des fins heureuses*, de Coline Pierré.

Parce que si je veux une fin heureuse, si je veux te parler d'amour, c'est aussi parce que ces sujets sont du même bord que la maternité. Ce sont des thématiques méprisées, dites « féminines », mal considérées. Coline Pierré écrit :

> « Nous devons nous réapproprier les fins heureuses dans une perspective féministe. Plus que revendiquer la chick-lit[1], il faut la hacker, l'extirper du sexisme dans lequel elle est embourbée pour inventer une fiction sentimentale féministe et idéaliste, une chick-lit exigeante et populaire, radicalement subversive, radicalement romantique. Et faire de même avec nos VIe s. »

Coline Pierré, lorsque je lui demandais pourquoi on considérait si mal ces thématiques, m'avait aussi parlé de la théorie de la « fiction-panier » d'Ursula K. Le Guin, cette autrice géniale de science-fiction (si tu ne l'as pas lue, fonce lire la saga *Terremer*). Dans ce texte tiré du recueil *Danser au bord du monde*, Ursula K. Le Guin fait l'apologie d'une nouvelle forme de fiction, qui ne serait pas basée sur le conflit, avec un héros qui doit sans cesse se battre contre de méchants adjuvants. L'idée serait d'aller plutôt piocher dans un « panier culturel primordial », pour que la fiction soit

> « une tentative pour décrire ce qui est en train de se passer, ce que les gens font et ressentent réellement, comment ils se relient à toutes les autres choses que contient ce grand sac, ce ventre de l'univers, cet utérus des choses qui seront et cette sépulture des choses qui ont été, cette histoire interminable ».

C'est drôle, parce que j'utilisais déjà cette image du panier en janvier dernier, pour te parler de ce qu'on accumulait ici ensemble. Ce grand sac, ce panier, je crois qu'on l'a rempli,

---

1. Littéralement « littérature pour poulettes », courant littéraire à destination d'un public féminin, à tonalité humoristique, où des femmes racontent à d'autres femmes leur quotidien désabusé (ex. : *Bridget Jones*, *Sex and the City*...).

Maaï, de notre matrimoine, de nos récits, on a là une matière vaste comme le monde.

Je n'ai plus d'enfants qui me poussent dans le ventre, mais ces derniers mois, j'ai au creux du cœur l'idée d'un roman d'amour qui finit bien, et tout cela est très fluide dans ma tête. On en revient encore et toujours à choisir l'amour, coûte que coûte. En donner, en donner, en donner, comme une rivière qui ne s'arrêterait pas, et pour cela en chercher inlassablement la source pour qu'elle ne tarisse pas, pour qu'elle soit véritablement inconditionnelle.

Ainsi, je ne manquerai plus jamais d'amour, pour le donner à ma famille, mais aussi pour en être traversée et remplie au passage moi aussi. Il n'y aura plus d'été poisseux et mortifère, j'aurai consolé la mère sans mère que je suis, la solitude n'aura plus ce goût salé.

Pour toutes ces raisons, j'ai donc envie de raconter une histoire d'amour, une histoire d'amour adolescente, inspirée sans honte de toutes ces heures passées à regarder des séries sur le sujet, une histoire de deux personnes qui loin des genres s'aiment sans drame, sans heurt, sans peur, une histoire douce d'amour qui rendrait fort et que le monde n'empêcherait pas.

Quitte à sortir du réel, du vrai, du vraisemblable. Ursula K. Le Guin le dit bien : « C'est là un réalisme étrange, mais la réalité est étrange. »

J'ai ce désir de fiction dans le ventre et je ne voudrais pas maintenant qu'il sonne comme un désaveu de ce que j'ai appris ici au sujet de nos récits intimes. « Nos histoires vraies seront de la littérature », je suis toujours convaincue par ces mots de Dorothy Allison. J'arrive simplement à un carrefour. Comme tu me le disais, il est temps pour nous de finir notre livre vrai et sincère pour aller poursuivre nos fictions, avec tout le matériel et les ressources qu'on y a récoltés.

Si la réalité ne nous convient pas, si nos maternités ne nous conviennent pas, il faut en inventer de nouvelles formes. Il faut insérer ces autres modèles dans des livres, dans des séries, dans des jeux vidéo, dans des films, dans des histoires. À force d'être racontées, les histoires deviennent acceptables, banales... vraies. C'est politique aussi, l'imagination.

Je suis mère et autrice, ces deux dimensions se tiennent chez moi à égalité, au final, car elles sont liées intrinsèquement. Elles ne se font plus tant que ça concurrence. Devenir mère m'a fait écrire sur ce sujet et m'a donné ce livre avec toi. Mes enfants m'auront offert cette aventure de la publication et c'est inouï, quand on pense au point d'empêchement où je me trouvais au début de ces lettres. Être mère façonne aussi mes mots, mes phrases, je fais avec la fatigue, le peu de temps pour mener plus avant mes recherches, je dois faire avec les outils qui sont à portée de ma main, parer au plus urgent.

J'ai conscience en particulier qu'il me manque un dispositif politique concret, pas seulement théorique. Pour réinventer la maternité, clairement, il faudrait d'abord des réformes, des congés paternité plus longs, des accompagnements réels du post-partum... mais je n'ai pas la capacité de m'occuper de ça, je n'ai que mon petit bureau devant ma fenêtre ronde qui donne sur mon feijoa et cinq heures trente par jour. Pour être le plus efficace possible, je préfère choisir mon domaine de compétence. La meilleure option qui s'offre à moi pour être une mère combattante en ce moment, c'est la fiction. Je peux raconter des histoires.

Allons-y pour les histoires.

Je t'aime pour la vie, mon amie.

Lucille

P.-S. : Aujourd'hui, c'est le solstice, le premier jour de l'été, de soleil haut, et moi non plus je n'ai pas envie de terre brûlée. Sur l'île, la sécheresse et l'incendie sont les principales menaces. Ces derniers jours, je rêve de plonger dans l'humidité d'une jungle épaisse et qu'il tombe sur nous une pluie torrentielle.

Dimanche 26 juin, 19 h 55.

« Il y a une danse de lucioles, de petites lumières qui tournent autour des bateaux de la baie, de minuscules créatures qui chantent, des poissons qui sautent – la fête du début de l'été s'apaise dans la chaleur, et les citronnades ! »
Déplacer le silence, d'Etel Adnan

Lucille, mon amie adorée,

Ta dernière lettre se terminait sur une pluie torrentielle que tu imaginais contre le feu et la chaleur. Elle semble être arrivée ici. Le lac est noir, presque menaçant, le ciel gris et si bas qu'on ne voit plus les montagnes autour de nous, il y a des vagues et de l'écume au loin. Si je ne savais pas où je suis, je pourrais croire à une mer déchaînée. J'étais prête à sortir quand le déluge a commencé. J'ai rebroussé chemin, fait cuire un plat de pâtes, que j'ai avalées imbibées d'huile d'olive, de fleur de sel et de poivre. Je pensais t'écrire de l'atelier, mais je suis coincée sur le paquebot vert qui me sert de canapé.

J'ouvre mon fichier et je trouve ces notes, que j'ai dû prendre dans la semaine, je n'en ai pas le moindre souvenir :

« 15 juin 2020, il y a deux ans, nous découvrions que nous attendions un enfant. C'était notre première grossesse ensemble, c'était notre première grossesse désirée à deux.

21 juin 2021, il y a un an, aurait dû naître le deuxième enfant que nous avons attendu ensemble, l'espace de quelques semaines, à l'automne 2020.

Nous avons changé d'ère. Les dates deviennent floues dans mon esprit, celles des débuts de grossesse, celles des dates prévues d'accouchement, celles des arrêts de grossesse. C'est comme si le calendrier de notre vie était hachuré de rendez-vous manqués.

Souvent, les dernières semaines, quand mon compagnon versait les larmes qui avaient patienté tout ce temps, je le serrais dans mes bras et je lui répétais : “C'est fini, c'est fini, je te promets que c'est fini.” Et c'est vrai, c'est fini. C'est comme si désormais tout était, disons, un peu plus loin. Ça ne veut pas dire qu'on oublie, juste que le temps a guéri ce qui pouvait l'être. »

En relisant ces notes, je pense à la tresse qui trône au milieu de mes bijoux, de nos crèmes et de nos huiles, dans un petit sachet rouge carmin. Je suis allée chez le coiffeur hier, j'avais les cheveux très longs car je n'y avais pas vraiment touché depuis janvier 2021. Ils me faisaient horreur, ces cheveux, abîmés, fatigués, désolés, comme un rappel à l'ordre ou une sentence répétée à l'envi : « Tu es triste, ma fille, tu es triste. »

Ta mère la chauve. Voilà ce que j'aurais voulu répondre à ma touffe en banqueroute quand elle me regardait de si haut. Depuis bientôt deux ans, l'envie de tout raser ne me lâche pas. J'ai compulsé des photos en pagaille de coupes très courtes. J'étais obsessionnelle, mais je ne passais pas à l'acte. Pourtant, je l'ai déjà fait, ce n'est pas quelque chose que j'appréhende franchement. Mais là, rien. J'avais besoin de me cacher derrière cette tignasse, besoin qu'elle témoigne à ma place, des hormones, du post-partum sans enfant, de ce que ces grossesses font à nos corps et que tout le monde ignore parce qu'il n'y a pas d'enfant en vie à la clé.

J'avais raison de penser ces cheveux hirsutes comme des témoins. La coiffeuse m'a demandé : « Vous avez eu un enfant dernièrement ? Ces petits cheveux cassés, c'est typique des mois après une grossesse. » J'ai dit que non, je n'avais pas d'enfants, mais que j'avais effectivement été enceinte plusieurs fois et expérimenté les descentes d'hormones qui suivent.

À la fac, en ce moment, il y a des bandes d'étudiants italiens qui traînent au soleil sous nos fenêtres. Parfois, je suis assise au milieu d'eux. Je les observe, je les trouve beaux. Parmi eux, il y a une fille qui me renverse le cœur dès que je la vois. Elle porte un petit carré court, sa peau est déjà très bronzée et elle est souvent vêtue de jeans et de chemises amples. Je suis fascinée par elle. À un moment, je l'ai croisée de plus près et j'ai eu un flash, son visage m'a rappelé une photographie de moi enfant, l'été à la plage, avec la peau aussi brune et ce même petit carré. Avant que je ne sois menstruée, j'avais les cheveux à peine ondulés, plutôt raides, comme les siens. Son visage rond, avec ces cheveux bruns et raides autour, ressemble à celui que j'aurais pu garder. On oublie que nos corps ont choisi parmi mille autres pistes pour grandir. Plus je regardais sa nuque et ses épaules dégagées, plus je me sentais embourbée sous ma toundra pleine de vieux chagrins et de peine.

Je suis allée chez la coiffeuse, je lui ai demandé de tout couper mais de faire en sorte que je reparte avec les cheveux dont elle allait me libérer. Elle a tressé ce qu'elle allait couper, mis un élastique au début et à la fin de la tresse pour qu'elle reste compacte, et elle a coupé au-dessus. J'ai repensé au dessin animé *Mulan*, et ça m'a procuré un petit frisson d'amusement et de joie. J'aime me dire que cette tresse contient l'effondrement de 2021. Je la regarde et je pense à tout ce que j'ai traversé : cette tresse, c'est de la matière contre l'invisible. Quand je relève la tête, je vois dans le miroir mes cheveux courts et j'aime à penser que je n'ai que 2022 sur le crâne. La résidence d'écriture, notre livre, la transition, la fin du deuil, le « triomphe ».

On emploie souvent toutes les deux ce mot « triomphe », mais nous sommes les seules à savoir que c'est parce que j'avais, à une époque, rebaptisé mon roman ainsi. Après les grossesses arrêtées, quand je ne savais plus quoi faire de ce roman, entamé sous la forme d'une lettre que j'adressais à l'enfant à venir, j'ai écrit, dans un texte pour la revue *Censored* :

« Un triomphe, voilà ce que j'avais prévu de transmettre à l'Enfant à venir. Quelque chose de grand, d'incandescent, quelque chose comme un fleuve, large, dense, fort. Quelque chose comme notre Nil et son delta, solidement enraciné dans ses sources, dans le limon de la terre. Un delta bras grands ouverts, comme un derviche prêt à la transe, un delta comme une danse, qui finit en vague, qui finit en vague, qui finit en vague.

[…]

Il n'y a pas eu de triomphe, juste des ruines. »

En janvier 2022, ce sont ces mots que j'ai lus sur scène à Montévidéo, à Marseille, sans savoir que mon amie Charlotte avait invité Camille, notre future éditrice, à venir m'écouter avec elle, sans savoir que je recevrais quelques semaines plus tard un mail de Camille et que nous penserions ce livre toutes les trois. Alors, un triomphe sur les ruines, quand même.

Ce matin, j'ai fait un test de grossesse. Tu parlais de fin heureuse, moi j'avais la nausée encore en permanence, j'ai commencé à me faire des nœuds au cerveau. En ce moment, je fais souvent des tests de grossesse dans l'espoir d'avoir mes menstruations plus vite. Je fais des tests même quand je n'ai pas fait l'amour pendant ma période d'ovulation, que je n'étais pas avec mon compagnon, et qu'un test positif ferait de moi la nouvelle Vierge Marie. Je fais des tests pour arrêter de rêver à ce qui ne peut pas arriver, puisque je n'en suis même pas à vouloir essayer ! Je me colle la face sur la barre violette, *bam*, négatif et je m'accule à passer à autre chose.

Pourquoi je fais ça ? Parce que je suis en train de saisir que le désir, si tu lui fermes la porte, il se débrouillera pour entrer par la fenêtre. Pour diverses raisons mais aussi parce que je suis fière et orgueilleuse comme un pou, j'ai verrouillé mon désir d'enfant ces derniers mois. Je préfère être celle qui renonce d'elle-même que d'être celle qui « n'y est pas arrivée », « qui n'a pas eu cette chance ». Rien que de l'écrire, ça me fait horreur. Pas à cause de mon regard sur la vie sans enfants, à cause du regard, pesant, des autres, de la société, sur ces vies de femmes qui ne sont pas mères au sens traditionnel du terme. Alors puisque j'ai fermé cette porte, mon désir passe par la fenêtre et je suis absolument convaincue qu'il détraque ma phase prémenstruelle exprès pour me mettre le nez dans mon désir étouffé et refoulé. Mes cycles s'allongent pour me laisser un espace-temps où me confronter à mon désir. J'entends la petite voix sournoise de ce désir à chaque SPM : « Alors, ma cocotte, on veut se mentir à soi-même ? Se faire croire que le désir est parti et qu'il ne reviendra jamais ? Attends, je vais te foutre la gerboulade un bon coup, tu m'en diras des nouvelles. »

Sadique. Enflure. Tête de bite. Comme je n'ai pas de contraception autre que « naturelle », tous les mois il y a cette petite phase de latence, de doute, dont il profite comme un traître pour venir me susurrer « Et si, et si… c'était arrivé sans que tu le saches ? ». Je me répète que c'est impossible, que je connais mon corps par cœur, qu'à peine j'étais enceinte je l'ai toujours senti, compris très vite. Pourtant, secrètement, pendant quelques jours, tous les scénarios sont permis, je n'arrive plus à me concentrer sur rien tellement les possibles m'envahissent. Je suis pathétique. C'est le genre d'aveu que je voulais vraiment garder pour moi, mais je pense aux personnes dont l'enfant n'arrive pas qui liront ces lignes, et je me dis que je leur dois bien cette sincérité-là. On est ensemble, c'est dur mais ça ira. Tragédienne, tu disais ?

Bizarrement, depuis notre virée à Lyon pour le spectacle de Bliss, je ressens parfois une forme de colère à l'idée que ce désir soit toujours là. Je lui ai mis la tête sous l'eau de toutes les pires informations sur la maternité, je lui ai rebattu les oreilles avec la crème de la crème du féminisme qui montre par A + B que c'est la merde d'être mère dans ce monde, je lui ai offert une vie d'artiste rutilante, je l'ai laissé me courir après comme un demeuré pendant que je ridais dans ma Porsche Cayenne immaculée de fille indifférente, la vie, même pas moi, la vie lui a envoyé le double uppercut du siècle, l'a jeté en plein milieu d'un combat de MMA sanguinolent, il a reçu des jets de sueur à la tronche, il a mordu la poussière, et ce con de désir est toujours là.

Ce mois-ci, il vient carrément chanter sous mes fenêtres. S'il était seulement là quand j'ovule, je me dirais « C'est hormonal », s'il était seulement là quand je suis entourée de jeunes parents triomphants, je me dirais « C'est un manque d'originalité de ta part », s'il était seulement là quand je parle à de gros lourds qui m'expliquent que c'est quand même une expérience à part dans une vie de femme, je me dirais

« C'est du conformisme, du respect de l'ordre hétérosexuel bourgeois, tu lui pisses à la raie ». Mais je ne peux pas croire en tous ces raisonnements pourtant logiques, parce que ce désir-là revient tout le temps et qu'il est là depuis si longtemps que je m'en suis presque fait un ami.

Cet endroit de vulnérabilité, je le déteste. J'ai la sensation qu'en avouant ce désir, je m'expose à ce qu'on puisse se prétendre supérieur à moi parce qu'on aurait procréé. Je me retrouve submergée par la peur de l'échec, quand il est question de tout sauf de ça. L'orgueil, je te dis. Mais si je laisse mon orgueil de côté, je réalise simplement : « Alors, c'est comme ça, que tu traites tes désirs et tes rêves ? C'est ça, la place que tu leur fais dans ta vie ? Tu les caches, tu les refourgues au voisin de palier, tu les fuis ? » L'autre jour, sur un tout autre sujet, mon compagnon m'a dit : « Il y a des choses qui ne peuvent pas se régler si tu ne te positionnes pas, si tu ne dis pas ce que tu veux et que tu ne le fais pas. »

C'est ma dernière « lettre de printemps », et je constate, emmitouflée dans mon sarcasme et mon appréhension, que les lignes ont bougé. Le désir d'enfant est sorti de sa tanière, il est remonté à la surface, c'est un roi de l'apnée, un athlète de l'extrême, une part de moi qui survit à tout. Je suis terrifiée de l'écrire, de le figer dans le marbre du livre, de le faire sans connaître l'issue de cette traversée. Et pourtant, je pense que c'est important que je me jette à l'eau. Je t'écris ces lignes et j'ai un fond de joie et de rire qui vient me chatouiller le ventre. Je suis comme quelqu'un, perché au-dessus d'une gorge, qui a envie de sauter dans la rivière et ses cascades, qui peste que c'est complètement débile et « qu'est-ce que je fous là », mais qui finit par pousser des petits cris nerveux, des rires au milieu des tremblements, parce que sauter c'est aussi s'offrir la chance de l'inconnu et c'est si bon, l'inconnu.

Je saute.

J'ai envie d'avoir un enfant, j'ai envie de l'élever et qu'il m'élève, j'ai des envies, peut-être archaïques et mièvres, d'être celle qui s'en occupe, j'ai envie qu'on envoie balader l'école de la République et qu'on parte en voilier, j'ai envie de lui faire écouter Fairuz et Serge Reggiani, Oum Kalthoum et Brassens, j'ai envie de lui lire de la poésie et de lui apprendre à écrire de droite à gauche, j'ai envie de lui acheter un poulain et qu'on forme une tribu. Comme l'exprimait Amandine Dhée, j'ai des envies réacs, des envies de me conformer à la norme. C'est atroce, ces contradictions qu'on porte, voilà où ma curiosité pour l'enfantement et pour l'enfant me mène. Parce que j'ai envie qu'on se rencontre, l'enfant, l'amoureux et moi, dans cette vie, maintenant plus quelques mois. Dans cette vie, sur cette Terre. J'ai envie d'être mère et écrivaine, et peut-être bien aussi cavalière. Le reste, je m'en fous. Je n'y peux rien, je m'en tamponne vraiment.

Cette semaine, j'ai lu le très bel essai *Désirer à tout prix*, de Tal Madesta, et peut-être y a-t-il un lien avec cette épiphanie du désir. Dans cet essai, l'auteur, militant féministe trans et journaliste indépendant, questionne la portée émancipatrice de la course à la sexualité saine et conforme qui irrigue notre société. Il montre comment cette course s'ancre dans des mécanismes de domination et d'oppression propres au capitalisme. Le sexe est devenu un marché, et la non-sexualité une pathologie à guérir. On comprend, à partir de son expérience individuelle, comment la norme sexuelle dominante contraint les personnes victimes de violences sexuelles et sexistes à se penser comme corps à réparer, corps non fonctionnel, insatisfaisant car incapable de désirer et d'investir la sexualité comme cela est dicté dans nos sociétés. D'avoir l'espace, en me glissant dans la réflexion portée par Tal Madesta, de penser le non-désir sexuel comme un possible légitime, m'a laissé la place de sentir où vont mes propres désirs, de les interroger. J'ai eu le temps de penser à mon désir pour mon compagnon, à mon désir gonflé d'amour d'avoir un enfant avec lui. C'est à ça, il me semble, qu'on reconnaît une pensée foncièrement émancipatrice : elle autorise toutes les aspirations, pas simplement celles qui abondent dans son sens. Tal Madesta prend mille précautions à ce sujet, et c'est d'une générosité inouïe.

Cette lecture m'a donné envie de prolonger la réflexion entamée dans ma dernière lettre. Je te disais :

« Je ne crois pas qu'il faille enlever l'amour de l'équation pour qu'être mère soit viable [...]. Peut-être qu'il faut faire plus de place à d'autres formes d'amour que l'amour romantique, prendre vraiment au sérieux les familles qu'on s'est choisies, y réinjecter de la solidarité et de la matière, s'organiser. »

Dans cette lettre, je me demandais comment on pouvait, en quelque sorte – et pour paraphraser Mona Chollet et son essai *Réinventer l'amour* – « réinventer la maternité ». En réponse, tu me parlais de ton envie d'investir désormais la question de l'amour et d'utiliser la fiction pour inventer des maternités et des liens familiaux qui renouvellent nos imaginaires.

De mon côté, je ne peux aborder tout cela que de manière plutôt théorique pour l'instant. J'ai d'abord réalisé qu'on pouvait difficilement réinventer la maternité à une échelle strictement individuelle. Paradoxalement, même si la maternité isole, esseule, contraint à une solitude délétère, être mère implique nécessairement d'être prise dans des interactions, dans des groupes, d'entretenir des liens, des interdépendances, ne serait-ce qu'avec ses enfants. La maternité isole et esseule par ailleurs précisément pour rendre les mères disponibles et offertes à ces autres groupes et à la satisfaction de leurs besoins. J'ai souvent lu ces dernières semaines des récits de mères qui évoquent le fait de ne plus s'appartenir. Je ne suis pas disposée à ne plus m'appartenir, en revanche je veux bien appartenir à un collectif, à une famille, que je respecte et qui me respecte. Comment faire famille d'une manière qui n'entrave pas les mères, qui n'entrave pas le parent qui porte l'enfant ?

Si l'on souhaite continuer à s'appartenir, je crois qu'il faut logiquement que notre enfant ou nos enfants « appartiennent », quant à eux, davantage à l'autre parent. Et là, il nous faut toujours revenir au même point. Pour penser des manières alternatives d'être, en l'occurrence ici, mère, à un moment ou à un autre, il est nécessaire de tordre le cou au couple hétérosexuel et au vase clos qu'il constitue. En tant que femmes cis, hétéros (ou perçues comme telles), engagées dans des relations amoureuses qui suivent ce modèle, on se retrouve toujours dans une situation bâtarde. Et je rejoins totalement ce qu'énonce Tal Madesta à cet égard :

> « [...] Je ne pense pas que l'on puisse "révolutionner" la sexualité hétérosexuelle et, par extension, la famille nucléaire et le régime hétérosexuel. Tout au plus les femmes peuvent-elles imaginer des manières d'aménager leurs conditions de vie pour qu'elles soient le moins inconfortables possible. Il s'agit de réforme, pas de révolution. »

Le couple hétérosexuel nourrit un contrôle social qui est toujours défavorable aux femmes, car ce sont elles en premier lieu qu'il mate et qu'il rend serviles et disponibles. Au cours de ma vingtaine, en tant que femme racisée et issue d'un milieu populaire, j'ai appris par la chair que le couple hétérosexuel ne serait jamais un espace réellement émancipateur pour moi.

Encore une fois, je ne parle pas du couple hétérosexuel au sens d'orientation sexuelle ou de relation amoureuse, mais au sens – que Tal Madesta défend également – de régime politique. Je sais que, quand il semble m'offrir des avantages, il ne le fait que « par alliance », par adoubement, parce que je suis en couple avec un homme blanc et cis. C'est toujours l'homme blanc et cis qui bénéficie de privilèges auxquels j'ai, partiellement, accès, pour ainsi dire par éclaboussures. Il est l'entonnoir par lequel m'arrive une partie filtrée de ses privilèges. Je n'y aurais pas accès sans lui. Sans l'« alliance », qui me gratte la peau tant je sais qu'elle peut tutoyer la servitude et l'allégeance, tout cela s'effondre comme un château de cartes. Lucile Quillet écrit dans son essai *Le Prix à payer. Ce que le couple hétéro coûte aux femmes* :

> « On les dit [N.d.A. : les femmes] moins riches que les hommes, mais leur argent existe. Il y a celui qu'elles dépensent pour le couple et celui qu'elles ne toucheront jamais au nom du couple […]. Aimer un homme ne vous appauvrit pas. Vivre dans un couple hétéro qui répond aux normes sociales, oui. »

On (re)découvre dans cet ouvrage des chiffres qui mettent en lumière tout cela : dans 75 % des couples, c'est l'homme qui rapporte le plus gros salaire. Face à ce constat, le personnel des banques, par exemple, n'hésite pas à invisibiliser les conjointes des démarches importantes, comme les prêts immobiliers. Lorsque nous avons voulu investir dans l'immobilier, mon compagnon et moi, nous avons été frappés de voir comme j'étais sans cesse effacée des discussions. Je n'étais pas en CDI, je gagnais moins d'argent, il n'était pas nécessaire de m'inclure dans nos démarches. Très concrètement, nos interlocuteurs et interlocutrices s'adressaient à mon compagnon uniquement, ne me mettaient jamais en copie des échanges par mails, alors que nous le faisions systématiquement.

Dans les foyers modestes ou pauvres, comme celui dans lequel j'ai grandi, ce sont les femmes qui tiennent les comptes et gèrent les difficultés. Dans les couples qui jouissent d'une situation économique plus favorable, je découvre qu'il en va autrement quand les montants en jeu sont plus importants. Lucile Quillet montre que le « vrai » argent, celui qui compte, qui a à voir avec le patrimoine, le statut social, la puissance, celui-là, les femmes en sont écartées. Elles sont au contraire infantilisées, discréditées pour leur prétendue passion pour le shopping, renvoyées à des problématiques perçues comme mineures, la gestion de l'alimentation par exemple. Aux hommes le durable, les voitures, les investissements immobiliers, l'électroménager onéreux, aux femmes le périssable, l'éphémère, le papier toilette, les paquets de pâtes et les pots de yaourt – qui, comme le mentionne Titiou Lecoq, seront vides le jour de la rupture. Dans ce contexte, comment ne pas redouter que l'agrandissement de notre famille, à mon compagnon et à moi, ne m'engloutisse encore davantage que ne le fait le couple hétérosexuel ?

Car c'est dans le cadre du couple hétérosexuel, tel qu'il a été pensé et institutionnalisé, qu'a pu être inventée la ménagère, qui me semble être l'aïeule de la « mère parfaite » dont nous parlons souvent ici. Dans son ouvrage *Le Capitalisme patriarcal*, Silvia Federici, universitaire américaine, enseignante et militante féministe, revient sur l'invention de cette figure :

> « À ce jour, beaucoup considèrent le travail domestique comme la vocation naturelle des femmes, au point qu'il est souvent qualifié de "travail de femme". En réalité, le

travail domestique tel que nous le connaissons est une construction assez récente qui date de la dernière partie du XIXe siècle, quand, sous la pression de l'insurrection de la classe ouvrière et pour répondre au besoin d'une main-d'œuvre plus productive, la classe capitaliste d'Angleterre et des États-Unis a engagé une réforme du travail qui a transformé non seulement l'usine, mais aussi la collectivité et le foyer et en premier lieu la position sociale des femmes. »

Elle explique ainsi comment les femmes, et en particulier les mères, ont été sorties des usines, alors que le salaire des travailleurs hommes était quant à lui augmenté. Grâce à cette revalorisation de leurs revenus, les hommes ont commencé à avoir les moyens d'« entretenir » une ménagère « inactive », reléguée au travail domestique, quant à lui non rémunéré et dont les heures ne sont jamais comptabilisées. Chacune dans son foyer, les femmes se sont ainsi retrouvées isolées les unes des autres, dépendantes financièrement de leur mari.

Ce modèle économique et social s'est répandu, il m'évoque forcément la situation que me décrivait ma grand-mère, Madeleine. Aujourd'hui encore, les femmes, pourtant actives professionnellement, assurent 72 % du travail domestique. Toujours dans *Le Prix à payer*, de Lucile Quillet, on peut lire, sur la base d'une étude Insee de Delphine Roy parue en 2012, que pour qu'un homme en fasse autant qu'une femme célibataire, il faut qu'il soit père d'une famille monoparentale. Ainsi, la mise en couple continue de rendre à un homme sa vie domestique et matérielle plus confortable que s'il n'était célibataire, et elle alourdit en revanche toujours la part de temps et d'argent que consacre une femme aux tâches domestiques et à l'entretien du foyer.

« J'ai jeté ma boussole dans les vagues. Elle avait été utilisée par les Arabes pour voyager jusqu'en Chine et, malheureusement, par les colonisateurs qui ont suivi. Je l'ai jetée. J'ignore la suite et ne veux pas la connaître car je me suis également débarrassée de ma curiosité. »

Déplacer le silence, Etel Adnan

Réaliser, il y a longtemps, que le couple hétérosexuel m'était de manière systémique défavorable a donc, quelque part, altéré ma capacité à me projeter dans la maternité. J'ai compris que dans la maternité, ces problématiques autour des inégalités de genre se prolongeaient, voire s'aggravaient. Il ne s'agit plus seulement de se débattre avec le modèle du couple, il faut survivre à son corollaire : la famille nucléaire.

Cet autre modèle patriarcal – on est décidément cernés – s'impose à partir du XXe siècle, dans le sillage de l'invention de la ménagère. Ce modèle accroît l'asservissement des femmes, car il promeut une configuration où l'arrivée d'un enfant n'impacte pas de la même manière une femme et un homme. Dans la majorité des cas, l'arrivée d'un enfant va de pair avec une réduction du temps de travail de la mère, et donc de sa rémunération. Les futures mères mettent en œuvre des « stratégies » pour se rendre disponibles. Elles optent par exemple, au moins pendant quelques mois ou années, pour des postes moins exigeants, et souvent par essence moins valorisés et moins bien rémunérés. Ces postes ralentissent l'évolution de leur carrière professionnelle alors que celle de leur compagnon continue d'évoluer favorablement.

Elles sont par ailleurs discriminées, notamment à l'occasion de leurs congés maternité, par des employeurs qui leur préféreront des concurrents masculins. Ces derniers sont perçus comme pouvant rester dévoués et performants invariablement. Ils le sont parce qu'à la maison leur épouse ou conjointe assure le travail non rémunéré qui consiste à élever leurs enfants et à gérer leur foyer. Dans son essai *Le Couple et l'argent. Pourquoi les hommes sont plus riches que les femmes*, Titiou Lecoq cite d'autres chiffres très parlants. Alors que dans un couple hétérosexuel sans enfants la différence entre les revenus de l'homme et de la femme est d'environ 7 %, en faveur de l'homme, dans un couple ayant eu son premier enfant, ce chiffre caracole à 23 %. Le salaire des jeunes mères baisse (de 5 à 25 % en moyenne) alors que celui des pères augmente, d'environ 3 %.

> « Presque toutes mes croyances m'ont désertée. Je prends cela comme une sorte de délivrance et de toute façon, elles n'ont jamais été trop nombreuses. Nos maisons sont encombrées, nos esprits aussi, alors un feu aussi dévastateur que possible pourrait bien purifier l'air, agrandir l'espace, faire place au silence. Année après année, nous ne faisons qu'amasser la poussière. »
>
> *Déplacer le silence*, Etel Adnan

Alors, comment désinvestir ce modèle, au profit d'autres formes de liens, d'autres manières de faire famille ? Tal Madesta évoque dans son essai le fait qu'il a toujours existé « des communautés de vie non structurées autour de la conjugalité et de la sexualité, et qu'il existe d'autres ciments de l'intimité ». On peut approfondir ces réflexions en allant regarder du côté du travail de Donna Haraway. Donna Haraway est une philosophe et biologiste féministe états-unienne, connue pour son célèbre slogan « Faites des parents, pas des enfants » (en anglais, dans sa version originale, « *Make kins, not babies !* »). Pour répondre à l'effondrement du vivant et aux enjeux environnementaux contemporains, Donna Haraway cherche des moyens « d'être déloyale à la généalogie patriarcale » (*Vivre avec le trouble*, 2020). Cela passe, en grande partie, par le fait de s'éloigner des liens de sang au profit des relations choisies : créer des ménages « multienfants » et « multigénérationnels ».

Elle parle aussi, et je trouve ça merveilleux, de s'adopter entre adultes, ce qui me rappelle le fameux « *We mother each other* » de la série *Sex Education*. L'idée de Donna Haraway est de pluraliser nos formes d'attachement, de repenser nos rapports de responsabilités. Je me sens moins bête de t'avoir écrit toutes ces choses sur les enfants des autres, qui comptent pour moi. C'est déjà un premier pas, même si je le trouve difficile à mettre davantage en œuvre, d'un point de vue pratique, tant nos quotidiens et nos structures sociales sont construits autour de la famille nucléaire.

Donna Haraway invite également, elle aussi, à penser le fait de ne pas avoir d'enfants biologiques comme une voie heureuse. Elle s'inscrit dans une perspective antinataliste, mais pas au sens des politiques fascistes ou coloniales, au contraire : elle le fait avec une volonté de rappeler aux pays occidentaux leur responsabilité dans l'épuisement des ressources naturelles nécessaires à une vie digne pour tous. Elle n'est pas non plus dans une posture antienfant. Elle nous convie simplement, et je trouve beau de lui donner le mot de la (presque) fin, à célébrer ensemble nos enfants, et à célébrer dans le même temps le choix de ne pas en avoir, à célébrer les familles que l'on peut créer avec d'autres espèces vivantes. Cette dernière idée me fait frémir tant l'intelligence des chevaux m'a portée cette année.

Arrivée ici, il me faut être honnête. Quand je lis ces pensées, si riches soient-elles, je suis très intimidée. Ce n'est pas très valeureux, mais j'assume cette part de moi. Ces propositions me semblent parfois minimiser combien nous sommes nombreux à être encore lourdement bâillonnés par un ordre familial qui a été forgé par des siècles de patriarcat. Peut-être que cela est à relier au fait que ces idées novatrices sont souvent portées par des penseurs et penseuses queer, qui ont eu le courage de rompre avec la norme ; ou encore par des personnes déjà engagées dans des collectifs qui pensent et construisent des manières alternatives de vivre ensemble, par exemple en cultivant l'autogestion, l'autonomie énergétique, économique, *via* de nouvelles formes d'entente sociale. Ces personnes ont, il me semble, une certaine avance, car elles ont, de manière plus radicale et ouverte, transgressé les cadres familiaux et sociaux préétablis. Leurs trajectoires nous enseignent que repenser des modèles passe par le fait de créer de nouvelles formes de regroupements humains, au sein desquels trouver des gens avec qui cheminer. Je suis admirative de tout cela. Moi, à cet endroit, en tant que femme cis, hétéro et racisée, je me sens à la traîne. Je dois composer avec ma peur de faire des pas de plus de côté, vis-à-vis de la norme, alors que j'ai plutôt intégré que me fondre dans le moule et gommer mes différences était ce qui me protégerait.

À ce stade de ma réflexion, je ressens le besoin de sortir de mes lectures et de m'entretenir avec une amie, qui, très concrètement, fait famille autrement, l'autrice Laetitia Barth. Laetitia est en couple avec une femme depuis, allez, deux décennies. Il y a quelques années, elles ont décidé de fonder une famille ensemble et elles ont pour cela eu recours à la PMA en Belgique – cette démarche n'étant à l'époque pas autorisée en France. À l'issue de ce processus, Laetitia est tombée enceinte et neuf mois plus tard, leur fille, Romy, est arrivée dans leur vie. Laetitia et son amoureuse s'étaient mariées, notamment pour faciliter l'adoption de Romy par son autre maman, celle qui ne l'avait pas portée. Lorsque Romy avait 1 an, dans le cadre de la procédure d'adoption, l'épouse de Laetitia a été convoquée à un entretien de moralité au commissariat. Elle est tombée sur une policière homophobe qui l'a malmenée pendant deux heures, en remettant en question sa capacité et sa légitimité à être mère. En réponse coup de gueule, Laetitia a alors commencé à tenir un journal en ligne de leur famille homoparentale. Il s'appelle « ManOumi », nom sous lequel Laetitia publie ses textes sur Instagram. Elle explique :

> « Cette écriture, ça a représenté deux choses. Très vite, ça a été une soupape de décompression. J'ai commencé à écrire tous les jours sur les réseaux sociaux. J'y ai trouvé des cercles de bienveillance, des mamans, la plupart du temps comme moi dans les années de petite enfance, qui en étaient à leur premier enfant et avaient plus d'interrogations que de réponses. Ensuite, cette écriture, qui avait démarré comme un coup de gueule, est devenue une forme de militantisme. À travers elle j'espérais donner de la visibilité aux familles homoparentales. Aujourd'hui, mon compte initial a été supprimé par Instagram, je n'ai plus qu'un compte avec environ 200 abonné·e·s. Je ne sais pas pourquoi mon compte a été supprimé, je n'ai jamais eu d'explication, mais à l'époque, j'avais entre 6 000 et 7 000 abonné·e·s. [...]
> Je me disais je fais ça, je participe comme ça, pour pouvoir dire à mes enfants : "Voilà ce que j'ai fait pour montrer que les familles comme la nôtre existent, et que non seulement elles existent mais qu'en plus elles vont bien, elles peuvent être funky et pleines d'amour, et elles rencontrent les mêmes difficultés que les autres." C'est une chose qui s'est révélée au fil du temps, l'idée que ce soit un héritage pour mes enfants. J'y raconte certains aspects de nos vies et j'ai toujours pensé que je le faisais pour elles·eux. Un jour je leur donnerai tous ces écrits, j'espère qu'iels seront

heureux et heureuse de voir à quel point on les a aimé·e·s, à quel point mon souci premier était de ne pas les abîmer. Je me suis toujours dit qu'avec cette écriture quotidienne, je laissais des traces. J'ai essayé de transmettre leur existence d'une manière flamboyante et juste. »

Laetitia me parle de la façon dont elle a pu, ou pas, réinventer la famille :

« Le simple fait qu'on existe réinvente la famille. Il y a quinze ans, les familles homoparentales n'existaient pas du point de vue légal. Elles existaient dans les cœurs bien sûr et dans les foyers, mais elles étaient invisibles. Il y a cinquante ans, l'homosexualité était traitée sous l'angle de la maladie psychiatrique et très peu de personnes prenaient le risque de s'exposer, alors faire famille... Donc aujourd'hui, même si on a tendance à l'oublier, le simple fait d'exister, de nous rendre visibles, par l'écriture, par les podcasts, par d'autres choses, c'est une manière de réinventer la définition du concept même de famille. Et du même coup, notre existence visible, exposée, contraint le concept de famille à admettre qu'il est pluriel, indéfini, qu'il est propre à chacun et à chacune et que ce n'est pas quelque chose de figé, avec un modèle standardisé. Ça ne peut plus l'être en tout cas dans nos sociétés qui se veulent inclusives même s'il reste encore beaucoup de discriminations. »

Pour autant, les réflexions de Laetitia révèlent que, même dans une famille queer, la prégnance de nos structures sociales hétéronormées, leur capacité à écraser nos possibles manières de faire famille, est présente :

« Le fait d'être une famille homosexuelle ne nous évite aucun écueil, j'en suis persuadée. C'est-à-dire qu'on vit dans un monde patriarcal. Ma femme et moi avons été sociabilisées dans le même monde patriarcal que toi. Et donc on reproduit, bon an mal an, les problématiques systémiques qui tiennent à la répartition genrée des rôles, parce que la vie adulte et la société fonctionnent sur des rouages complexes et imbriqués qui, quoi qu'il arrive, nous réassignent en permanence au genre qui devrait être le nôtre.

Je m'explique : il se trouve que c'est moi qui ai porté nos enfants, c'est donc moi qui suis généralement assimilée à la maman. De facto, ces dernières années, si on regarde les problématiques classiques de couple comme la répartition des richesses, quel travail on priorise entre le sien et le mien, qui se sacrifie le plus pour garder les enfants, qui a plus ou moins de liberté, qui a vu sa carrière professionnelle cesser d'évoluer, le verdict est sans appel : la maternité a représenté un frein immense pour moi, alors qu'elle n'a absolument pas impacté la carrière, la vie sociale ou encore la santé de ma femme.

Donc bien sûr, à l'intérieur de notre couple, nous inventons une partition queer qui s'écarte des scripts hétéronormés. Mais du point de vue de nos trajectoires et de notre place dans la société, on n'échappe à aucun des pièges, à aucune des impasses qui concernent les couples hétérosexuels parce qu'étant un couple vivant dans un monde patriarcal, on est un couple hétérosexuel comme les autres. L'hétéronormativité et ses impasses sont, d'une certaine façon, intériorisées même si nous sommes lesbiennes. On est en permanence tiraillées par des va-et-vient entre notre fonctionnement intérieur, intime, notre fonctionnement du faire-famille et le fonctionnement de la société. Aucune de nous ne vit hors sol. »

Je trouve ces constats saisissants. Ce n'est pas la maternité ou la parentalité le problème, c'est le monde dans lequel elles existent. Faire famille autrement serait nettement plus simple si les politiques autour de la famille y contribuaient. L'augmentation récente du congé « paternité », autrement dit du congé du coparent qui n'a pas porté l'enfant, est encore bien trop maigre pour récréer réellement, et sur du long terme, de l'équilibre entre le parent qui porte l'enfant et le coparent. Par ailleurs, si on regarde du côté des personnes qui, concrètement, dans notre société s'occupent des enfants des autres, l'essentiel du temps, le tableau n'est pas plus satisfaisant.

Nous vivons dans un pays qui ne valorise pas le travail du *care*. Les métiers du *care* ont pour point commun de s'être largement féminisés ces dernières décennies. Or, on sait désormais qu'une profession qui se féminise est une profession où les personnes sont souvent davantage précarisées. Le droit du travail est moins bien respecté quand il s'agit des femmes que quand il s'agit des hommes, les rémunérations sont plus basses, les contrats de travail moins avantageux, avec plus de temps partiels imposés. Aujourd'hui, les assistantes maternelles, les nourrices, les puéricultrices, qui travaillent à domicile, chez des particuliers ou dans les trop peu nombreuses crèches publiques ou privées, exercent leur métier dans des conditions qui ne sont pas à la hauteur de ce qu'elles apportent au bien collectif. En tant que fille d'une femme qui a justement été assistante maternelle, je suis profondément dérangée par l'idée de devenir une femme d'une classe supérieure, qui pour prétendre à l'égalité salariale avec son conjoint et potentiel coparent va participer à exploiter d'autres femmes, des travailleuses domestiques moins favorisées.

Quand j'arrive à cet endroit de mon propos, je me sens à nouveau dans une impasse. Je ne sais plus : par où commencer ? Alors, j'essaie de retrouver dans tout cela une porte d'entrée, un premier pas à faire pour m'ancrer dans un meilleur chemin que ce qui nous est offert. De la même manière que tu mentionnais ton désir de raconter des histoires, d'utiliser cette arme-là à ton échelle, je pense quant à moi à ce que je souhaite transmettre et à la façon dont je veux le faire.

Laetitia m'a dit à ce sujet des choses qui m'ont marquée. Il est question d'amour :

> « Quand on a décidé de fonder une famille, le choix s'est porté sur un donneur anonyme. Des personnes de notre entourage ont réagi un peu brusquement, en m'expliquant que ce n'était pas la chose à faire, que c'était un choix lourd de conséquences, que nous ne mesurions pas ce que nous allions "faire porter" à notre enfant si nous nous obstinions. Ils et elles ont réagi comme si ce n'était pas un choix mûrement réfléchi – et intime, au demeurant –, simplement parce que ça ne correspondait pas à leurs standards. Ma réponse a été la suivante : je suis persuadée que la seule chose nécessaire pour faire famille, c'est l'amour. Les modalités de création de cette famille – faire l'amour, procéder à une adoption, subir des inséminations, adopter un adulte, tout ça ne regarde personne d'autre que nous. C'est de la logistique. Personne n'est en droit d'émettre un avis sur notre choix de faire appel à un donneur anonyme, parce que ce choix est douloureux, il est difficile, et qu'iels n'y ont jamais été confronté·e·s.

Ma femme et moi avons décidé que la transmission, dans notre famille, allait se jouer du côté de l'amour. C'est un pari, et un devoir pour les mamans que nous sommes. Depuis nous avons eu deux enfants et nous ne leur cachons rien. Iels connaissent leur histoire et te diront, du haut de leurs 3 et 7 ans, qu'il y a quelque part un homme qui pour aider des femmes comme nous a donné une graine. Ce n'est pas un papa anonyme que nous leur avons confisqué à travers notre choix. C'est un donneur : ça signifie que nous les avons créé·e·s grâce à son don, mais qu'il n'est pas leurs racines. Leurs deux parents sont ma femme et moi, et c'est nous qui constituons ces racines dans lesquelles notre fille et notre fils puiseront pour fabriquer leurs identités. »

Laetitia s'est beaucoup intéressée aux traumatismes transgénérationnels. Elle me dit à ce sujet des choses qui me font trembler :

« Dans ma famille et dans ma lignée, je suis celle à travers qui la parole circule, bon gré mal gré. On m'aime ou on me déteste pour ça, mais je suis celle qui fluidifie la parole, qui passe le bâton de relais. »

Elle est convaincue que dire les traumatismes, ce n'est pas les faire disparaître, mais c'est se permettre, à soi et à ses enfants, de ne pas être enfermés dedans. Là, il y a un premier défi que je voudrais essayer de relever en termes de parentalité réinventée : faire famille sans tabou, faire famille en apprenant à nos enfants à nommer leur corps, leurs identités, leurs émotions, en leur enseignant le consentement, en ne leur cachant pas d'où ils viennent, ce qui a traversé leur lignée de beau ou de laid. J'ai foi en l'idée que faire famille ainsi est déjà, pour le coup, une révolution. Une révolution qui bouleverse les cadres de la pensée dominante, qui ne cherche pas la réforme ou le compromis, mais autorise à créer d'autres possibles. Je suis persuadée que tout cela passe, entre autres, par le fait de s'autoriser à être des mères, des parents, en colère. Dans son ouvrage *La Puissance des mères. Pour un nouveau sujet révolutionnaire*, Fatima Ouassak écrit :

> « Tempérer. Faire tampon entre le système social et l'enfant. C'est ce qui est attendu des mères. Tempérer la réaction de l'enfance face à l'injustice, tempérer sa colère. Calmer le jeu. Ne jamais reconnaître auprès de l'enfant les humiliations et les discriminations qu'il subit, au prétexte qu'il pourrait baisser les bras et perdre ses maigres chances de s'en sortir. Au contraire, relativiser, refuser d'écouter l'enfant, le rendre responsable des violences qu'il subit : c'est à lui de s'adapter, à lui de travailler deux fois plus, à lui de faire des efforts s'il ne veut plus être victime. Être des agents au service du maintien de l'ordre social, voilà ce qui est attendu des mères. »

Les mères, et les personnes qui élèvent des enfants en général, sont bien plus que des tampons entre le système social et les enfants. Élever un enfant est une aventure politique majeure. Je crois que si je deviens mère, c'est par là que je commencerai : ne pas être une mère qui perpétue la loi du silence et qui enseigne le renoncement.

Je vais m'arrêter ici, je n'avais pas prévu de me lancer dans un tel périple, il faut que je sorte prendre l'air. Quand je finis cette lettre, on est dimanche, le week-end touche à sa fin. Ce que je voudrais juste te dire pour conclure, c'est qu'ajoutées aux « lettres d'hiver », ces « lettres de printemps » sont la mémoire d'un moment très particulier de mon existence, traversé avec toi. J'ai cheminé à travers le deuil périnatal, je me suis éduquée aux mille manières d'être mère ou de ne pas l'être. Je sais qu'en partageant ce chemin d'écriture avec toi, j'ai réparé certaines blessures des femmes de ma lignée. Ces lettres sont la mémoire d'un temps où ont cohabité différentes identités, celle de jeune femme sans enfants et celle de mère endeuillée, celle de femme avec ou sans désir d'enfant, dans le doute ou dans l'évidence.

J'ai écrit pour que les embryons que j'ai portés, et qui ont choisi de se faire héberger par le ciel plutôt que par la terre, reposent quelque part. Je n'avais pour eux ni mausolée, ni sépulture, ni sarcophage. Avec mes mains d'écrivaine, je voulais leur creuser une tombe en forme de roman, un endroit où demeurer en paix. J'imaginais façonner ce roman comme une stèle, frappant la pierre de mes doigts malhabiles, j'avais besoin de graver quelque part leurs noms, leurs existences si courtes, dans le creux de ma matrice. La vie nous a finalement invités, eux et moi, à faire famille autrement, à faire famille dans cette correspondance avec toi et les tiens.

Merci de nous avoir accueillis. J'ai dit tant de choses sur eux, sur nous, dans ce livre avec toi, que je ne sais plus ce que deviendra mon roman, *Léguer nos fleuves*. Ces enfants qui ne sont pas venus n'ont plus besoin de lui, moi je perçois déjà que j'aurais besoin de l'investir autrement. Je suis heureuse que ces enfants que je n'ai pas eus reposent ici, dans l'archipel que nous avons créé toutes les deux. Je termine ces « lettres de printemps », évidemment, sans savoir ce qu'il adviendra de notre famille, à mon amour et à moi, mais en sachant que nous foulons, nous aussi, le sol de nouveaux territoires.

« En silence, dans le noir, les marées brillent, deviennent glissantes, leur fluidité les transforme en mirage. Un bourdonnement persistant de l'océan se traduit dans notre

corps en mouvement de va-et-vient. Les murs disparaissent et de nouvelles formations visuelles envahissent l'imaginaire. [...] La luminosité mêlée d'obscurité nous fait traverser de nouveaux territoires. On se déplace dans les galaxies en quelques secondes, l'espace-temps devient un simple jeu. »

Déplacer le silence, d'Etel Adnan

Merci, mon amie grande.

Je vous aime pour la vie, toi, Fabien, Diane et Ulysse. J'aime la famille que vous formez et que j'ai l'honneur de connaître. Et j'aime la famille que nous sommes les uns pour les autres à travers ces lettres et à travers la vie vraie qu'elle contient.

Tu peux compter sur moi.

Maaï

Correspondance du 28 juin
Devant la mer

Mardi 28 juin, 14 h 30.

Mon amie, Maaï,

Une tempête diluvienne et tropicale vient aussi de s'abattre sur l'île, à l'instant, le ciel est noir, j'y vois à peine par la fenêtre de mon bureau, dehors c'est un brouillard vert, d'eau et de feuilles secouées. Dehors, dans la ruelle devant notre porte, la pluie a formé un torrent qui arrive aux genoux, comme à Bangkok pendant la mousson.

C'est la fin, j'ai lu jusqu'à la dernière goutte ta lettre volcan de dimanche. Je n'ai plus rien à ajouter, amen au fait de se relever les manches et de s'attaquer à la famille politique, de revaloriser le coparent, de réinventer l'amour, de sortir les mères de leurs exils, amen aux nouveaux territoires. J'ai repris le roman d'Ashley Audrain, *Entre toutes les mères*, traduit par Julia Kerninon, et j'ai été happée par la tension avec laquelle elle raconte l'histoire de cette mère aux prises avec le poids d'un héritage de maltraitance. La façon qu'a Blythe, son personnage, de se battre avec colère, avec hargne, d'aller tirer les souvenirs, de tenter de nommer, envers et contre tous, me fait penser à la tienne, de hargne, quand tu racontes tes trajectoires transfuges, quand tu énumères ce qu'il faudra encore de réformes pour arriver à une parentalité qui nous convienne, à celle de Laetitia Barth quand elle te répond sur la transmission familiale, à la mienne enfin, qui cherche des solutions dans la fiction, dans l'écriture, à ma dépression post-partum, à nos détresses à tou·te·s.

Tout semble faire écho ces derniers temps, nous arrivons à un point où nos idées se croisent et se répètent et s'épuisent. Il y a bien sûr encore mille livres qu'on n'a pas cités, des poignées d'autrices et de militantes qu'on a oubliées dans notre matrimoine, la tentation serait grande de continuer. Pour être honnête, j'ai surtout la trouille de dire que c'est la fin. Tes lettres vont tellement me manquer.

Le printemps s'achève et l'été est là, il est temps.

Cela fait plusieurs semaines que je me demande comment fermer ce puits qu'on a ouvert, Maaï, et qui semblait ne jamais tarir. Sauf que si, en fait, je crois qu'on a drainé notre rivière sous la rivière, notre nappe d'eau. Tes embryons peuvent trouver la paix, on leur a fait le plus beau des paysages. On peut aller s'asseoir sur la rive, c'est bon, on y est.

Depuis plus d'un mois, je me dis que j'ai juste envie de terminer par une balade. Ça te va ?

Viens, on imagine. Ce serait le début de l'été sur l'île, comme maintenant, mais dans quarante ans.

On est des petites vieilles, ma copine.

Tu as fait un long voyage pour venir me voir. Je suis allée te chercher au port et à la descente du bateau des bras te soutiennent pour marcher, mais ton sourire est intact, ton rire de carillon en bois et les rides au coin de tes yeux aussi. Tes boucles ont blanchi partiellement, mais elles sont luisantes et vivantes comme des vagues sous la lumière vive. On a mis nos plus belles robes, la tienne couleur sirène et or, la mienne rose tulipe. Autour de nous, ça papillonne, on est loin d'être seules toi et moi.

Nos familles se mettent en route pour le Langoustier, la pointe à l'extrémité ouest de Porquerolles, à vélo ou à pied, c'est un convoi bruyant qui sent la crème solaire, fait de carrioles et de sacs à dos. Elles et ils n'ont pas notre classe intersidérale, on leur pardonne. Nous deux, faut pas pousser mémé quand même, on prend le bus privé de l'hôtel de luxe. Ensemble, on s'assoit sur les sièges de devant pour bien regarder la route et le petit van poussiéreux démarre et hoquette sur les chemins qui n'ont pas changé avec les années. L'avantage de cette île protégée est qu'elle se transforme très très lentement, bien sûr que les restaurants ne sont pas les mêmes, quelques bâtiments ont poussé entre-temps, mais les sentiers, les plages, les falaises vieillissent toujours bien plus lentement que les humains. Il faudrait être immortel pour avoir le temps de voir les roches bouger, et nous, eh bien, ce n'est pas notre cas. Des petites vieilles, je te dis.

Et donc le bus avance en sursautant sur le chemin intérieur de l'île, sous l'ombre des eucalyptus et des pins, puis des vieux chênes, qui étaient là les premiers. Le bus freine, on en descend et on se met en route en se tenant par les coudes.

Quand apparaît la mer, on s'arrête pour reprendre notre souffle et regarder ses reflets d'argent, comme dans cette chanson de Trenet que tu aimes tant. On fredonne ensemble.

Sur la plage, deux chaises pliantes à fleurs sous un parasol à froufrous nous attendent. On étire nos jambes tachées par des décennies sous le soleil, on fait craquer nos orteils aux ongles nacrés sur le sable brûlant, brun et doré, presque noir, si typique de la plage du Langoustier.

Entre nos yeux mi-clos, on regarde et on écoute.

Ce n'est pas un anniversaire, ce n'est pas une commémoration, on est toujours des gamines : gourmandes, on voulait organiser une fête juste pour nous, ici, à cet endroit précis, au début de l'été, notre saison favorite, et puis toute la smala s'est invitée. Elles et ils n'auraient raté ça pour rien au monde.

Nos deux familles ont préparé en notre honneur un joyeux pique-nique, il y a des grosses olives vertes bien sûr et du fromage à la truffe et des chips, beaucoup de chips.

Notre descendance est nombreuse ; celles et ceux qui ont découlé de nos VIe s. Il y a nos enfants qui ont eux-mêmes vieilli, aux cheveux poivre et sel, aux corps solides qui nous dépassent. On se félicite de leur beauté, on se félicite de leur intelligence plus grande que la nôtre. Elles et ils ont eux-mêmes des enfants, nos petits-enfants plus si petits que ça, une ribambelle d'adolescents vigoureux qui se poussent pour aller se baigner, s'échangent des masques et des palmes. Elles et ils se connaissent bien, ont passé des vacances ensemble, avec leurs deux mamies copines de jeunesse et d'écriture. Elles et ils sont fiers de nous et disent à leurs copains de lycée : « Elles sont autrices, tu sais, c'est la classe, hein ? » (Est-ce que les jeunes diront « classe » dans quarante ans ? Est-ce que les jeunes disent « classe » même aujourd'hui ?)

Il y a aussi les ami·e·s, les compagnon·e·s de route, ces liens réinventés qui nous ont tant soutenues sur nos chemins et qui n'ont pas tou·te·s pu venir, mais qui ont envoyé leurs enfants pour nous transmettre leurs pensées. Ces enfants rejoignent les nôtres, corps miroitants dans l'eau.

On ferme un peu plus les yeux, pour offrir juste une fente à la lumière cinglante, et on se prend la main.

Devant nous apparaissent nos grands-mères, les quatre. Elles sont comme dans nos souvenirs les plus tendres, elles restent juste un instant, elles nous font un clin d'œil avant de retourner rouler dans les vagues et devenir écume.

Alors arrivent nos mères. La tienne avec son amour sauvage, qui nous embrasse toutes les deux férocement, à manquer de nous faire tomber de nos sièges pliants. Et la mienne, avec ses longs cheveux sombres jusqu'au bas des reins, ses cheveux de mon enfance. Elle a les seins nus et le corps détendu, comme lors de ces étés d'autrefois, au temps où j'étais petite fille. C'est sur cette île qu'elle était le plus heureuse, ma mère. Elle me regarde et je pose ma tête un moment sur son ventre. Je ferme les yeux tout à fait.

On ferme les yeux toutes les deux et on entend bruisser des jupes et claquer des talons sur le bitume, des éclats de dialogues de couples qui tombent amoureux, des récits de légendes anciennes, des rires de jeunes filles, des bruits qui sont tous faits de papier. On entend des histoires, celles qu'on a écrites et inventées durant nos longues vies, on écoute en souriant les voix de nos personnages qu'on a enfantés et aimés comme notre chair. Ces sons imaginaires persistent longtemps dans nos oreilles, résonnent, se répondent.

On entrouvre juste une paupière pour croiser nos regards et sans pouvoir s'en empêcher, on explose de rire en nous voyant là, toutes les deux.

Imagine le tableau, la belle : en plus de nos robes de gala, on a mis notre quincaillerie complète de bijoux, vrais et faux diamants, laiton doré et émeraudes aux oreilles, perles aux chevilles et joncs par dizaines aux poignets… et nous voilà transformées en deux boules à facettes.

Nous sommes deux vieilles-soleil sur la plage avec les mondes qu'elles ont créés inlassablement toute leur vie, et ces mondes font un vacarme à faire fuir tous les touristes des environs.

Il n'y a que nous du coup et on s'en délecte, devant la mer qui aura bercé nos cœurs pour la vie.

La joie, je te dis.

FIN (HEUREUSE)

UNE LETTRE DANS L'ÉTÉ

Lundi 18 juillet 2022.

Ma chère Lucille,

J'ai tant rêvé cette lettre.

Je l'ai rêvée, écrite en pensées, puis je l'ai rageusement déchirée, en juin, persuadée que je m'illusionnais. Dans ma dernière « lettre de printemps », je te parlais d'un test de grossesse que j'avais fait. Je ne l'avais pas fait pour rien, il y avait quelque chose de magique dans l'atmosphère. Je m'étais dit que ce genre de période convoquait forcément des événements plus vastes que nous, je me souviens d'avoir pensé : « C'est de ces moments que devraient toujours naître les enfants. »

Un flash a alors traversé mon esprit, je me suis ruée sur mon agenda et me suis aperçue, qu'au retour de Lyon et du spectacle de *Bliss,* nous avions l'un et l'autre mal estimé ma période d'ovulation. Il n'était pas impossible que je sois enceinte. J'ai laissé passer quelques jours et j'ai acheté un test de grossesse « précoce », ceux qu'on peut faire sans attendre un retard des menstruations. Le test était négatif, très probablement car je l'avais fait trop tôt. Et je t'ai écrit ma dernière « lettre de printemps » dans la colère et la déception.

Les semaines suivantes, j'ai maudit ce que je pensais être un SPM interminable de plus. Il m'arrivait d'avoir des cycles de quarante jours, je suis partie en voyage à cheval à J41, je commençais à me dire que ce cycle était anormalement long, mais je me rabrouais : « Maaï ! Tu as fait un test, tu n'es pas enceinte, stop, il n'y a pas de débat. » Je pensais que, peut-être, mes menstruations étaient retardées par ma crainte d'avoir à les gérer dans l'inconfort d'une épopée équine. J'ai demandé à ma jument, au passé de poulinière, de me protéger. Dans la fraîcheur des bois, je lui ai dit : « Tu crois que je suis enceinte ? Si je suis enceinte, fais attention à nous, toi tu sais être mère, veille sur nous. » Elle a semblé acquiescer d'un signe de la tête en direction de mon ventre.

Et puis j'ai oublié ce possible coéquipier minuscule dans mes entrailles. On était totalement prises par notre aventure. J'entendais le rire de ma jument, sa curiosité, son énergie, son plaisir face à l'inconnu, toute cette vie pulsait sous mes cuisses et ma matrice. Le soir, quand je me déshabillais et que je constatais que je n'avais toujours pas mes menstruations, j'avais de petites sueurs froides. Je culpabilisais à l'idée de faire quelque chose de potentiellement mauvais pour cette hypothétique grossesse. Mais je chassais ces pensées et je me disais : « Si je suis enceinte, que mon embryon côtoie cette jument et connaisse ce moment si beau est une bénédiction, point ».

Le voyage s'est terminé en fin de semaine, la jument a retrouvé son pré, moi j'ai retrouvé la caravane qui m'accueille le temps de ma résidence d'écriture de ce mois de juillet caniculaire. J'avais convenu avec moi-même de laisser passer le week-end avant de faire un nouveau test de grossesse. Le samedi soir, avec un autre résident, nous avons allumé un feu. Il m'a confié qu'il allait être père dans quelques mois, m'a raconté son bonheur et aussi les questionnements qui l'assaillent sur sa place de père. Nous avons parlé de magie, des mémoires de violences que les hommes portent également et sur lesquelles ils peuvent eux aussi mettre des mots, de la transmission apaisée. Il a dit : « je suis là et je désire comprendre comment être là au mieux pour mon amoureuse et notre enfant. » Je lui ai parlé de notre exploration de ces derniers mois, de cette parole de père sensible, concerné, alerte que je regrettais de ne pas avoir recueillie. L'écouter était comme un cadeau au cœur de cet été où je ne pensais pas t'écrire. Plus nous parlions, plus je sentais un torrent de joie en moi. J'ai songé : « Ça ne peut pas être un hasard, cette rencontre est là pour m'indiquer que je peux m'installer dans cette joie. » Pourtant, je continuais de trouver ridicule de faire ce nouveau test, je me répétais à l'envi que j'avais fumé la moquette, qu'à peine le test effectué mes menstruations arriveraient, je me persuadais que je me trompais.

Ce matin, une fois le week-end passé, je me suis sentie envahie par une fatigue très particulière. Tu sais, cette fatigue si spéciale du premier trimestre, qui agit comme un voile, se dépose sur toi à certaines heures du jour et te plonge dans un état de somnolence cotonneuse. Et surtout… je me suis réveillée avec la nausée, la vraie. J'ai pris la voiture pour aller à un rendez-vous et je me suis arrêtée dans une pharmacie sur le chemin. Je me suis isolée dans les toilettes du lieu où j'étais attendue, et là j'ai lu « Enceinte 3+ ». Je voulais m'offrir cette nouveauté-là, un test où la vie s'écrit en toutes lettres, je voulais m'offrir de lire ce mot : « enceinte ». Quand on est dans ma situation, on sait qu'il est important de se saisir de la moindre opportunité de bonheur et de changement. Rien ne se rejoue, tout appartient au présent. Alors j'ai lu et relu : « enceinte ». La joie. La joie pure, à la fois profonde et sage. J'ai beau savoir qu'un début de grossesse est fragile, que tout peut disparaître aussi vite que c'est apparu, être enceinte me semble toujours fascinant et grand. Peut-être encore plus, car je sais comme c'est fragile. Je le vois comme comme une chance, le signe d'une rencontre qui fonctionne. Je ne choisis pas ce qui me sera donné à vivre ensuite, mais je peux décider de ma joie.

Je sens tout de même que toutes mes émotions sont contenues. Je souris, j'ai les larmes aux yeux, mais une part de moi se maintient dans une forme de sobriété et de calme. Je sais la date approximative du terme de cette grossesse, je sais quand il faudrait passer tel ou tel examen, je connais tout ça par cœur, je n'ai pas besoin de gros efforts pour qu'un calendrier d'échéances s'imprime dans mon esprit. Mais je sais aussi la fragilité, l'incertitude, le temps qui va nous sembler long jusqu'au tant espéré passage des trois mois. J'ai envie de parler à « mon bébé », mais je mets des guillemets à mon amour. Je porte un embryon, le vivant a ses lois, ni cet embryon ni moi n'avons de pouvoir là-dessus. Personne ne peut prédire ce que nous deviendrons. Je lui souhaite de bien se développer, de pousser comme il se doit en moi, je nous souhaite un jardin fertile et une rencontre dans cette vie, sur cette terre.

Ce matin, lorsque j'ai découvert être enceinte, j'étais justement chez le médecin. Elle m'a dit : « Je peux vous recommander des compléments pour la grossesse et j'en ai un très bien pour le postnatal et l'allaitement. » L'allaitement. J'ai frémi, je n'ai rien dit, mais secrètement j'ai songé : « Il y a un monde à traverser avant, je ne peux pas penser à ça maintenant, pas même l'imaginer. » C'était comme si elle me parlait d'une chose à laquelle je n'avais pas conscience d'avoir droit, comme un rappel du fait que si, moi aussi je serai concernée par ces étapes à venir. Je ne peux pas penser en mois, pas même en semaines, je ne peux pas penser plus loin que cette heure, la suivante, aller aux toilettes, vérifier qu'il n'y a pas de sang dans ma culotte, espérer en demain. Je sais que j'aurai peut-être besoin de changer le programme de mon itinérance estivale, je sais que je devrais peut-être prendre tel ou tel rendez-vous et que dans une autre vie je les aurais anticipés. Je pourrais déjà réfléchir au fait que le terme de cette grossesse tombe au même moment quasiment que la sortie de notre livre.

Mais je ne peux pas. J'écoute mon utérus qui s'étend en moi, je palpe mes seins pour vérifier qu'ils sont encore douloureux, je prie pour avoir la nausée, je me languis des signes qui disent que la vie en moi « s'accroche », qu'elle continue de nous choisir. Certaines femmes maudissent les symptômes de grossesse, moi, pour l'instant, je les guette comme le messie. Quand ils sont là la peur s'apaise, on sent son corps en travail. Je tente de construire un barrage à la culpabilité qui pointe parfois le bout de son nez : je n'ai pas pris d'acide folique, je n'ai pas pris de progestérone dès le début de ma grossesse, il y a un mois déjà, je suis montée à cheval, j'ai trotté, j'ai galopé, je ne sais pas toujours me reposer, j'ai tardé à y croire. Le vivant se contrefout de tout cela et je le sais intimement, je m'accroche à ce savoir. Je suis capable, mon corps est capable. Je ne maîtrise rien, je ne contrôle rien, je ne décide de rien. Mais je suis un nid, dans lequel la vie peut s'installer durablement.

Je sais que nos lettres ont contribué à m'amener ici. Alors je me love dans cet espace sacré et je dis : « Je désire mener cette grossesse à terme, nous désirons accueillir dans notre vie cet enfant ».

Quoi qu'il arrive, je t'écris cette lettre pour qu'il reste une trace de la joie.

Prions pour les beaux jours.

Je t'aime,

Maaï

Composition et mise en pages
Nord Compo à Villeneuve-d'Ascq

Pour plus d'information :

www.lisez.com

Imprimé sur du papier issu de forêts gérées durablement.

Achevé d'imprimer en décembre 2022
par la Société TIRAGE - 91941 COURTABŒUF

Dépôt légal : février 2023
B49928/61

Imprimé en France